Harald Pöcher und Roland Schaffer

Das Österreichische Bundesheer der Ersten Republik zwischen 1920 und 1930

Ein Heer, das keines sein durfte

Mit der freundlichen Unterstützung der Raiffeisenbank!

„Was dann zurückbleibt und Bundesheer heißt, ist ein sich für Paraden und Ausrückungen vorbereitender Verein, der in der Tradition der Vergangenheit lebt, sich Luftschlössern hingibt und die Öffentlichkeit über die traurige Wirklichkeit hinwegtäuscht."

Aus Generalmajor Theodor Körner:
Denkschrift über das Heerwesen der Republik (1924), Seite 16.

Erfüllungsort und Gerichtsstand ist Salzburg.
Druck: Stader Media, Warwitzstraße 1, 5023 Salzburg.
ISBN: 978-3-901185-73-1
Cover: Die 10 Jahrfeier des österreichischen Bundesheeres! Der grosse Aufmarsch des österreichischen Bundesheeres anlässlich der 10 Jahrfeier zur Parade auf dem Heldenplatz in Wien im März 1930. Foto: Deutsches Bundesarchiv.

Inhaltsverzeichnis

Vorwort

2020 jährt sich zum 100. Male der Gründungstag des so genannten St. Germain-Heeres der Republik Österreich. Nach der Niederlage im Ersten Weltkrieg und dem Zerfall der Donaumonarchie unterhielt die provisorische Republik Deutsch-Österreich die Volkswehr, welche sich in den Wirrnissen der Nachkriegszeit bewährte.

Der Friedensvertrag von Saint-Germain-en-Laye, welcher mit seinen militärischen Bestimmungen den Kriegsverlierer Österreich demütigen sollte, gestattete der neuen Republik Österreich nur ein Berufsheer im Umfang von 30.000 Personen. Die Aufstellung des neuen Heeres ab 1920, welches erst ab 1922 als Bundesheer bezeichnet wurde, gestaltete sich im Angesicht der ungünstigen wirtschaftlichen Verhältnisse der Republik Österreich Anfang der 1920er Jahre und der einschneidenden Bestimmungen des Friedensvertrages was die Organisation und Bewaffnung betrifft äußerst schwierig.

Dennoch gelang es dem Langzeitminister Carl Vaugoin und seinem Stab ein Bundesheer zu formen, welches bald nach der Aufstellung über funktionierende Strukturen verfügte und im ersten Jahrzehnt seines Bestehens seinen Auftrag gemäß Wehrgesetz erfüllen konnte, beispielsweise im Einsatz bei der Landnahme des Burgenlandes 1921 oder die unzähligen Katastropheneinsätze bis zum Einsatz im Inneren anlässlich der Unruhen, welche zum Brand des Justizpalastes führten.

Das österreichische Bundesheer war bislang nur Gegenstand von Forschungen von einer Handvoll von Interessierten. Es hat den Anschein, dass durch die fortschreitende Zeit, das österreichische Bundesheer der Ersten Republik immer mehr in Vergessenheit geraten ist und sich Forschungen nur mit bestimmten Ereignissen im Zusammenhang mit dem Bundesheer der Ersten Republik auseinandergesetzt haben, beispielsweise der Einsatz anlässlich der Landnahme des Burgenlandes 1921, der Einsatz des Bundesheeres im Jahre 1934 oder der Nichteinsatz des Bundesheeres während des Einmarsches Deutscher Truppen 1938.

Die Autoren erheben nicht den Anspruch, mit dem vorliegenden Werk bedeutende Lücken in der Forschung über das Erste Bundesheer schließen zu wollen. Ziel der Vorlage dieses Buches ist es, mit dem Abdruck des Buches „Österreichs Bundesheer“ aus dem Jahre 1929 und den erläuternden Bemerkungen zum Buch die geneigte Leserschaft zu motivieren, sich mit dem Bundesheer der Ersten Republik näher auseinanderzusetzen. Die Autoren haben bei der Arbeit am vorliegenden Buch erkannt, dass die Probleme, welchen sich das Bundesheer der Zweiten Republik aktuell ge-

genübersieht, offensichtlich System haben, da bereits das Bundesheer der Ersten Republik vor ähnlich unlösbaren Problemen stand, welche damals durch die einschneiden Friedensbestimmungen aber noch gravierender waren als jene welche die Siegermächte des Zweiten Weltkrieges den neuen österreichischen Streitkräften der Zweiten Republik auferlegt hatten. Bei der Aufarbeitung der Literatur zum Bundesheer der Ersten Republik hat sich auch gezeigt, dass Streitkräfte nur dann ihre volle Wirksamkeit entfalten können, wenn die Politiker aller Couleurs voll hinter den Streitkräften stehen sowie alle Rahmenbedingungen ohne für und wider beschließen und dass die Bevölkerung voll zur Landesverteidigung und ihren Streitkräften steht.

Die Autoren danken all jenen Forschern der Vergangenheit, im Wesentlichen Univ.-Prof Dr. Ludwig Jedlicka, Hofrat Dr. Erwin Steinböck, Hofrat Mag. Josef Mötz, Dr. Karl Glaubauf und Fritz H. Baer, welche sich mit dem Bundesheer der Ersten Republik auseinandergesetzt haben und deren Forschungsergebnisse in abgedruckter Form ein wertvolles Nachschlagewerk beim Zustandekommen des vorliegenden Buches dargestellt haben. Des Weiteren bedanken sich die Autoren bei Mag. Roman Eccher vom Staatsarchiv für die zeitaufwändige und wertvolle Recherchearbeit zur Gründungszeit des Bundesheeres der Ersten Republik.

Ein ganz besonderes Dankeschön gebührt Raiffeisen, welches erst durch einen Druckkostenbeitrag das Erscheinen dieses Buches möglich gemacht hat.

Zu guter Letzt bedanken sich die Autoren bei Herrn Amtsdirektor Siegfried Stürmer, welcher die Layoutierung des vorliegenden Bandes durchgeführt hat.

2. Die Streitkräfte der Ersten Republik bis 1930 - Ein Kurzportrait

2.1 Die Rahmenbedingungen für die neuen Streitkräfte

In der Übergangsphase nach dem Waffenstillstand vom 3. November 1918 bis zum Abschluss des Friedensvertrages unterhielt die Republik Deutsch-Österreich im Februar 1919 eine Volkswehr einschließlich einer Fliegertruppe in der Stärke von 53.707 Mann.

Der Friedensvertrag von Saint-Germain-en-Laye, welcher am 20. Juli 1920 in Kraft trat, sah für Österreich ein Berufsheer in einer Stärke von lediglich 30.000 Mann mit einer genau festgelegten Bewaffnung vor. Verboten waren der Besitz und die Verwendung von Panzerkampfwagen, Flugzeugen und Artilleriegeschützen über 10,4 cm. Die Streitkräfte der Republik Österreich waren somit keine Streitkräfte, über deren Zustand das Volk frei bestimmen durfte, es war von den Siegermächten des Ersten Weltkrieges der jungen Republik Österreich aufgezwungen worden. Es war offensichtlich von den alliierten und assoziierten Hauptmächten bewusst gewollt, dass Österreich und Ungarn, welches ähnlich harte Bedingungen im Friedensvertrag von Trianon erhielt und ein Heer bestehend aus lediglich 35.000 Berufssoldaten aufstellen durfte, für die Nachfolgestaaten der Monarchie auf absehbare Zeit keine militärischen Gegner mehr darstellen sollten. Grundsätzlich war nach dem Ersten Weltkrieg der Kriegshunger gestillt und durch die Bestimmungen der Friedensverträge hatten die an die neue Republik Österreich angrenzenden Nachbarstaaten Italien, das Königreich der Serben, Kroaten und Slowenen und die Tschechoslowakei ihre politischen Ziele weitgehend erreicht. Von den Nachbarstaaten Schweiz, Liechtenstein, Italien und Ungarn ging keine ernstzunehmende Bedrohung aus. Nur die Lage zwischen dem Deutschen Reich und Österreich war instabil, da es in Österreich viele Befürworter eines Anschlusses an das Deutsche Reich gab. Militärisch gesehen aber war die Deutsche Reichswehr mit 115.000 Berufssoldaten und den restriktiven Rüstungsbeschränkungen innerhalb der ersten Dekade nach dem Abschluss der Pariser Vororte Verträge keine Gefahr. Und auch die Streitkräfte der Tschechoslowakei, angestrebt wurde ein stehendes Heer von 150.000 Soldaten, und des Königreiches der Serben, Kroaten und Slowenen, angestrebt wurde ein stehendes Heer von 140.000 Soldaten, waren in dieser Dekade erst im Aufbau begriffen. Die sicherheitspolitische Lage, in der sich Österreich damals befand, war realpolitisch betrachtet nicht bedrohlich und zwang nicht zu großen Anstrengungen unter Umgehung der Bestimmungen des Friedensvertrages und der Inkaufnahme von Repressalien durch die interalliierten Kontrollmächte, wieder starke Streitkräfte mit Panzern und Flugzeugen aufzubauen; für den Einsatz im Inneren zur Absicherung der bürgerlichen Macht reichten die von den Siegermächten zugebilligten Streitkräfte allemal, wie sich auch 1934 zeigen sollte. Die Agenda „militärische Landesverteidigung" verschwand damit realpolitisch aus der Tagesordnung und wurde erst dann wieder zu einem ernsthaften Thema, als die Bedrohung der Wiederaufrüstung des Deutschen Reiches während der nationalsozialistischen Herrschaft spürbar wurde und sich eine Annexion Österreichs durch das Deutsche Reich immer mehr abzuzeichnen begann.

Der Friedensvertrag von Saint-Germain-en-Laye vom 10. September 1919 war kein Vertrag im eigentlichen Sinne, bei dem für gewöhnlich beide Vertragspartner mit ihrer Unterschrift beurkunden, dass der Vertrag in ihrer freien Willensübereinkunft abgeschlossen wurde. Nach der Niederlage im Ersten Weltkrieg wurde das vollständig besiegte Österreich von den alliierten und assoziierten Hauptmächten gezwungen, die von den Siegermächten ausformulierten Vertragsbedingungen zu akzeptieren, da ansonsten noch härtere Friedensbedingungen die Folge gewesen wären. All die hehren Ziele des 14-Punkte Programms von Präsidenten Wilson, welches auch das Selbstbestimmungsrecht der Völker vorsah, fanden auf Österreich und Ungarn keine Anwendung, denn die in der ehemaligen Donaumonarchie lebenden Völker unterstützten die alliierten Mächte im Ersten Weltkrieg gegen Österreich-Ungarn. Diese Völker forderten daher nach dem Krieg ihren Lohn ein. Die Alliierten erinnerten sich bei der Ausformulierung der Friedensbedingungen nicht mehr an das hehre Ziel des Selbstbestimmungsrechtes der Völker und schlugen einfach große Gebiete mit deutschsprachiger und ungarischer Mehrheit Staaten mit anderer Muttersprache zu, etwa Siebenbürger an Rumänien oder Südtirol an Italien oder das Sudetenland an die Tschechoslowakei. Die neue Republik Österreich wurde durch die Friedensbestimmungen zu einem unbedeutenden europäischen Kleinstaat und verlor rund 2/3 der deutschsprachigen Bevölkerung der ehemaligen Donaumonarchie. Die für die Aufstellung der neuen Streitkräfte der Republik Österreich relevanten Bestimmungen des Friedensvertrages seien nachstehend in Erinnerung gerufen (Anmerkung der Autoren: Der deutschsprachige Text der Bestimmungen wurde nicht in die neue deutsche Rechtschreibung übertragen):

2.2 Die militärischen Bestimmungen des Friedensvertrages von Saint-Germain-en-Laye

V. Teil
Bestimmungen über die Land- See und Luftstreitkräfte

Um die Einleitung einer allgemeinen Rüstungsbeschränkung aller Nationen zu ermöglichen, verpflichtet sich Österreich, die im folgenden niedergelegten Bestimmungen über das Landheer, die Seemacht und die Luftfahrt genau innezuhalten.

Abschnitt I.
Bestimmungen über das Landheer.

Kapitel I.
Allgemeine Bestimmungen.

Artikel 118.
Im Verlauf dreier Monate, gerechnet vom Inkrafttreten des gegenwärtigen Vertrages, müssen die Streitkräfte Österreichs in der nachfolgend festgesetzten Weise demobilisiert sein.

Artikel 119.
Die allgemeine Wehrpflicht wird in Österreich abgeschafft. Das österreichische Heer wird künftighin nur auf dem Wege freiwilliger Verpflichtung aufgestellt und ergänzt werden.

Kapitel II.
Stärke und Einteilung des österreichischen Heeres

Artikel 120.
Die Gesamtstärke der Streitkräfte des österreichischen Heeres darf 30.000 Mann, einschließlich der Offiziere und der Depottruppen (troupes des depotes), nicht überschreiten.
Die das österreichische Heer bildenden Formationen werden nach dem Belieben Österreichs, jedoch unter den folgenden Einschränkungen festzusetzen sein:
1. *Daß die Stände der gebildeten Einheiten sich unbedingt zwischen den in Übersicht IV dieses Abschnittes enthaltenen Höchst- und Mindestziffern halten werden;*

2. *daß das Verhältnis der Offiziere, einschließlich des Personals der Stäbe und Spezialisten, ein Zwanzigstel des Gesamtpräsenzstandes, jener der Unteroffiziere ein Fünfzehntel des Gesamtpräsenzstandes nicht überschreiten wird;*
3. *daß die Zahl der Maschinengewehre, Kanonen und Haubitzen nicht dir in Übersicht V dieses Abschnittes für 1000 Mann des Gesamtpräsenzstandes festgesetzte überschreiten wird.*

Das österreichische Heer darf nur zur Erhaltung der Ordnung innerhalb des österreichischen Gebietes und zum Grenzschutz verwendet werden.

Artikel 121.

Die Höchststände der Stäbe und aller Formationen, die in Österreich aufgestellt werden dürfen, sind in diesem Abschnitte angeschlossenen Übersichten gegeben. Diese Zahlen müssen nicht genau eingehalten, dürfen aber nicht überschritten werden.

Jede andere, Truppenführung oder die Kriegsvorbereitung betreffende Organisation ist verboten.

Artikel 122.

Alle Mobilmachungsmaßnahmen oder auf die Mobilisierung bezughabenden Maßnahmen sind verboten.

Die Formationen, Verwaltungsdienste und Stäbe dürfen keinesfalls Ergänzungskader haben.

Vorbereitungsmaßnahmen für die Aufbringung von Tieren oder anderen militärischen Transportmittel sind untersagt.

Artikel 123.

Die Zahl der Gendarmen, Zollwächter, Forstwächter, Orts- oder Gemeindepolizisten oder anderen ähnlichen Angestellten darf nicht die Zahl jener überschreiten, die 1913 einen gleichartigen Dienst versahen und die gegenwärtig in den Gebietsgrenzen Österreichs, wie sie durch den gegenwärtigen Vertrag bestimmt sind, dienen. Die Zahl der Angestellten darf künftighin nur entsprechend der Bevölkerungszunahme in den Orten oder Gemeinden, die sie verwenden, vermehrt werden. Diese Beamten und Angestellten sowie jene des Eisenbahndienstes dürfen nicht zur Teilnahme an irgendeiner militärischen Übung zusammengezogen werden.

Artikel 124.

Jede Truppenformation, die nicht in den diesem Abschnitt beigefügten Übersichten vorgesehen ist, ist verboten. Jene, die über die gestattete Präsenzstärke von 30.000 Mann hinaus vorhanden wären, werden innerhalb der im Artikel 118 vorgesehenen Frist aufgelöst.

Kapitel III.

Heeresergänzung und militärische Ausbildung

Artikel 125.

Alle Offiziere müssen Berufsoffiziere sein. Die gegenwärtig dienenden Offiziere, die im Heere verbleiben, müssen sich verpflichten, wenigstens bis zum Alter von 40 Jahren zu dienen. Die jetzt dienenden Offiziere, die sich für den Dienst im neuen Heere nicht verpflichten, werden von jeder militärischen Dienstpflicht befreit; sie dürfen nicht an irgendeiner theoretischen oder praktischen Übung teilnehmen.

Die Offiziere, die neu ernannt werden, müssen sich verpflichten, wenigsten 20 Jahre hintereinander effektiv zu dienen.

Der Satz an Offizieren, die aus irgendeinem Grunde vor Ablauf ihrer Dienstverpflichtung aus dem Dienste ausscheiden, darf im Jahre nicht ein Zwanzigstel des im Artikel 120 vorgesehenen Gesamtstandes der Offiziere überschreiten. Wird dieses Verhältnis wegen höherer Gewalt überschritten, so kann der sich hieraus in den Kadern ergebende Abgang nicht durch Neuernennungen gedeckt werden.

Artikel 126.

Die Gesamtdauer der Verpflichtung der Unteroffiziere und Mannschaften darf nicht geringer sein als zwölf Jahre hintereinander, darunter mindestens sechs Jahre Präsenzdienst.

Das Verhältnis der Mannschaften, die aus Gründen der Gesundheit, durch Disziplinarverfügungen oder aus irgendeiner anderen Ursache vor Ablauf ihrer Dienstzeit verabschiedet werden, darf im Jahre nicht ein Zwanzigstel des im Artikel 120 vorgesehenen Gesamtstandes überschreiten. Wird dieses Verhältnis wegen höherer Gewalt überschritten, so kann der sich hieraus ergebende Abgang nicht durch Neuanwerbung gedeckt werden.

Kapitel IV.

Militärische Schulen, Unterrichtsanstalten, Gesellschaften und Vereine.

Artikel 127.

Die Zahl der Schüler, die zum Lehrgang der Militärschulen zugelassen werden, muß genau den Abgängen in den Offizierskorps entsprechen. Die Schüler und die Kaders zählen bei den in Artikel 120 festgelegten Stärken mit.

Infolgedessen werden alle Militärschulen, die diesem Berufe nicht entsprechen, geschlossen.

Artikel 128.

Andere Unterrichtsanstalten als die im Artikel 127 gedachten, ebenso alle sport-

lichen oder sonstigen Vereine dürfen sich nicht mit irgend einer militärischen Frage beschäftigen.

Kapitel V.

Bewaffnung, Munition, Material und Befestigungen

Artikel 129.

Nach Ablauf dreier Monate, gerechnet vom Inkrafttreten des gegenwärtigen Vertrages an, darf die Bewaffnung des österreichischen Heeres, die in der Übersicht CV dieses Abschnittes für 1000 Mann festgesetzten Ziffern nicht überschreiten. Die Überschüsse über die Stände werden lediglich zu etwa notwendigen Ersätzen dienen.

Artikel 130.

Die Munitionsvorräte zur Verfügung des österreichischen Heeres dürfen die in Übersicht V dieses Abschnittes festgesetzten nicht überschreiten.
IN den drei Monaten, die dem Inkrafttreten des gegenwärtigen Vertrages folgen, wird die österreichische Regierung den dermalen bestehenden Überschuß an Waffen und Munition in jenen Orten deponieren, die ihr die alliierten und assoziierten Hauptmächte bekannntgeben werden.
Andere Munitionsvorräte, -depots oder –reserven dürfen nicht angelegt werden.

Artikel 131.

Zahl und Kaliber der Geschütze, die die normale, feststehende Bewaffnung der gegenwärtig in Österreich bestehenden festen Plätze bilden, sind sofort den alliierten und assoziierten Hauptmächten zur Kenntnis zu bringen und bilden Höchstbestände, die nicht überschritten werden dürfen.
In den drei Monaten nach dem Inkrafttreten des gegenwärtigen Vertrages sind die Höchstvorräte an Munition für diese Geschütze auf folgende einheitliche Maße herabzusetzen und auf ihnen zu erhalten:
1500 Schuß pro Geschütz bis zum Kaliber von 105 Millimeter,
500 Schuß pro Geschütz von größerem Kaliber als 105 Millimeter.

Artikel 132.

Die Erzeugung von Waffen, Munition und Kriegsmaterial wird nur in einer einzigen Fabrik stattfinden. Diese wird in Verwaltung und Eigentum des Staates sein; ihre Produktion ist strenge auf jene Erzeugnisse zu begrenzen, die für die in Artikeln 120, 123, 130 und 131 angeführten Stände und Waffen nötig ist.
Die Erzeugung von Jagdwaffen wird mit dem Vorbehalt nicht untersagt, daß keine

in Österreich erzeugte Jagdwaffe, die Kugelladungen verwendet, das gleiche Kaliber hat, wie die in irgendeinem der europäischen Heere verwendeten Kriegswaffen.
Binnen drei Monaten nach Inkrafttreten des gegenwärtigen Vertrages sind alle Anlagen, die der Erzeugung, Herrichtung, Lagerung von Waffen, Munition oder Kriegsgerät aller Art oder der Herstellung von entsprechenden Entwürfen dienen, zu schließen oder für einen rein wirtschaftlichen Gebrauch umzuwandeln.
In demselben Zeitraume sind ebenso alle Arsenale zu schließen, ausgenommen jene, die zur Lagerung der erlaubten Munitionsvorräte dienen werden; ihr Personal ist zu entlassen.
Die Einrichtung der Anlagen oder Arsenale, die die Bedürfnisse der erlaubten Erzeugung überschreitet, muß außer Gebrauch gesetzt oder für einen rein wirtschaftlichen Zweck gemäß den Entscheidungen der im Artikel 153 vorgesehenen interalliierten militärischen Kontrollkommission umgestaltet werden.

Artikel 133.

In den drei Monaten, die dem Inkrafttreten des vorliegenden Vertrages folgen, sind ohne Rücksichten auf die Herkunft (de toutes origines) alle Waffen, alle Munition und alles Kriegsmaterial einschließlich des wie immer gearteten Materials der Flugzeugabwehr, die sich in Österreich befinden und die erlaubte Menge überschreiten, den alliierten und assoziierten Hauptmächten auszuliefern
Diese Auslieferung wird an jenen Punkten des österreichischen Gebietes durchzuführen sein, die von den genannten Mächten festgesetzt werden. Diese werden auch über die diesem Material zu gebende Bestimmung entscheiden.

Artikel 134.

Die Einfuhr von Waffen, Munition und Kriegsmaterial aller Art nach Österreich ist formell untersagt.
Dasselbe gilt für die Erzeugung von Waffen, Munition und Kriegsgerät aller Art mit der Bestimmung für das Ausland und für deren Ausfuhr.

Artikel 135.

Mit Rücksicht darauf, daß der Gebrauch von Flammenwerfern, erstickenden, giftigen oder ähnlichen Gasen, ebenso wie von allen derartigen Flüssigkeiten, Stoffen oder Verfahren verboten ist, wird ihre Herstellung in Österreich und ihre Einfuhr untersagt.
Dasselbe gilt für alles Geräte, das eigens für die Herstellung, die Erhaltung oder den Gebrauch der genannten Erzeugnisse oder Verfahren bestimmt ist.
Desgleichen ist die Herstellung in und die Einfuhr nach Österreich von Panzerwagen, Tanks oder anderen ähnlichen Maschinen (engines), die Kriegszwecken dienen können, verboten.

Übersicht I
Zusammensetzung und Höchststände einer Infanteriedivision

	Höchststände jeder Einheit	
Einheiten	*Offiziere*	*Mann*
Stab der Infanteriedivision	25	70
Stab der Divisionsinfanterie	5	50
Stab der Divisionsinfanterie	4	30
3 Infanterieregimenter (mit dem Stande von 65 Offizieren und 2.000 Mann) Jedes Regiment hat 3 Infanteriebataillone zu je drei Infanteriekompanien und 1 Maschinegewehrkompanie	195	6.000
1 Schwadron	6	160
1 Minenwerferbataillon (artillerie de tracnchée) (3 Kompanien)	14	500
1 Pionierbataillon Das Pionierbataillon hat 1 Stab, 2 Pionierkompanien, 1 Brückenzug und 1 Scheinwerferzug	14	500
mit drei 1 Feldartilleriebataillon Batterien	80	1.200
1 Radfahrerbataillon zu 3 Kompanien	18	450
1 Nachrichtenabteilung Die Abteilung besteht aus 1 Telephon- und Telegrafenkompanie, 1 Abhorch- und 1 Brieftaubenzug	11	330
Divisionssanitätsabteilung	28	550
Parks und Kolonnen	14	940
Gesamtstand einer Infanteriedivision	414	10.780

Übersicht II
Zusammensetzung und Höchststände einer Kavalleriedivision

Einheiten	*Höchstzahl dieser Einheiten in einer Division*	*Höchststand jeder Einheit*	
		Offiziere	*Mann*
Stab einer Kavalleriedivision	*1*	*15*	*50*
Kavallerieregiment mit jeweils 4 Schwadronen	*6*	*30*	*720*
Feldartillerieabteilung (3 Batterien)	*1*	*30*	*430*
Auto-Maschinengewehr- und Autokanonenabteilung *Die Abteilung hat 9 Kampfwagen mit je 1 Kanone, 1 Maschinegewehr und Ersatzmaschinengewehr, 4 Verbindungswagen, 2 Verpflegswagen, 7 Lastautos (darunter 1 Werkstättenauto), 4 Motorräder*	*1*	*4*	*80*
Verschiedene Dienste	*-*	*30*	*500*
Gesamtstand der Kavalleriedivision zu 6 Regimentern	*-*	*259*	*5.380*

Übersicht III
Zusammensetzung und Höchststände einer gemischten Brigade

	Höchststände jeder Einheit	
Einheiten	*Offiziere*	*Mann*
Brigadestab	*10*	*50*
2 Infanterieregimenter	*130*	*4.000*
1 Radfahrbataillon	*18*	*450*
1 Schwadron	*5*	*100*
1 Feldartillerieabteilung	*20*	*400*
1 Minenwerferkompanie (artillerie de tranchée)	*5*	*150*
Verschiedene Dienste	*10*	*200*
Gesamtstand der gemischten Brigade	*198*	*5.350*

Übersicht IV.
Mindestständе der Einheiten ohne Rücksicht auf die im Heere eingeführte Organisation (Division, gemischte Brigade, etc.)

	Höchststand (pro memoria)		*Mindeststand*	
Einheiten	*Offiziere*	*Mannschaft*	*Offiziere*	*Mannschaft*
Infanteriedivision	414	10.780	300	8.000
Kavalleriedivision	259	5.380	180	3.650
Gemischte Brigade	198	5.350	140	4.250
Infanterieregiment	65	2.000	52	1.600
Infanterie-oder Maschinengewehrkompagnie	3	160	2	120
Radfahrabteilung	18	450	12	300
Kavallerieregiment	30	720	20	450
Kavallerieschwadron	6	160	3	100
Artillerieregiment	80	1.200	60	1.000
Feldartilleriebatterie	4	150	2	120
Minenwerferkompagnie (artillerie de tranchée)	3	150	2	100
Pionierbataillon	14	500	8	300
Gebirgsartillerie	5	320	3	200

Übersicht V.
Zugelassene Höchststände an Waffen und Munition

Material	*Menge für 1.000 Mann*	*Munitionsmenge pro Waffe (Gewehre, Kanonen, etc.)*
Gewehre oder Karabiner (Die selbsttätigen Gewehre oder Karabiner werden als leichte Maschinengewehre gezählt)	*1.150*	*500 Schuß*
Schwere oder leichte Maschinengewehre	*15*	*10.000 Schuß*
Leichte Minenwerfer	*2*	*1.000 Schuß*

Mittlerer Minenwerfer	2	500 Schuß
Feld- oder Gebirgskanonen oder –haubitzen (Keine schwere Kanone, das ist mit einem größeren Kaliber als 105 Millimeter, ist zugelassen außer jenen, welche die normale Armierung der festen Plätze bilden)	3	1.000 Schuß

Abschnitt II.

Bestimmungen über die Seestreitkräfte

Artikel 136.

Vom Inkrafttreten des gegenwärtigen Vertrages an werden alle österreichisch-ungarischen Kriegsschiffe, einschließlich der Unterseeboote, als endgültig an die alliierten und assoziierten Hauptmächte ausgeliefert erklärt.
Alle Monitore, Torpedoboote und bewaffnete Fahrzeuge der Donauflottillen werden den alliierten und assoziierten Hauptmächten ausgeliefert.
Österreich hat jedoch das Recht, auf der Donau für die Strompolizei drei Aufklärungsfahrzeuge (chaloupes éclaireurs) unter der Bedingung zu halten, daß deren Auswahl durch die im Artikel 154 des gegenwärtigen Vertrages vorgesehene Kommission erfolgt.

Artikel 137.

Die nachstehend aufgezählten österreichisch-ungarischen Hilfskreuzer und Hilfsfahrzeuge werden abgerüstet und wie Handelsschiffe behandelt werden: Bosnia, Gablonz, Carolina, Africa, Tirol, Argentina, Lussin, Teodo, Nixe, Gigant, Dalmat, Persia, Prinz Hohenlohe, Gastein, Helouan, Graf Wurmbrand, Pelikan, Herkules, Pola, Najade, Pluto, Präsident Wilson (ehemals Kaiser Franz Joseph), Trieste, Baron Bruck, Elisabeth, Metcovich, Baron Call, Gaea, Cyclop, Vesta, Nymphe, Büffel.

Artikel 138.

Alle Kriegsschiffe, einschließlich der Unterseeboote, die sich gegenwärtig in den Häfen, die zu Österreich gehören oder vormals zur österreichisch-ungarischen Monarchie gehört haben, in Bau befinden, werden abgebrochen.
Mit der Arbeit des Abbruches dieser Schiffe ist sobald als möglich nach Inkrafttreten des vorliegenden Vertrages zu beginnen.

Artikel 139.

Alle Gegenstände, Maschinen und Materialien die von dem Abbruch der österreichisch-ungarischen Kriegsschiffe jeder Art, Überwasserschiffe oder Unterseeboote herrühren, dürfen nur zu rein gewerblichen, oder reinen Handelszwecken Verwendung finden.

An das Ausland dürfen sie weder verkauft noch abgetreten werden.

Artikel 140.

Der Bau und der Erwerb aller Unterwasserfahrzeuge, selbst zu Handelszwecken, ist in Österreich untersagt.

Artikel 141.

Alle Waffen, alle Munition und alles Seekriegsmaterial, einschließlich der Minen und Torpedos, die Österreich-Ungarn zur Zeit der Unterzeichnung des Waffenstillstandes vom 3. November 1918 gehörten, werden als endgültig den alliierten und assoziierten Hauptmächten ausgeliefert erklärt.

Artikel 142.

Österreich wird für die Lieferung (Artikel 136 und 141), die Entwaffnung (Artikel 137), den Abbruch (Artikel 138) sowie für die Art der Behandlung (Artikel 137) oder Verwendung (Artikel 139) der in den vorstehenden Artikeln bezeichneten Gegenstände nur hinsichtlich der Gegenstände verantwortlich gemacht, welche sich auf seinem Gebiete befinden.

Artikel 143.

Während einer Frist von drei Monaten nach Inkrafttreten des gegenwärtigen Vertrages darf die österreichische drahtlose Großstation in Wien ohne Ermächtigung der Regierungen der alliierten und assoziierten Hauptmächte nicht verwendet werden, um Nachrichten über Angelegenheiten der Seemacht, des Heeres oder der Politik zu übermitteln, die für Österreich oder die mit Österreich während des Krieges verbündet gewesenen Mächte von Belang sind. Diese Station darf Handelstelegramme übermitteln, aber nur unter Überwachung der genannten Regierungen, welche die zu verwendende Wellenlänge festsetzen werden.

Während derselben Frist darf Österreich weder auf seinem eigenen Gebiet noch auf dem Ungarns, Deutschlands, Bulgariens oder der Türkei drahtlose Großstationen errichten.

Abschnitt III.

Bestimmungen über militärische und Seeluftfahrt

Artikel 144.

Österreich darf Luftstreitkräfte weder zu Lande noch zu Wasser als Teil seines Heerwesens unterhalten.

Kein Lenkluftschiff darf beibehalten werden.

Artikel 145.

Binnen zweier Monate vom Inkrafttreten des gegenwärtigen Vertrages an ist das Personal des Luftfahrtwesens, das gegenwärtig in den Listen der österreichischen Streitkräfte zu Lande und zu Wasser geführt wird, zu demobilisieren.

Artikel 146.

Bis zur völligen Räumung des österreichischen Gebietes durch die alliierten und assoziierten Truppen sollen die Luftfahrzeuge der alliierten und assoziierten Mächte in Österreich freie Fahrt im Luftraum sowie Durchflugs- und Landungsfreiheit haben.

Artikel 147.

Während einer Frist von sechs Monaten nach Inkrafttreten des gegenwärtigen Vertrages ist die Herstellung, Einfuhr und Ausfuhr von Luftfahrzeugen und Teilen solcher, ebenso wie von Luftfahrzeugmotoren und Teilen von solchen für das ganze österreichische gebiert verboten.

Artikel 148.

Mit Inkrafttreten des gegenwärtigen Vertrages ist das ganze militärische und Marine-Luftfahrzeug-Material auf Kosten Österreichs den alliierten und assoziierten Hauptmächten auszuliefern.

Diese Auslieferung hat an den von den Regierungen der genannten Mächte zu bestimmenden Orten erfolgen; sie muß binnen drei Monaten beendet sein.

Zu diesem Material gehört im besonderen dasjenige, das für kriegerische Zwecke im Gebrauch oder bestimmt gewesen ist, namentlich:

Die vollständigen Land- und Wasserflugzeuge, ebenso solche, die sich in Herstellung, Ausbesserung oder Aufbau befinden.

Die flugfähigen Lenkluftschiffe, ebenso solche, die sich in Herstellung, Ausbesserung oder Aufbau befinden.

Die Geräte für die Herstellung von Wasserstoffgas.

Die Lenkluftschiffhallen und Behausungen aller Art für Luftfahrzeuge.

Bis zu ihrer Auslieferung sind die Lenkluftschiffe auf Kosten Österreichs mit Wasserstoffgas gefüllt zu halten. Die Geräte zur Herstellung von Wasserstoffgas,

ebenso wie die Behausungen für Luftschiffe können nach freiem Ermessen der genannten Mächte Österreich bis zur Auslieferung der Lenkluftschiffe belassen werden.
Die Luftfahrzeugmotoren.
Die Zellen.
Die Bewaffnung (Kanonen, Maschinengewehre, leichtre Maschinengewehre, Bombenwerfer, Torpedolanciervorrichtungen, Apparate für Synchronismus, Zielapparate).
Die Munition (Patronen, Granaten, geladene Bomben, Bombenkörper, Vorräte von Sprengstoffen oder deren Rohstoffe).
Die Bordinstrumente.
Die Apparate für drahtlose Telegraphie, die photographischen und kinematographischen Apparate für Luftfahrzeuge. Einzelteile, die einer der vorstehenden Gattungen angehören.
Das vorerwähnte Material darf nicht ohne ausdrückliche Ermächtigung der genannten Regierungen von Ort und Stelle verbracht werden.

Abschnitt IV.

Interalliierte Überwachungsausschüsse

Artikel 149.

Alle Bestimmungen des gegenwärtigen Vertrages über Landheer, Seemacht und Luftfahrt, für deren Durchführung eine zeitliche Grenze festgesetzt ist, sind von Österreich unter Überwachung interalliierter Ausschüsse durchzuführen, die zu diesem Zweck von den alliierten und assoziierten Hauptmächten besonders ernannt werden.
Die erwähnten Ausschüsse werden bei der österreichischen Regierung die alliierten und assoziierten Hauptmächte in allem vertreten, was die Durchführung der Bestimmungen über Landheer, Seemacht und Luftfahrt betrifft. Sie bringen den österreichischen Behörden die Entscheidungen zur Kenntnis, welche die Regierungen der alliierten und assoziierten Hauptmächte sich zu treffen vorbehalten haben oder welche die Durchführung der erwähnten Bestimmungen nötig machen könnte.

Artikel 150.

Die interalliierten Überwachungsausschüsse dürfen ihre Dienststellen in Wien einrichten und sind befugt, so oft sie es für angebracht erachten, sich an einem beliebigen Ort des österreichischen Staatsgebietes zu begeben, Unterausschüsse dorthin zu entsenden oder eines oder mehre ihrer Mitglieder zu beauftragen, sich dorthin zu verfügen.

Artikel 151.

Die österreichische Regierung hat den alliierten Überwachungsausschüssen alle Auskünfte und Dokumente zu geben, die sie zur Erfüllung ihrer Aufgabe notwendig erachten werden, sowie alle Mittel, sowohl an Personal als an Material, welche die erwähnten Ausschüsse benötigen könnten, um die vollständige Durchführung der Bestimmungen über Landheer, Seemacht und Luftfahrt zu sichern.

Die österreichische Regierung muß für jeden interalliierten Überwachungsausschuss einen geeigneten Beauftragten bezeichnen, dessen Aufgabe es ist, von dem Ausschuß die für die österreichische Regierung bestimmten Mitteilungen entgegenzunehmen und dem Ausschuß alle verlangten Auskünfte oder Schriftstücke zu liefern oder zu beschaffen.

Artikel 152.

Der Unterhalt und die Kosten der Überwachungsausschüsse und die Aufwendungen, die durch die Tätigkeit veranlaßt werden, fallen Österreich zur Last.

Artikel 153.

Der militärische interalliierte Überwachungsausschuß hat besonders die Aufgabe, von der österreichischen Regierung die Mitteilungen bezüglich des Lagerungsplatzes der Munitionsvorräte und Munitionslager, bezüglich der Bestückung der Festungswerke, Festungen und festen Plätze bezüglich der Lage der Werkstätten und Fabriken von Waffen, Munition und Kriegsgerät und bezüglich ihres Betriebes entgegenzunehmen.

Er hat die Ablieferung von Waffen, Munition, Kriegsgerät, Werkzeug für Kriegsfabrikationen entgegenzunehmen, die Orte, wo diese Ablieferung stattzufinden hat, festzusetzen und die durch den gegenwärtigen Vertrag vorgesehenen Zerstörungen, Außergebrauchsetzungen oder Umwandlungen zu überwachen.

Artikel 154.

Der interalliierte Marineüberwachungsausschuß hat besonders die Aufgabe, sich auf die Bauwerften zu begeben und den Abbruch der Schiffe zu überwachen, die sich dort in Bau befinden, die Ablieferung der Waffen, der Munition und des Materials für die Seekriegsführung entgegenzunehmen und die vorgesehenen Zerstörungen und Abbrüche zu überwachen.

Die österreichische Regierung hat dem interalliierten Marineüberwachungsausschuß alle Auskünfte und Schriftstücke zu liefern, die er für nötig erachtet, um sich über die vollständige Durchführung der Bestimmungen über die Seemacht zu vergewissern, namentlich die Pläne der Kriegsschiffe, die Zusammensetzung ihrer Bestückung, die Einzelheiten und die Modelle von Kanonen, Munition, Torpedos, Minen, Sprengstoffen, Apparaten für drahtlose Telegraphie und im allgemeinen von allem was auf das Material für die Seekriegsführung Bezug hat, ebenso alle Unterlagen, deren Inhalt gesetzliche, Verwaltungsbestimmungen oder innere Dienstvorschriften bilden.

Artikel 155.

Der interalliierte Luftfahrt-Überwachungsausschuß hat besonders zur Aufgabe, den Bestand des gegenwärtigen, in den Händen der österreichischen Regierung befindlichen Flugzeugmaterials aufzunehmen, die Werkstätten für Flugzeuge, Ballons und Luftfahrzeugmotoren, die Fabriken für Waffen, Munition und Sprengstoffen, die von Luftfahrzeugen verwendet werden können, zu besichtigen, alle auf österreichischem Boden befindlichen Flugplätze, Hallen, Landungsplätze, Parks und Lager zu besuchen und gegebenenfalls die Verbringung des erwähnten Materials an einen anderen Ort zu veranlassen und es zu übernehmen.

Die österreichische Regierung hat dem interalliierten Luftfahrtüberwachungsausschuß alle Auskünfte und Unterlagen, deren Inhalt gesetzliche, Verwaltungsbestimmungen oder innere Dienstvorschriften bilden, sowie Unterlagen sonstigen Inhaltes zu liefern, die er für nötig erachtet, um sich über die vollständige Durchführung der Bestimmungen über Luftfahrt zu vergewissern, namentlich eine zahlenmäßige Aufstellung über das Personal im Dienste aller österreichischen Flugverbände, sowie über das fertig vorhandene, in Herstellung befindliche oder bestellte Material, ferner eine vollständige Liste aller für die Flugfahrt arbeitenden Betriebsstätten nebst Angabe ihrer Lage, sowie aller Hallen und Landungsplätze.

2.3 Die Schwierigkeiten der Überleitung von der Volkswehr zum Ersten Bundesheer

Nach dem Abschluss des Friedensvertrages von St.Germain-en-Laye musste aus der bestehenden Volkswehr ein neues Heer gebildet werden. Die Ausgestaltung des Wehrgesetzes war zwischen den Parteien derart umstritten, dass sogar die damalige Koalitionsregierung am Wehrgesetz zugrunde ging. Es empfiehlt sich die hitzige Debatte zum Wehrgesetz im stenographischen Protokoll der 68. Sitzung der konstituierenden Nationalversammlung der Republik Österreich am 18. März 1920 nachzulesen.

Die wesentlichen Bestimmungen des Wehrgesetzes von 1920, verlautbart im Staatsgesetzblatt für die Republik Österreich, 43. Stück, Nr. 122, sollen hier angeführt werden:

Das Wehrgesetz ist in acht Abschnitte gegliedert: I. Allgemeines (§§ 1-11), II. Anwerbung (§§ 12-14), III. Dienstpflicht (§§ 15-23), IV. Pflichten und Rechte der Heeresangehörigen (§§ 24-31), V. Zustellungen und Berufungen (§§ 32-33), VI. Strafbestimmungen (§§ 34-44), VII. Übergangsbestimmungen (§45), VIII. Vollzugsbestimmungen (§§ 46-48). Im Abschnitt „Allgemeines“ wird das Wehrsystem, der Zweck des Heeres, das Verfügungsrecht über das Heer, die Befehlsgewalt und die Verantwortlichkeit, die Präsenzstärke, die militärische Führung und Ausbildung, das Zivilkommissariat, die Heeresveraltungsstellen, die Beförderungen und Verleihung von Dienstposten, die Dienstsprache und Dienstvorschriften und die Benennung und Adjustierung der Truppen geregelt. Der Abschnitt „Anwerbung“ dient der Festlegung der Wehrbereiche, der Durchführung der Anwerbung, Aufnahme, Zuweisung und der Aufnahmebedingungen. Der Abschnitt „Dienstpflicht“ regelt die Präsenz- und Reservedienstpflicht, Probedienst, die aktiven Heeresangehörigen, den Dienstantritt und den Eid, Übersetzung in die Reserve, Berechnung der Dienstzeit, Einberufung der Reserve, Entlassung, Aufschub der Entlassung sowie die vorzeitige Entlassung. Im Abschnitt „Pflichten und Rechte der Heeresangehörigen“ werden der Beruf des Soldaten, Gehorsam, Beschwerden, Ausbildung, Staatsbürgerliche Rechte und Pflichten, Wahlrecht, Eheverbot, Gebühren, Urlaub, Vertrauensmänner geregelt. Im Abschnitt fünf werden Zustellungen und Berufungen geregelt, im Abschnitt VI. erfolgt die Festlegung der Strafbestimmungen für unbefugte Aufstellung einer bewaffneten Macht, Beeinträchtigung staatsbürgerlicher Rechte, Selbstbeschädigung und Beschädigung eines anderen, Umgehung der Dienstpflicht, Dienstpflichtverletzung, Nichtbefolgung eines Einberufungsbefehles, Unerlaubte Verehelichung, Unerlaubtes Verlassen des

Staatsgebietes, Nichterfüllung der Meldepflicht, sowie die Verwendung der Strafgelder und das Disziplinarrecht. Der Abschnitt sieben dient der Regelung von Übergangsbestimmungen und der achte Abschnitt legt die Vollzugsbestimmungen durch Mitwirken der Gemeinde, den Wirksamkeitsbeginn sowie den Vollzug fest.

Eine Analyse des Wehrgesetzes von 1920 würde den Umfang der vorliegenden Publikation bei weitem übersteigen. Die Autoren erkennen jedoch in der Ausformulierung der Bestimmungen eine realitätsnahe Bewertung der Fähigkeiten des neuen Bundesheeres, Beispielsweise wird in § 2 (Zweck des Heeres) das Heer bestimmt a) zum Schutze der verfassungsmäßigen Einrichtungen der Republik, sowie überhaupt zur Aufrechterhaltung der Ordnung und Sicherheit im Inneren, b) zur Hilfeleistung bei Elementarereignissen und Unglücksfällen außergewöhnlichen Umfanges und c) zum Schutze der Grenzen der Republik. Eine wesentliche Einschränkung beim Einsatzzweck gab es bei a) und b) insoweit, als das Bundesheer nur dann eingesetzt werden durfte, wenn die gesetzmäßige bürgerliche Gewalt die Mitwirkung des Heeres in Anspruch nimmt. Die damals in Sicherheits- und Verteidigungspolitik geschulten Politiker erkannten bei der Ausformulierung die Defizite des neuen Heeres sehr klar, sprachen dies allerdings nicht offen aus. Dies erfolgte durch den damaligen Generalmajor und späteren Bundespräsidenten der Zweiten Republik Theodor Körner in seiner Denkschrift über das Heerwesen der Republik, herausgegeben im Jahre 1924 anlässlich seines Ausscheidens aus dem aktiven Dienststand. Die Autoren werden darauf inhaltlich später noch näher darauf eingehen.

Das Heer der Ersten Republik durfte, wie bereits erwähnt, nur einen Höchststand von 30.000 Mann (davon 1.500 Offiziere und 2.000 Unteroffiziere) aufweisen. Bei der Ausplanung der Heeresgliederung entschied man sich, sechs gemischte Brigaden aufzustellen. Diese sollten aus je zwei Infanterieregimentern zu drei Bataillonen, einem Radfahrbataillon, einer Dragonerschwadron, einer Artillerieabteilung mit drei leichten Batterien und einer Minenwerferbatterie und einem Pionierbataillon bestehen. Die Stärke eines solchen großen Verbandes durfte zwischen 140 Offiziere und 198 Offiziere beziehungsweise 4.250 und 5.350 Mann schwanken.

Bereits am 10. November 1920 war die Überführung der Volkswehr in das neue Heer abgeschlossen. Am 13. November 1920 übernahm das Bundesministerium für Heerwesen die Amtsgeschäfte vom bisherigen Staatsamt. Der wichtigste Planer und Organisator der ersten Stunde war Oberst des Generalstabes Theodor Körner, ein bekennender Sozialdemokrat. Im Mai 1922 wurde der christlichsoziale Politiker Carl Vaugoin für ein Jahrzehnt Verteidigungsminister. In der Anfangsphase der Ressortleitung hatte der Minister mit Theodor Körner einen starken Gegenspieler. Die Unzufriedenheit mit der Ressortführung führte zu starken Gegensätzen zwischen Theodor Körner und Carl Vaugoin, welche schließlich zur Pensionierung von Theodor Körner im Jänner 1924 führten. Theodor Körner wurde aber trotz aller Gegensätze zum Minister noch zum General befördert. Eine typische österreichische Vorgangsweise. Theodor Körner revanchierte sich für die Zwangspensionierung durch die Veröffentlichung einer Denkschrift über das Heerwesen der Republik, in welcher er den Zustand des Bundesheeres analysiert und zum Schluss kommt: „Was dann zurückbleibt und Bundesheer heißt, ist ein sich für Paraden und Ausrückungen vorbereitender Verein, der in der Tradition der Vergangenheit lebt, sich Luftschlösser hingibt und die Öffentlichkeit über die traurige Wirklichkeit täuscht" (Denkschrift, Seite 16). Anmerkung der Autoren: Im Lichte der Diskussion Ende des Jahres 2019 und der Veröffentlichung des ungeschönten Zustandsberichtes des österreichischen Bundesheeres der Zweiten Republik kann man nur sagen: „Es hat sich innerhalb von 100 Jahren seit der Gründung des Bundesheeres der Republik Österreich nichts geändert".

Die wohl zwei größten Herausforderungen waren die Garnisonierung und die Festlegung der Höhe des Verteidigungsbudgets. Die Garnisonierung gestaltete sich deswegen so schwierig, da unmittelbar nach dem Krieg alle brauchbar und bewohnbaren Kasernen für die Unterbringungen der neuen staatlichen Verwaltungsstrukturen Verwendung fanden. Dem neuen Heer blieben daher nur die bereits stark abgewohnten Gebäude. Da kein Geld für die notwendigsten Renovierungsarbeiten vorhanden war, musste das neue Heer in, wie der Volksmund sagt, „Wanzenburgen" einziehen. Dringend notwendige Renovierungsarbeiten wurden durch Truppenkräfte selbst durchgeführt.

2.4 Die Organisation

Die 30.000 zugebilligten Soldaten zwangen zur Ausplanung einer schlanken Organisation. Die Details der Organisation wurden durch die Erlässe „Organisatorische Bestimmungen für Kommandos und Truppen" und „Organische Bestimmungen für Heerestruppenschulen" festgeschrieben.

Als Spitze der Streitkräfte gab es das Bundesministerium für Heerwesen, welches aus dem Staatsamt für Heerwesen hervorging. Das Staatsamt ging wiederum aus dem ehemaligen k.u.k. Kriegsministerium hervor und hatte noch 7 Sektionen. Das Kriegsministerium beschäftigte rund 1.000 Personen. Auf Grund der prekären Personalsituation wurde das Amt verkleinert und verfügte danach über Präsidialdienste, eine Personalsektion und eine Sektion, welche die materiellen Vorsorgen zu treffen hatte. Im Ministerium waren danach nur mehr 250 Personen beschäftigt. Generalstabsaufgaben und nachrichtendienstliche Aufgaben hatte die Personalsektion wahrzunehmen. 1922 wurde die Stelle eines Heeresinspektors mit einer bestimmten Anzahl an Waffeninspektoren geschaffen, welcher im Einsatzfalle der Armeekommandant sein sollte.

Die Grobgliederung des Bundesheeres der Ersten Republik umfasste zwischen 1920 und 1933 sechs Brigaden (1. Brigade-Burgenland, 2. Brigade-Wien, 3. Brigade-Niederösterreich, 4. Brigade-Oberösterreich, 5. Brigade-Steiermark, 6. Brigade-Kärnten, Tirol, Salzburg, Vorarlberg), ein selbständiges Artillerieregiment-Wien, Wr.Neustadt, Klosterneuburg, das Kommando der Vereinigten Brückenzüge-Krems. Die Brigaden bestanden aus bis zu zwei Infanterieregimentern, bis zu zwei Radfahrbataillonen, einer Dragonerschwadron, der Brigadeartillerieabteilung und einem Pionierbataillon. Dem Brigadekommando unmittelbar unterstanden eine Verbindungskompanie, ein Trosszug und ein Kraftfahrzug. Berücksichtigt man, dass das Bundesheer in dieser Zeitspanne nie eine Gesamtstärke von den zugebilligten 30.000 Mann erreichte, sondern zwischen 1926 und 1932 nur 22.000 Mann rekrutieren konnte, kann man erahnen, wie gering diese Brigaden personell aufgefüllt waren. Es sei hier nur der Erläuterung wegen erwähnt, dass unter die Gesamtsumme von rund 22.000 Mann nicht nur die Soldaten fielen, sondern auch die Zivilbediensteten (Beamte der Heeresverwaltung, Zivilbundesbeamte und den Beamtendienst versehende Vertragsangestellte) ausgenommen von rund 1.000 Arbeitern, welche sachliches Erfordernis darstellten. Rein mathematisch gesehen hätte jede dieser sechs Brigaden nur über knapp 3.000 Soldaten verfügen können. Auf Grund der unterschiedlichen Rekrutierungserfolge in den Bundesländern ergab sich, dass die 4. und 5. Brigade nur über fünf Infanteriebataillone und kein Radfahrbataillon, die 1. Brigade über acht Infanteriebataillone und die 2. sowie 6. Brigade über je zwei Radfahrbataillone verfügten. Gegen Ende der ersten Konsolidierungsphase um 1928 hatte beispielsweise die 3. Brigade einen Personalstand von 4.434 Mann. Den Autoren liegen keine exakten Zahlen über die Personalstände des Bundesheeres in den einzelnen Bundesländern vor. Auf Grund der Dislokation kann folgende grobe Hochrechnung für die einzelnen Bundesländer angestellt werden: Die Personalstände betrugen in

Vorarlberg 400, Tirol 2.650, Salzburg 700, Kärnten 1.300, Steiermark 3.500, Oberösterreich 3.500, Niederösterreich 4.500, Burgenland 900 und in Wien 5.000 Bedienstete (Offiziere, Unteroffiziere, Mannschaften, Zivilbedienstete und Arbeiter).

2.5 Die Garnisonierung

Die ehemalige k.u.k Armee unterhielt vielerorts größere und kleinere Kasernen, welche aber bedingt durch das fehlende Geld während des Krieges innerhalb von 4 Jahren kaum Gebäude verbessernde bauliche Maßnahmen erfuhren. Nach der Auflösung der Monarchie und der Auflösung der k.u.k. Armee zogen zunächst die aus dem Krieg heimkehrenden Truppen in die Kasernen ein und verließen sie ohne auf den Bauzustand Rücksicht zu nehmen. Des Weiteren sahen viele Menschen die Kasernen als Allgemeingut an und entwendeten alles einigermaßen Verwertbares. In die besseren noch verwertbaren Militärbauten zogen schließlich die neuen Verwaltungsdienststellen der Republik Österreich ein. Der verbleibende traurige Rest der militärischen Bauten, zumeist in einem bedauerlichen, kaum bewohnbaren Zustand, wurden den neuen Streitkräften überlassen. Dass die Gebäude bewohnbar wurden, ist im Wesentlichen dem Engagement des Kaderpersonals zu verdanken gewesen, welches selbst bei der Renovierung Hand angelegt hatte. Beispielsweise sollen hier nach Bundesländern getrennt jene Kasernen und Liegenschaften angeführt werden, welche im ersten Jahrzehnt des Bestehens des Bundesheeres genutzt wurden. Dort, wo der Name der Kaserne heute bekannt ist, wird der damalige Name angeführt, ansonsten nur die Ortschaft, in welcher sich die Kaserne befand bzw. die Bezeichnung einer Ortsangabe in der jeweiligen Gemeinde. Als Quelle wurde der Katalog zur Sonderausstellung im Heeresgeschichtlichen Museum Wien „1918-1968-Die Streitkräfte der Republik Österreich" verwendet:
Vorarlberg: Bregenz (die heutige Bilgeri-Kaserne), Lauterach
Tirol: Innsbruck (Klosterkaserne, Innrain (nachmalige Dankl-Kaserne), Saggenkaserne, Zeugskaserne), Hall in Tirol (Stadtkaserne), Lienz (heutige Franz Josephs-Kaserne)
Salzburg: Riedenburg-Kaserne, Franz Josephs-Kaserne, Lehener-Kaserne
Kärnten: Rudolfskaserne (heute Kommandogebäude FML Hülgerth), Waisenhauskaserne, Jesuitenkaserne, Windisch-Kaserne
Steiermark: Graz (Glacisstraße, Leonhardkaserne, Kaserne am Lazarettfeld, Alpenjägerkaserne, Laudon-Kaserne, Lager Gösting, Kaserne in der Kernstockgasse, Schießstätte Feliferhof), Munitionsdepot Kalsdorf, Spiel-

feld-Straß, Judenburg, Trofaiach
Burgenland: Eisenstadt, Neusiedl, Truppenübungsplatz Bruck-Neudorf
Oberösterreich: Linz (Schloßkaserne, Museumsstraße, Untere Donaulände), Enns, Leonding, Wels, Braunau, Freistadt, Truppenübungsplatz Obertraun-Dachstein
Niederösterreich: St. Pölten (Hötzendorf-Straße, Matthias Corvinus-Straße), Klosterneuburg, Korneuburg, Stockerau, Wiener Neustadt, Payerbach, Schloßhof, Hainburg, Brunn am Gebirge, Felixdorf, Melk, Bruck an der Leitha, Königshof, Hirtenberg/Enzelsfeld/Blumau
Wien: Universitätsstraße, Stubenring, Rennweger-Kaserne, Albrechtskaserne, Trostkaserne, Roßauer-Kaserne, Meidlinger Kaserne, Wilhelmskaserne, Kaiserebersdorf, Breitensee, Stiftkaserne, Rainerspital, Arsenal, Staatsfabrik, Schwimmschule Alte Donau, Schießstätte Kagran

2.6 Die Personalrekrutierung

Für die Personalrekrutierung bedeutend waren die Heeresverwaltungsstellen, welche in jedem Bundesland eingerichtet wurden und deren Leiter im Einvernehmen mit dem zuständigen Landeshauptmann bestellt wurden. Die Bundesländer hatten Werbekontingente zu berücksichtigen, welche vom Bundesministerium vorgegeben wurden. Diese waren für Vorarlberg 600, Tirol 1700, Salzburg 1.000, Kärnten 1.700, Steiermark 4.000, Burgenland 1.500, Oberösterreich 4.000, Niederösterreich 6.500 und Wien 9.000. Die Heeresverwaltungsstellen waren behördliche Vorgesetzte der Anstalten, welche im Bundesland untergebracht waren. Sie unterstanden unmittelbar dem Bundesminister für Heerwesen. Der Personalrekrutierung bei Offizieren und Unteroffizieren kam die hohe Arbeitslosigkeit zugute, da eine Anstellung beim Staat einen sicheren Job über mehrere Jahre bedeutete.

2.7 Die Ausbildung mit unzureichenden Ausbildungsmitteln

Nach der Umstellung der Volkswehr zum neuen Heer wurden 1920 Richtlinien für die Ausbildung erlassen, welche die Handschrift von Staatssekretär Dr. Deutsch trugen. Wichtig war Dr. Deutsch eine Geistesausbildung, welche die militärische Ausbildung in den Hintergrund drängte. Die Geistesausbildung umfasste rund ein Drittel der gesamten Ausbildungszeit und bestand aus den Gegenständen: Rechnen, Sprache,

Heimatkunde, Naturkunde, Gesundheitslehre, staatsbürgerliches Praktikum, Gesellschaftslehre, Wirtschaftslehre, Rechtsfragen des täglichen Lebens, Geschichte der Arbeit, Geographie und Geschichte. Das Kaderpersonal war daher in der Allgemeinbildung gut ausgebildet, es mangelte aber an militärischen Grundfertigkeiten, da die Ausbildungszeit für die theoretische und praktische Wehrausbildung nur ein Drittel der 48 stündigen Wochenausbildungszeit ausmachte. Auf Grund des Fehls an Fahrrädern und Pferden, konnte die Radfahrtruppe und die Kavallerie nur Ausbildung zu Fuß machen. Ebenfalls mangelte es der Artillerie an Zugmittel. Die Artillerie konnte daher nur Ausbildung am unbespannten Geschütz machen.

Dieses Missverhältnis zwischen rein militärischer Ausbildung und begleitender Ausbildung bei der Zuweisung der Ausbildungszeit änderte sich erst als Vaugoin die Leitung des Heeres übernahm und 1921 neue Ausbildungsrichtlinien erließ. Vaugoin ordnete an, dass in der Winterzeit die Hälfte der verfügbaren Ausbildungszeit auf die militärische Ausbildung zu entfallen habe und in der Sommerzeit unterschiedlich je Waffengattung sogar mehr als 4/7 zu betragen habe. Des Weiteren wurden Wettbewerbe in den Brigaden und Regimentern angeregt.

Aufgrund der budgetären Mittel wurden nur wenige großangelegte Feldübungen abgehalten. Beispielsweise fand 1928 eine große Truppenübung statt, bei der auch die in Österreich akkreditierten Militärattachés teilnahmen.

Der Ausbildung des Offiziers- und des Unteroffiziersnachwuchses wurde besondere Bedeutung zugemessen. Die angehenden Offiziere wurden an der Heeresschule, die angehenden Unteroffiziere wurden im Rahmen von Truppenkursen mit anschließender Unteroffiziersprüfung ausgebildet.

Eine besondere Stellung kam der Körperausbildung zu. Das Kaderpersonal wurde zunächst in speziellen Körperausbildungskursen in Wiener Neustadt ausgebildet. Ein weiterer Fixpunkt bei der Körperausbildung war die Schwimm-, Alpin- sowie Reit- und Fahrausbildung.

2.8 Das Verteidigungsbudget

Der jungen Republik Österreich mangelte es vor allem an Finanzmitteln. Es waren daher auch für das Bundesheer nicht jene Geldmittel verfügbar, welche das Heer zur Verbesserung der Infrastruktur, zur leistungsgerechten Bezahlung des Personals und auch für die Ausbildung dringend benötigt hätte.

Die nachstehende Tabelle gibt einen Überblick über die Verteidigungsausgaben der Republik Österreich im Zeitraum 1921 bis 1938. Die hohen

Personalausgaben - bei ohnehin nicht üppigen Gehaltsansätzen - zeigt das ganze Dilemma, in dem sich die Führung des Bundesheeres befand. Das Bundesheer der Ersten Republik war damit in einer ähnlichen Situation, in welcher sich das Bundesheer der Zweiten Republik aktuell befindet.

Jahr	Bundesbudget in Mrd. Österreichische Schilling (öS)	Verteidigungsbudget in Mio. öS	Verteidiggungsbudget in Prozent des Gesamtbudgets	Personalausausgaben in Prozent des Verteidigungsbudgets	Betrieb und Investitionen in Prozent
1921	0,02	0,75	3,7	k. A.	k. A.
1922	0,7	29	4,1	k. A.	k. A.
1923	1	62	6,2	73	27
1924	1,1	64	6,4	78	22
1925	1	69	7,5	75	25
1926	1,2	72	6	75	25
1927	1,8	84	4,6	70	30
1928	1,8	93	5,1	70	30
1929	2	98	4,9	63	37
1930	2,2	105	4,7	59	41
1931	2,3	110	5	56	44
1932	2	82	4,1	80	20
1933	2	82	4,1	67	33
1934	2	94	4,7	63	37
1935	2	115	5,7	42	58
1936	2	126	6,3	39	61
1937	2	209	10,4	24	76
1938	2	219	10,9	k. A.	k. A.

Quelle: Bundesrechnungsabschlüsse 1921-1937 bzw. Bundesvoranschlag 1938.

2.9 Interalliierte Militärmissionen in Österreich

Die Entente-Mächte als Sieger im Ersten Weltkrieg sorgten mit ihren Maßnahmen nach Kriegsende für klare Machtverhältnisse. Im Wesentlichen wurden die Mittelmächte als die Besiegten demilitarisiert, damit sie nicht mehr befähig waren als Gegner in zukünftigen Kriegen auftreten zu können. Zur Kontrolle all der Maßnahmen der Demilitarisierung dienten eine Reihe von Kommissionen und Ausschüsse, welche ab dem Abschluss des Waffenstillstandes am 3.11.1918 bis 31.1.1928 in unterschiedlicher Zusammensetzung und Personalstärke die Abrüstungsvorgänge der Republik Österreich überwachten. Dies bedeutete, dass erst ab 1928 Österreich ohne direkte Bevormundung von außen seine sicherheits- und verteidigungspolitischen Aktivitäten planen und umsetzen konnte. Insbesondere betraf dies die Nachrüstung mit gepanzerten Kampffahrzeugen und mit Kampfflugzeugen. In Österreich waren folgende Kommissionen und Ausschüsse tätig: Die italienische Waffenstillstandskommission/ Königlich italienische Militärmission, die US-Amerikanische Mission, die Britische Mission, die Französische Mission, die Japanische Mission, der interalliierte Überwachungsausschuss und das Liquidationsorgan. Weitere Kommissionen und Ausschüsse, welche für Österreich von Bedeutung waren, waren die Reparationskommission nach dem Staatsvertrag von St. Germain und die einzelnen Grenzregelungsausschüsse zur Neufestlegung der Grenzen. Es versteht sich von selbst, dass all diese Kommissionen und Ausschüsse die Interessen ihrer Entsendestaaten vertraten.

2.10 Das Publikationswesen im Ersten Bundesheer

Trotz der finanziellen, materiellen und personellen Aushungerung des Bundesheeres leistete eine kleine Gruppe von mit hohem Idealismus versehenen Offizieren und Heeresbeamten im militärwissenschaftlichen Bereich großartiges. Zu den hervorragenden Leistungen zählte das Monumentalwerk „Österreich-Ungarns letzter Krieg“ sowie zahlreiche Einzeluntersuchungen zum Geschehen des Ersten Weltkrieges. Ferner erfolgte die Herausgabe der „Österreichischen Wehrzeitung“ und in Fortsetzung der seit 1808 durchgehend erscheinenden Österreichischen Militärischen Zeitschrift die „Militärwissenschaftlichen Mitteilungen“. Des Weiteren wurde das heutige Heeresgeschichtliche Museum vor der Auflösung bewahrt und in der Folge weiter ausgebaut.

2.11 Eine Kurzchronik des Heeres der Ersten Republik

Kurzchronik des Heeres der Ersten Republik	
1920	
18. März	Inkrafttreten des 3. Wehrgesetzes
25. Juli	Erste Parade
22. Juli	Mit dem neuen Heeresdisziplinargesetz wird das ehrenrätliche Verfahren aufgehoben
30. Juli	Herausgabe der „Richtlinien für die Ausbildung im österreichischen Heere"
1. Oktober	Heerwesen wird zur Bundessache
10. November	Das Staatsamt für Heerwesen wird zum Bundesministerium für Heerwesen
1921	
5. September	Gefecht gegen ungarische Freischärler bei Kirchschlag
1. September	Bis zum 1.10.1921 musste Österreich 1.333 Kriegsflugzeuge, 3.289 Flugzeug-Motoren, 15.000 Magnete und Bordinstrumente, 2.500 Flugzeug-MG und 355 Radio-Empfänger und -Sender abliefern oder zerstören.
1. September	Das Heer wird an der steirisch-niederösterreichischen Grenze zum militärischen Grenzschutz eingesetzt
13. November	Beginn der Besetzung des Burgenlandes (abgeschlossen am 29. November)
1922	
24. Mai	Das Heer erhält die offizielle Bezeichnung „Bundesheer"
1923	
1. März	Neuregelung der Chargenbezeichnung
1. März	Umbenennung der Technischen Bataillone in Pionierbataillone
1. Juli	Umbenennung der Trosstruppe in Fahrtruppe
1. Juli	Einrichtung der Staatsfabrik zur Waffenproduktion für das Bundesheer
17. September	Neuregelung der Dienstgradabzeichen

1924	
September	Die Überlieferungspflege der k.u.k Armee wird dem Bundesheer übertragen
1926	
1. Mai	Die Verbindungstruppe wird in Telegraphentruppe umbenannt
1927	
15. Juli	Einsatz des Bundesheeres beim Brand des Justizpalastes
1928	
31. Jänner	Aufhebung der internationalen Militärkontrolle
1. März	Umwandlung der 10,4cm Feldkanonenbatterien in Gebirgskanonenbatterien
im Juli	Umfangreiche Umbenennung von Truppenkörpern
23. Juli	Umbenennung der selbständigen Infanteriebataillone in Feldjägerbataillone
28. Juli	Die neue „Allgemeine Dienstvorschrift" ersetzt das alte Dienstreglement
7. Oktober	Einsatz des Bundesheeres bei den Aufmärschen in Wiener Neustadt
1929	
im Februar	Assistenzeinsatz des Bundesheeres bei der anhaltenden bitteren Kälte (bis zu-35°C). In Wien werden dabei rund eine Million Portionen warmer Nahrung verteilt.
21. Juli	Der Grundstein der ersten neuen Kaserne des Bundesheeres wird in Pinkafeld gelegt (Fertigstellung 1932)
10. Dezember	Der Bundespräsident wird Oberbefehlshaber
1930	
25. Juli	Grundsteinlegung der Jägerkaserne in Oberwart
27. Juli	Großes Herbstmanöver

2.12 Die Minister und Staatssekretäre 1920-1930

30.10.1918 - 15.03.1919	Staatssekretär	Mayer Josef, DnP
05.11.1918 - 15.03.1919	Unterstaatssekretäre	Dr. Waihs Erwin, CS Dr. Deutsch Julius, SdP
15.03.1919 - 17.10.1919	Staatssekretär	Dr. Deutsch Julius, SdP
	Unterstaatssekretäre	Dr. Waihs Erwin, CS
17.10.1919 - 07.07.1920	Staatssekretär	Dr. Deutsch Julius, SdP
17.10.1919 - 24.06.1920	Unterstaatssekretäre	Dr. Waihs Erwin, CS
07.07.1920 - 22.10.1920	Staatssekretär	Dr. Deutsch Julius, SdP
22.10.1920 - 20.11.1920	Unterstaatssekretär (mit der Führung beauftragt)	Breisky Walter, CS
20.11.1920 - 07.04.1921	Bundesminister (mit der Leitung betraut)	Dr. Glanz Egon
07.04.1921 - 28.04.1921	Bundesminister	Vizekanzler Breisky Walter, CS
28.04.1921 - 07.10.1921	Bundesminister	Vaugoin Carl, CS
07.10.1921 - 31.05.1922	Bundesminister	GenMjr Wächter Josef, CS
31.05.1922 - 21.09.1933	Bundesminister	Vaugoin Carl, CS

Anmerkungen: DnP (Deutsche Nationalpartei), CS (Christlichsoziale Partei), SdP (Sozialdemokratische Arbeiterpartei).

2.13 Zeitgenössische Materialien zum Bundesheer der Ersten Republik

Im Folgenden wurde versucht einen Überblick über die Veröffentlichungen zum Österreichischen Bundesheer der Ersten Republik in den 1920er-Jahren zu erstellen. Bewusst wurde die Sammlung dabei ausschließlich auf „zeitgenössische" Literatur (Bücher die in den 1920er und 30er Jahren erschienen sind) reduziert:

Alpenjägerregiment 7 (Hg.): Geschichte des Alpenjägerregiments Ob.Öst. Nr. 7 seit Aufstellung anno 1920. Eigenverl., unveröff. Manuskript, Linz 1938.

Arbeiter- und Soldaten-Räte (Hg.): Arbeiter- und Soldaten-Räte. Was sie können und was sie nicht können. Vorwärts, Wien 1919.

Auffenberg-Komarów, Moritz von: Österreich und das Problem seiner Landesverteidigung. Ein Vortrag in der Österreichischen politischen Gesellschaft in Wien am 16. Dezember 1924. Lenobel, Wien 1925.

Bauer, Otto: Die Offiziere und die Republik. Ein Vortrag über die Wehrpolitik der Sozialdemokratie. Verl. der Wr. Volksbuchhandlung, Wien 1921.

Bauer, Otto: Wehrproblem und Sozialdemokratie (in: Der Kampf; 22.1929) Emmerling, Wien 1929.

Bircher, Ralph: Soldatenkost. Die Ernährung des Wehrmannes früher und heute. Wendepunkt-Verl., Wien 1936.

Blaas, Rudolph: Tiroler Kaiserjäger. Ein Gedenkbuch zur Erinnerung an die 10jährige Wiederkehr der Feuertaufe 1914-1924. Tyrolia, Innsbruck 1924.

Böltz, Anton (Hg.): K. u. k. Theresianische Militär-Akademie. 1918 - 1933. Böltz, Wien 1933.

Breitner, Burghard: „Feige Soldaten". Braumüller, Wien 1922.

Brückner, Eduard: Die Entwicklung des Kartographischen, früher Militärgeographischen Instituts von der Zeit des Umsturzes (Oktober 1918) bis Ende 1923 (Mitteilungen der Geographischen Gesellschaft ; Band 66) Geographische Gesellschaft, Wien 1923.

Bundesjugendführung des Österr. Jungvolkes (Hg.): Die Ausbildung in der geschlossenen Form. (Behelfs-Bücherei; 2), Bundesjugendführung des Österr. Jungvolkes, Wien 1937.

Bundesministerium für Heerwesen (Hg.): Schießausbildung im Ausbildungsjahre 1921/22. Verlag der österr. Staatsdruckerei, Wien 1921.

Bundesministerium für Heerwesen (Hg.): Geistesausbildung im österreichischen Heer. Eigenverl., Wien 1921.

Bundesministerium für Heerwesen (Hg.): Marschliederbuch für das österreichische Bundesheer. Universaledition, Wien 1927.

Bundesministerium für Heerwesen (Hg.): Widme täglich 15 Minuten deinem Körper. Holzhausen, Wien 1927.

Bundesministerium für Heerwesen (Hg.): Heeresgebührengesetz und Durchführungsbestimmungen. Verlag der österr. Staatsdruckerei, Wien 1929.

Bundesministerium für Heerwesen (Hg.): Ausbildungsweisungen. Verlag der österr. Staatsdruckerei, Wien 1929.

Bundesministerium für Heereswesen: Österreichisches Wehrbuch. Die Grundausbildung. Leykam-Verl., Graz 1929.

Bundesministerium für Heereswesen: Österreichs Bundesheer, Verl. Militärwissenschaftliche und Technische Mitteilungen, Wien 1929.
Bundesministerium für Heerwesen (Hg.): Aus dem Aktenverkehr der Ständigen Parlamentskommission für Heeresangelegenheiten mit dem Bundesministerium für Heerwesen in den Jahren 1923 bis 1930. Wien, Verl. der österr. Staatsdruckerei 1930.
Bundesministerium für Heerwesen (Hg.): Film-Verzeichnis. Zu Erl. 6000-Abt. 2 von 1930. Eigenverl., Wien 1930.
Bundesministerium für Heerwesen (Hg.): Film-Verzeichnis. 1. Nachtrag; zu Erl. 10500-Abt. 2 von 1931. Eigenverl., Wien 1931.
Bundesministerium für Heerwesen (Hg.): Schematismus für das österreichische Bundesheer und die Bundesheeresverwaltung. Verlag der österr. Staatsdruckerei, Wien 1928-1937.
Bundesministerium für Heereswesen: Überlieferungspflege im Bundesheer. Verl. Militärwissenschaftliche und Technische Mitteilungen, Wien 1931.
Bundesministerium für Landesverteidigung: Militärvorspann im Frieden. Österr. Staatsdruckerei, Wien 1935.
Deutsch, Julius: Aus Österreichs Revolution. Militärpolitische Erinnerungen. Verl. der Wiener Volksbuchhandlung, Wien 1921.
Deutsch, Julius: Wehrmacht und Sozialdemokratie. (Schriften zur Zeit; 4) J.H.W. Dietz, Berlin 1927.
Deutschösterreichische Militärrichtervereinigung (Hg.): Denkschrift der deutschösterreichischen Militärrichtervereinigung zur Frage der Reform der Militärjustiz. Eigenverl., Wien 1919.
Ehnl, Maximilian: Die historischen Namensträger der Truppenkörper des Bundesheeres. (Militärwissenschaftliche Mitteilungen; Sonderabdruck) Verl. Militärwissenschaftliche und Technische Mitteilungen, Wien 1936.
Franek, Fritz: Stabshauptmann im österreichischen Bundesheere. Univ., Diss., Wien 1926.
Franzel, Emil: Der Bürgerkrieg in Österreich. Eine politisch-militärische Betrachtung. Nordböhm. Dr.- und Verl.-Anst., Bodenbach 1934.
Gallian, Otto: Die wehrpolitische Lage Österreichs. Leykam-Verl., Graz 1933.
Gratzy, Herbert: Anleitungstabellen für das getrennte Richten mit dem schweren MG. Eigenverl., Wien 1931.
Haselmayr, Theodor: Das österreichische Bundesheer in Wort und Bild. Staatsamt für Heerwesen, Wien 1923.
Hecht, Robert: Österreichische und Deutsche Wehrgesetzgebung (Militärwissenschaftliche Mitteilungen; Sonderabdruck) Verl. Militärwissenschaftliche und Technische Mitteilungen, Wien 1929.

Heeresmuseum (Hg.): Katalog des Heeresmuseums. Mörsersaal. Verl. d. Heeresmuseums, Wien 1934.
Hevler, Maximilian: Die neuen Feldbäckereien des Bundesheeres (Militärwissenschaftliche Mitteilungen; Sonderabdruck) Verl. Militärwissenschaftliche und Technische Mitteilungen, Wien 1929.
Holley, Emil: Heilbehandlung der Heeresangehörigen, Bundesangestellten der Heeresverwaltung, sowie der Wehrmannsangehörigen. Zusammenstellung der in Kraft stehenden Bestimmungen samt Erläuterungen. Gutenberg, Linz 1925.
Hruschka, Rudolf: Scherzhafte Ausdrücke der altösterreichischen Soldatensprache. (Das Waldviertel; 8/1935). Heimatbund, Horn 1935.
Hülgerth, Ludwig: Schießen mit dem Kleinkaliber- und Normal-Gewehr (Handbuch der Wehrausbildung; 2) Eigenverl., Klagenfurt 1929.
Hülgerth, Ludwig: Einzelausbildung - Die Schützengruppe - Der Infanteriezug (Handbuch der Wehrausbildung; 1) Eigenverl., Klagenfurt 1933.
Infanterieregiment Wien Nr. 3 (Hg.): Handbuch für Unteroffiziere des österr. Bundesheeres. Kaltschmied, Wien 1924.
2. Aufl. 1924
3. Aufl. 1925
4. Aufl. 1927
5. Aufl. 1930
6. Aufl. 1933
Infanterieregiment Wien Nr. 3 (Hg.): Nachtrag zum Handbuch für Unteroffiziere des österreichischen Bundesheeres. Kaltschmied, Wien 1930.
Internat. Donau Lloyd (Hg.): Das Österreichische Bundesheer. Fahnenträger des Infanterie-Regiments Nr. 4. (Internationaler Donau Lloyd; Sonderheft 20). Internat. Donau Lloyd, Wien 1923.
Jackl, Franz: Soldatenschinderei in der Republik. Antimilitarische Propaganda vor dem Klassengericht. Arbeiter- u. Soldatenverl., Wien 1925.
Jedlicka, Ludwig: Hoch- und Deutschmeister. 700 Jahre deutsches Soldatentum. Walter, Wien 1930.
Kaes, Karl: Geschichte der Brigade-Artillerie Abteilung Oberösterreich No. 4. 1854-1927. Eigenverl., Linz 1927.
Kainz, Anton: Der Unterricht in Truppenschulen (Militärwissenschaftliche Mitteilungen; Sonderabdruck) Verl. Militärwissenschaftliche und Technische Mitteilungen, Wien 1925.
Kainz, Anton: Die Offiziersheranbildung in Österreich (Militärwissenschaftliche Mitteilungen; Sonderabdruck) Verl. Militärwissenschaftliche und Technische Mitteilungen, Wien 1935.
Kaup, Ignaz: Über den Abbau der Militärsanitätsanstalten und Friedens-

wünsche. Vortrag in der Sitzung der Gesellschaft der Ärzte in Wien am 7. Februar 1919. (Wiener klinische Wochenschrift; 1919) Springer, Wien 1919.
Kerchnawe, Hugo: Traditionspflege in der alten und in der heutigen Armee (Militärwissenschaftliche Mitteilungen; 1935/2) Verl. Militärwissenschaftliche und Technische Mitteilungen, Wien 1935.
Knötel, Richard: Handbuch der Uniformkunde. Die militärische Tracht in ihrer Entwicklung bis zur Gegenwart. Schulz, Hamburg 1937.
Kolieb, Siegfried: Spätkrankheiten bei Kriegsteilnehmern. (Veröffentlichungen des deutschösterreichischen Staatsamtes für Volksgesundheit; 10) Deuticke, Wien 1920.
Körner, Theodor: Denkschrift über das Heerwesen der Republik. Militärverband, Wien 1924.
Lamprecht, Victor (Hg.): Das österreichische Wehrgesetz in der Fassung der zweiten Wehrgesetznovelle vom Jahre 1923 (etc.). (Militärische Handbücher; 1) Leykam-Verl., Graz 1924.
2. Aufl. 1923
Lamprecht, Victor (Hg.): Die Disziplinar-Vorschriften für das österreichische Bundesheer Heersdisziplinargesetz von 1925. mit zahlr. Erl. (Militärische Handbücher; 2) Leykam-Verl., Graz 1924.
2. Aufl. 1927
Lamprecht, Victor (Hg.): Das strafgerichtliche Verfahren im österreichischen Bundesheer. (Militärische Handbücher; 3) Leykam-Verl., Graz 1925.
Lamprecht, Victor (Hg.): Felddienst. Auf Grund der Vorschriften als provisorischer Behelf zusammengestellt. (Militärische Handbücher; 11) Leykam-Verl., Graz 1926.
2. Aufl. 1927
Lamprecht, Victor (Hg.): Dienstregelement für das österreichische Bundesheer. Auf Grund der Vorschriften als provisorischer Behelf zusammengestellt. (Militärische Handbücher; 8), Leykam-Verl., Graz, 1927.
2. Aufl. 1927
Lamprecht, Victor (Hg.): Exerzierreglement für die Infanterie und zu Fuß ausrückende Einheiten anderer Truppengattungen (Militärische Handbücher; 12/1) Leykam-Verl., Graz 1927.
Lamprecht, Victor (Hg.): Exerzierreglement für die Infanterie. Das Maschinengewehr. Das Infanteriebataillon. Das Infanterieregiment. Ehrenbezeigungen und Paraden (Militärische Handbücher; 12/2) Leykam-Verl., Graz 1930.
Lamprecht, Victor (Hg.): Das österreichische Wehrgesetz in der Fassung des B. G. Bl. 361 von 1925. (Militärische Handbücher; 1) Leykam-Verl., Graz 1932.

Larisch, Erich: Luftgefahr und Luftschutz in Österreich. Verl. Kärntner Luftschutz, Klagenfurt 1929.
Lechner Heinrich: Die Abwehrkämpfe im unteren Murtal. Graz, 1928.
Leitner, Karl: Die Waffentechnische Abrüstung Österreichs (Militärwissenschaftliche Mitteilungen; 1932/1) Verl. Militärwissenschaftliche und Technische Mitteilungen, Wien 1932.
Lelewer, Georg (Hg.) ; Hecht, Robert (Hg.): Die neuen militärstrafrechtlichen Gesetze. Die Militärstrafgesetznovelle, die Militärstrafprozeßnovelle samt den Durchführungsbestimmungen und das Gesetz über die Fertigstellung und Verfolgung von Pflichtverletzungen militärischer Organe im Kriege. Mit Erläuterungen und Auszügen aus den Materialien. Manz, Wien 1919.
Lelewer, Georg (Hg.): Das Wehrgesetz vom Jahre 1920 mit Auszügen aus den Materialien und mit Anmerkungen. Staatsamt für Heerwesen, Wien 1920.
Lelewer, Georg: Grundriß des Militärstrafrechts. Österr. Staatsdruckerei, Wien 1927.
Löffler, Alexander: Commission zur Erhebung militärischer Pflichtverletzungen. Gutachten über die Fragen des Kriegsnotrechtes. Österr. Staatsdruckerei, Wien 1919.
Meister, Friedrich: Zusammenstellung der auf das Tragen von Uniformen und Abzeichen bezughabenden Vorschriften. Landeshauptmannschaft Niederöstereich, Wien 1935.
Militärverband der Republik Österreich (Hg.): Der Vertrauensmann im Bundesheer der Republik Österreich und sein Wirkungskreis. Eigenverl., Wien 1925.
Militärverband der Republik Österreich (Hg.): Die Zivilberufsausbildung im Bundesheer der Republik Österreich. Erläuterung der gesetzlichen Bestimmungen und dienstlichen Vorschriften. Eigenverl., Wien 1926.
Mlaker, Rudolf: Kurzgefaßte Wehrgeographie von Österreich. Eine Auswahl von Skizzen mit begleitendem Text. Konegen, Wien 1934.
Moißl, Franz: Kirchschlag ehrt seine Helden. 1921-1931. Eigenverl., Kirchschlag 1931.
Netsch, Wilhelm: Das Maschinengewehr: Schwarzlose M. 7/12. Praktischer Nachschlagebehelf. Eigenverl., Wien 1928.
Nitsche, Georg: Österreichisches Soldatentum im Rahmen deutscher Geschichte. Freytag, Berlin 1937.
o.A.: An die Heimkehrer und Soldaten. Verl. der Wiener Volksbuchhandlung, Wien 1919.
o.A.: Die Stunde der Rache. Ein Wort an die Soldaten. Verl. der Wiener Volksbuchhandlung, Wien 1919.

o.A.: Protokolle über die Sitzungen des Bevollmächtigtenkollegiums der österreichisch-ungarischen Nachfolgestaaten beim liquidierenden Ministerium für Landesverteidigung. maschinschr. Protokoll, Wien 1920.
o.A.: Die Interessenvertretung der Heeresangehörigen, ihre Wahl und ihr Wirkungskreis. Typographische Anstalt, Wien 1925.
o.A.: Die Civilsberufsausbildung im Bundesheer der Republik Österreich. Bugra, Wien 1926.
o.A.: Österreichisches Wehrbuch. Die Grundausbildung. Leykam, Graz 1929.
o.A.: Heeres-Sportfest 1929. Samstag, den 1. Juni 1929 am Trabrennplatz. Zeitungsunternehmen Sport, Wien 1929.
o.A.: Alpenjäger. Das Alpenjäger-Regiment Oberösterreich Nr 7. Zu seiner Fahnenweihe (Bilderwoche der Linzer Tages-Post; Nr 25) Linzer Tages-Post, Linz 1929.
o.A.: Unser Bundesheer. Der Werdegang eines österreichischen Offiziers. (In: Bühne, Welt und Mode; 1929, 36) Wiener Neueste Nachrichten, Wien 1929.
o.A.: Die Exekutive der Republik. Eine Schicksalsentscheidung für Soldaten, Wach-, Gendarmerie- und Zollbeamte. Piperger, Wien 1932.
o.A.: Handbuch der österreichischen Uniformen. Uniformierungsvorschriften für den Bundesbeamten, Bundessicherheitswache, die Bundesgendarmerie, Justizwache. Adjustierungsvorschriften für das Bundesheer und Freiwillige Schutzkorps. Verl. Österr. Monographien, Wien 1934.
o.A.: Des österreichischen Soldaten deutsche Tat. Entwurf zu den für Anfang Mai festgesetzten Reden des „Österreich-Arbeitskreises". maschinschr. Manuskript, Berlin 1937.
Oberndorfer, Alois: Der katholische Soldat. Lehr-, Gebet- und Gesangbuch für die katholischen Angehörigen des österreichischen Bundesheeres. Kath. Preßverein, St. Pölten 1937.
Österreichische Illustrierte Zeitung (Hg.): Das österreichische Bundesheer (Österreichische Illustrierte Zeitung; Sonderheft). Belvedere-Verl., Wien 1927.
Petit, Georges: II. Generalversammlung. Wien 10. bis 13. September 1928. Die Krankenversicherung der Grenzjäger. Berichterstatter. Kammer f. Arbeiter u. Angestellte, Wien 1928.
Petzelt, Otto: Entstehungsgeschichtliches zur Neuuniformierung des Bundesheeres Armee (Militärwissenschaftliche Mitteilungen; 1931/1) Verl. Militärwissenschaftliche und Technische Mitteilungen, Wien 1931.
Polizeidirektion Wien (Hg.): Ausschreitungen in Wien am 15. und 16. Juli 1927. Weißbuch. Polizeidirektion, Wien 1927.
Popper-Lynkeus, Josef: Krieg, Wehrpflicht und Staatsverfassung. Rikola-Verl., Wien 1921.

Rager, Fritz: Die Freigabe militärischer Objekte in Österreich seit dem Umsturz. Staatsamt für Heerwesen, Wien 1920.
Regele, Oskar: Staatsverfassung und Wehrverfassung. Fragen der Wehrpolitik von Dr. Oskar Regele. R. Eisenschmidt, Berlin 1925.
Regele, Oskar; Hellrigl, Josef: Überlieferungspflege im Bundesheer. Durch die Jahrhunderte österreichischen Soldatentums. (Militärwissenschaftliche Mitteilungen; Sonderdruck) Verl. Militärwissenschaftliche und Technische Mitteilungen, Wien 1931.
Rendulić, Lothar: Militärpsychologische Studien. Verl. Offene Worte, Charlottenburg, 1925.
Rendulić, Lothar: Neues Handbuch der Taktik. Verl. Offene Worte, Charlottenburg, 1925.
Rendulić, Lothar: Notizen zur Taktik und Organisation. Österreichische Ergänzungen zum „Neuen Handbuch der Taktik". Eigenverl., Wien 1925.
Rendulić, Lothar: Einsatz und Führung motorisierter Truppen. Dargestellt an den Beispielen aus den Herbstübungen 1930 (Militärwissenschaftliche Mitteilungen; Sonderabdruck) Verl. Militärwissenschaftliche und Technische Mitteilungen, Wien 1930.
Rendulić, Lothar: Studien zur Vorschrift: Führung und Gefecht der verbundenen Waffen (Militärwissenschaftliche Mitteilungen; Sonderabdruck) Verl. Militärwissenschaftliche und Technische Mitteilungen, Wien 1933.
Rohrer, Leopold: Der Vertrauensmann im Bundesheer der Republik Österreich und sein Wirkungskreis. Österr. Militärverband, Wien 1925.
Rohrhofer, Franz: Die militärische Landschaftszeichnung. Anleitung zur Anfertigung einfacher militärischer Ansichtsskizzen und genauer Rundbildzeichnungen. Eigenverl., Wien 1936.
Rohrhofer, Franz: Zeichnen militärischer Ansichtsskizzen. (Behelfs-Bücherei; 4), Bundesjugendführung des Österr. Jungvolkes, Wien 1937.
Ronge, Max: Kriegs- und Industrie-Spionage. Zwölf Jahre Kundschaftsdienst. Wehle & Höfels, Wien 1930.
Ronge, Max: Meister der Spionage. Günther, Leipzig 1935.
Rubin, Eli: Carl Vaugoin. Der Aufstieg einer Armee. (Wiener Volksschriften; 8) Wiener Volksschriften-Verl., Wien 1931.
Russel, Kurt (Hg.): Österreichs Frontmiliz. Eine Darstellung ihrer Ziele und Aufgaben und ihrer Gliederung. Wien 1937.
Sassmann, Anton: Das Bundesheer und die Gendarmerie Österreichs. Ihre geschichtliche Entstehung, Organisation, Gliederung, Bewaffnung, Ausrüstung und Bekleidung, Ruhl, Leipzig 1926.
2. Aufl. 1927.

Schlemlein, Adolf von: Carl Vaugoin. 10 Jahre Bundesheer. 1921-1931. Eigenverl., Wien 1932.
Schmied, Hugo: Militärische Nachrichtenverkehrskunde. Verbindungstaktik. Eigenverl., Wien 1928.
Schmilauer, Oskar: Der Kraftfahrdienst im Winter (Militärwissenschaftliche Mitteilungen; Sonderdruck) Verl. Militärwissenschaftliche und Technische Mitteilungen,Wien 1934.
Schuster, Gustav (Hg.): Militär-Adreßbuch 1932 - 1937 (Abgeschlossen am 1. März 1936). Wien 1937.
Schützenregiment Nr. 26 (Hg.): Zur Fahnenweihe am Regimentsehrentag der 26er Schützen. Leykam, Graz 1926.
Staatsamt für Heereswesen (Hg.): Das Wehrgesetz vom Jahre 1920 mit Auszügen aus den Materialien. Eigenverl., Wien 1920.
Swoboda, Franz; Reiß, Siegfried: Geschichte des Infanterieregiments „Niederösterreich" Nr 6 von seiner Aufstellung bis August 1926. Eigenverl., Wien 1926.
Swoboda, Franz: Österreichs wehrpolitische Lage vor und nach dem 11. Juli 1936. Ertl, Wien 1937.
Vaugoin, Karl: Festschrift Carl Vaugoin. Zum zehnjährigen Amtsjubiläum des Österreichsichen Heeresministers. Der Bund, Wien 1931.
Vaugoin, Karl: Rundfunkrede des Bundesministers für Heerwesen Karl Vaugoin. unveröff. Manuskript, Wien 1931.
Vereinigung ehemaliger Neunerjäger (Hg.): Neuner Jäger Kalender. Ein Jahrbuch für Angehörige des Bundesheeres, der Gendarmerie, der Steiermärkischen Finanzbehörden, der Staatspolizei in Graz, der ehemaligen bewaffneten Macht und für Kriegsgeschädigte. Dt. Vereinsdruckerei, Graz 1923.
Vidale, Emil: Braucht Österreich die Wehrmacht? Ein Antrag auf Volksabstimmung. Lechner, Wien 1925.
Wagner, Max: Ein Blick ins Dritte Reich. Das Schicksal der Soldaten des Bundesheeres und der Beamten der Gendamerie, Polizei und Zollwache in einer nationalsozialistischen Diktatur (Der freie Soldat; Sondernummer) Militärverl., Wien 1931.
Welser, Carl: Rückblick auf die k.k. Gendarmerie aus dem Jahre 1920. Kritische Betrachtungen über Gesetzesverletzungen des Ministeriums für Landesverteidigung (etc.). Kiesel, Salzburg 1920.
Welser, Carl: Rückblick auf die k.k. Gendarmerie aus dem Jahre 1920. Kritische Betrachtungen über Gesetzesverletzungen des Ministeriums für Landesverteidigung und der Gendarmerieinspektoren. Anklagen gegen dieselben und gegen die leitenden Gendarmeriestellen beim Zusammen-

bruche Österreich-Ungarns. Welser, Salzburg 1921.
Wettendorfer, Eduard: Lichtbildauswertung. Eigenverl., Wien 1923.
Wiener Neueste Nachrichten Verlags-AG (Hg.): Unser Bundesheer. Der Werdegang des österreichischen Offiziers. (Bühne, Welt und Mode; Illustrierte Wochenbeilage der Wiener Neuesten Nachrichten; Nr. 36), Wiener Neueste Nachrichten Verlags-AG, Wien 1929.
Winterer, Franz: Orientierung in der Landschaft. Mit Karte, Kompass und Höhenmesser. Schneider, Leipzig 1930.
Winterer, Franz: Der militärische Gebrauch der Winterer-Bussolen. Eigenverl., Wien 1936.
Wittas, Paul: Unser Heer und seine Waffen. Kurzgefaßte österreichische Heereskunde in Bild und Wort. Hölder-Pichler-Tempsky, Wien 1936.
2. Aufl., 1936.

Periodika, Zeitungen und Zeitschriften

Anstellungs-Nachrichten des Bundesministeriums für Heereswesen. Verlag der Österreichischen Staatsdruckerei, Wien 1927-1938.
Arbeitersport. Wochenschrift für die Interessen des Körpersports. Offizielles Organ des Verbandes der Arbeiter- und Soldatensportvereinigungen **Österreichs. (V. A. S.) und seiner Unterverbände.** Adria, Wien 1923-1926.
Der deutsche Soldat. Mitteilungen der deutschen Soldatengewerkschaft Österreichs. Dt. Soldatengewerkschaft, Wien 1926-1929.
Der freie Soldat. Organ des Militärverbandes der Republik Österreich. Vorwärts, Wien 1920-1933.
Der gute Camerad. Zeitschrift für die katholischen Soldaten des österreichischen Bundesheeres. Herold, Wien 1926-1937.
Der Rote Soldat. Organ des Revolutionären Soldatenkomitees. Spitz, Wien 1919-1938.
Der Wehrbund. Zeitschrift der nichtpolitischen Heeresangehöhrigen Österreichs. Typographischer Anst., Wien 1922-1935.
Deutschösterreichische Wehrzeitung der Oberländer, Bund „Oberland", Wien 1926.
Die neue Front. Unabhängige Zeitung zur Vertretung der Interessen aller bodenständigen Kriegsteilnehmer Deutschösterreichs. Herold, Wien 1920 - 1928.
Ab 1926 unter dem Titel: Frontkämpfer
Kameradschafts-Kalender. Österreichischer Reichs-Kameradschafts- und Kriegerbund, Wien 1927-1932.

Major Oberhauser's Militär-Taschen-Notiz-Kalender für das österreichische Bundesheer. Zaunrith, Salzburg 1926-1938.
Militär-Adressbuch. Adressbuch der im Inlande wohnenden österr. Militär-, Landwehr- u. Marinepensionisten. G. Schuster, Wien 1939-1937.
Militär-soziale Rundschau. Freies Organ für das Volksheer. Offizielles Organ des Verbandes (Zentralverbandes) Deutsch-Österreichischer Militärgagisten. Wien 1918-1919
Früher unter dem Titel: Militärische Rundschau. 1912 –
Später unter dem Titel: Österreichische Wehrzeitung. 1920 -
Militärwissenschaftliche Mitteilungen. Verl. Militärwissenschaftliche Mitteilungen, Wien 1920-1944.
Ab 1924 unter dem Titel: Militärwissenschaftliche und Technische Mitteilungen.
Militär-Zeitung. Zeitschrift für militärische Interessen. R. Gerold und Sohn, Wien 1857-1919
Früher unter dem Titel: Militärische Zeitung. 1855 -
Früher unter dem Titel: Neue Militär-Zeitung. 1869 –
Mitteilungen zur Regimentsgeschichte der Kärntner Gebirgsschützen. Kameradschaftsbund des ehemaligen Gebirgsschützen-Regiment Nr. 1, Klagenfurt 1928-1931.
Nachrichtenblatt des Deutschösterreichischen Staatsamtes für Heerwesen, Wien 1918-1920.
Österreichische Wehrzeitung. Zeitschrift für Wehrfragen, Politik und Wirtschaft. Österreichischer Offiziersverband, Wien 1920-1938.
Patrioten-Calender. Officielles Jahrbuch der Österreichisch-ungarischen Militär-Vereine. Groak, Wien 1901-1930.
Staatswehr. Demokratisches Organ aller Offiziere und Militärbeamten Deutschösterreichs. Offizielles Organ der Berufsgagisten-Genossenschaft. Feigl & Parreyß, Wien 1919-1934.
Ab 1926 unter dem Titel: Neue Staatswehr
Ab 1932 wieder unter dem Titel: Staatswehr.
Technische Mitteilungen. Monatliche Rundschau auf dem gesamten Gebiete der Technik unter besonderer Berücksichtigung der Wehrtechnik. Holzhausen, Wien 1920-1921.
Verlautbarungen für die österreichische Heeresgeistlichkeit. Militärvikariat, Wien 1921-1937.
Ab 1926 unter dem Titel: Verlautbarungen für die österreichische Militärgeistlichkeit.
Wissen und Arbeit. Zeitschrift für die Geistes- und Körperkultur der österreichischen Wehrmacht. Wolff, Wien 1921-1922.

3. Wiederveröffentlichung des Buches „Österreichs Bundesheer"

100 Jahre nach der Gründung des Bundesheeres der Ersten Republik erscheint es geziemend, dessen Aufstellung in gebührender Weise zu gedenken. Die Autoren wollen mit dem Wiederabdruck des Buches „Österreichs Bundesheer" einen kleinen und bescheidenen Beitrag dazu leisten.

Im Winter 1929, neun Jahre nach der Aufstellung des Ersten Bundesheeres, wurde das Buch „Österreichs Bundesheer" im Auftrag des Bundesministeriums für Heereswesens vom Verlag der Militärwissenschaftlichen und Technischen Mitteilungen erstmals veröffentlicht und von der Buchdruckerei Paul Kaltschmid gedruckt. Das Buch war in Ganzleinen gebunden, hatte 206 Kleinquartseiten mit 56 Abbildungen, 25 Graphiken sowie zwei beigefügte Kartenskizzen. Von Bundesminister Carl Vaugoin wurde das Geleitwort verfasst. Es wurde versucht, den Preis möglichst gering zu halten, weshalb sich die Kosten für eine Ausgabe auf 5 Schillinge (dies entspricht im Jahr 2020 rund € 17,60.-) beliefen.

In erster Linie sollten mit dem Werk Informationen über die in den 1920er-Jahren geleistete Aufbauarbeit geliefert werden. Der Inhalt wurde derart gewählt, dass die Leserschaft einen Überblick über Entwicklung und Stand der Landesverteidigung gewinnen konnte und in folgende Kapitel gegliedert:

Die geschichtliche Entwicklung der österreichischen Wehrgesetzgebung
Vom Geiste unseres Heeres
Organisation
Personelle Entwicklung
Ausbildung
Heeresdisziplinarrecht
Militärstrafrecht
Militärsanitätswesen
Bau- und Unterkunftswesen
Soldatenversorgung
Pferde
Waffen und sonstiges Zeugsgerät, Zeugsbetriebe und -Anstalten
Heereswirtschaft
Das österreichische Kriegsarchiv
Die Erfüllung der wehrgesetzlichen Aufgaben des Bundesheeres

Nach dem Krieg gab es für das neue Österreich viel Sarkasmus. Foto: Österreichische Nationalbibliothek.

Traditionstage wurden hoch gehalten. Hier eine Feier für die Deutschmeister. Foto: Österreichische Nationalbibliothek.

Als Kasernen dienten die alten Kasernen der Monarchie, hier im Bild die Reiterkaserne in Graz. Foto: Graz.at.

Das Bundesheer durfte zwar keine Panzer besitzen, aber bei Übungen verhalf man sich mit Attrappen. Foto: Pallasch 66.

Infanterie sammelt sich in Eisenstadt während des Burgenlandeinsatzes 1921.
Foto: Archiv Pöcher.

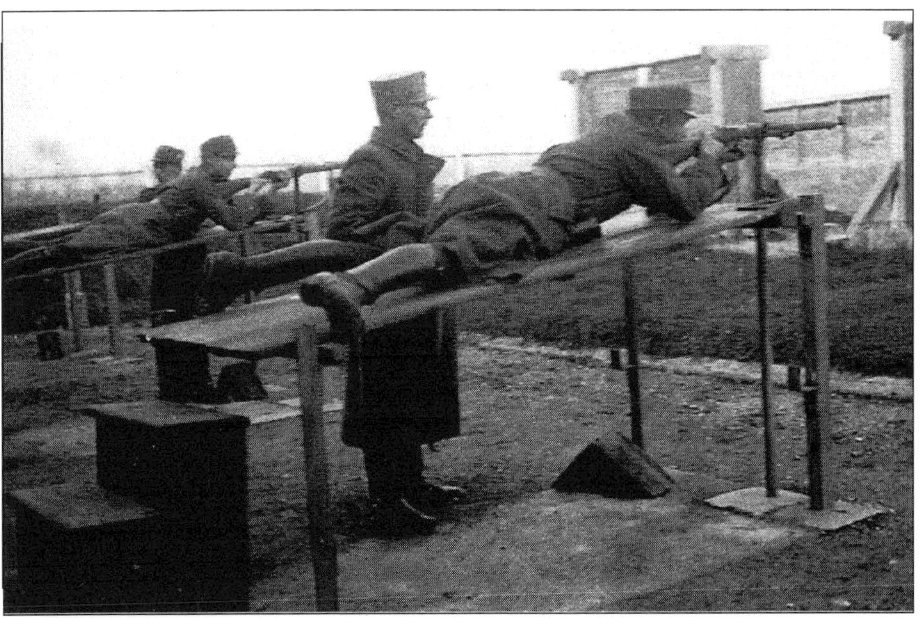

Der Schießausbildung wurde große Bedeutung gemessen. Foto: Archiv Pöcher.

Wien, am 25. Februar 1929.

Euer Hochwohlgeboren !

In der Anlage gestatte ich mir ein Ehrenexemplar des soeben erschienenen Gedenkbuches "Österreichs Bundesheer", das über meinen Auftrag im Bundesministerium für Heereswesen verfaßt wurde, zu übermitteln.

Mit der Versicherung ausgezeichneter Hochachtung zeichne ich als

sehr ergebener

Vaugoin

ÖSTERREICHS BUNDESHEER

VERFASST UND HER-
AUSGEGEBEN VOM
BUNDESMINISTERIUM
FÜR HEERESWESEN

4. BIS 12. TAUSEND

VERLAG
MILITÄRWISSENSCHAFTLICHE UND TECHNISCHE
MITTEILUNGEN / WIEN I., STUBENRING NR. 1

GELEITWORTE
DES BUNDESMINISTERS FÜR HEERESWESEN

DIE vorliegende Schrift soll ein Bild von der Entwicklung und dem Stand unserer Wehreinrichtungen geben und damit den Gedanken der Wehrhaftigkeit in unserem Volke fördern. Sie soll zugleich der breitesten Öffentlichkeit zeigen, welche Leistungen in jahrelanger mühevoller Aufbauarbeit, trotz äußerem Zwange und inneren Schwierigkeiten auf dem Gebiet des Heerwesens vollbracht wurden. Nur zu rasch und leicht wird manchmal an den bestehenden militärischen Verhältnissen Kritik geübt, weil vergessen wird, daß die Wehrmacht Österreichs aus dem Chaos der Nachkriegszeit in harter Not des Staates mit kärgsten Mitteln völlig neu geschaffen werden mußte. Erst ein Vergleich zwischen damals und heute gestattet ein zutreffendes Urteil. Jedes Heer muß vom Willen und Vertrauen des Volkes getragen sein, denn nur dann kann es Bestand haben und allen seinen vielseitigen Aufgaben gerecht werden. Unser an Zahl zwar kleines, doch wohlgefügtes und von echtem österreichischen Soldatengeiste beseeltes Bundesheer hat, so oft es in Tätigkeit trat, immer wieder bewiesen, daß es bereit und befähigt ist, seinen gesetzlichen Pflichten unter allen Umständen mannhaft und entschlossen nachzukommen. Es ist auf die Wertschätzung und Liebe, die ihm deshalb alle Kreise unserer Bevölkerung in stets wachsendem Maße entgegenbringen, mit vollem Rechte stolz! Wenn das dem Bundesheer gewidmete Gedenkbuch dazu beiträgt, den Glauben an unsere Wehrmacht zu stärken und den Sinn für die Wehrhaftigkeit in unserem Vaterlande zu vertiefen, dann hat es seinen Zweck erreicht.

Vaugoin

INHALTSVERZEICHNIS

Die geschichtliche Entwicklung der österreichischen Wehrgesetzgebung.

Die junge deutschösterreichische Republik hat sich im Gegensatz zu allen übrigen auf dem Boden der ehemaligen Monarchie entstandenen Staaten nicht auf eine bereits vorhandene, militärisch organisierte Wehrmacht gestützt, sondern sich in der ersten Zeit ihres Bestandes mit militärischen Improvisationen beholfen. Erst allmählich und schrittweise war es möglich, diese vielfach eigenmächtig gebildeten bewaffneten Formationen zusammenzufassen, militärisch zu gliedern, die geistig, körperlich oder moralisch ungeeigneten Elemente auszuscheiden und alle übrigen aus einem mehr oder weniger ungeregelten Freischärlertum in ein geordnetes militärdienstrechtliches Verhältnis überzuleiten. Schwere Mängel und militärische Absonderlichkeiten, die in den ersten Jahren der Republik die nur zu berechtigte Kritik herausgefordert haben, sind zum guten Teil aus dieser Entstehungsgeschichte zu erklären.

Hiezu kommt noch, daß auch die österreichische Wehrverfassung als solche nicht auf gewöhnlichem Weg entstanden ist. Das österreichische Wehrsystem ist nichts weniger als das Ergebnis der freien Willensbildung des österreichischen Volkes. Dies geht mit aller Klarheit aus der Beschlußfassung der provisorischen Nationalversammlung hervor, die am 6. Februar 1919 ein Gesetz, betreffend vorläufige Bestimmungen über die bewaffnete Macht, verabschiedet hat, das auf ganz anderen Grundlagen aufgebaut war. Damals hat das Volk Deutschösterreichs seinen Willen kundgetan, die Verteidigung seiner Grenzen einem auf der allgemeinen Wehrpflicht aufgebauten Milizheer anzuvertrauen. Dieses Heer hätte sich auf eine Aufgebotspflicht aller wehrfähigen Männer vom 19. bis zum 42. Lebensjahr gestützt. Ständig sollten jedoch nicht mehr als 24.000 Mann unter Waffen gehalten werden. Die Ausbildungszeit und damit auch die Dienstpflicht des einzelnen, auf Grund der allgemeinen Aufgebotspflicht einrückenden Bürgers war mit vier Monaten begrenzt. Daneben war noch für Ausbildungszwecke und Sonderverwendungen ein Berufsoffiziers- und ein Berufsunteroffizierskorps in Aussicht genommen.

Das Gesetz vom 6. Februar 1919, St. G. Bl. Nr. 91, ist jedoch niemals zur Durchführung gelangt. Denn der Staatsvertrag von St. Germain-en-Laye hat durch eine ganze Reihe von Bestimmungen — im ganzen befassen sich 42 Artikel dieses Vertrages mit der Heeresorganisation — die österreichische Gesetzgebung gezwungen, zu einer von den Grundideen des oberwähnten Gesetzes vollständig abweichenden Wehrverfassung überzugehen.

Die militärischen Bestimmungen des Friedensvertrages haben im Wehrgesetz vom 18. März 1920 ihren Niederschlag gefunden; es wurde durch Novellen aus den Jahren 1921, 1923 und 1925 abgeändert und ergänzt. Die grundlegenden Bestimmungen über das Militärwesen wurden auch in die Verfassung aufgenommen.

Im Wehrgesetz wurde die allgemeine Wehrpflicht abgeschafft. Das Bundesheer wird durch Anwerbung gebildet und ergänzt, ist also ein Freiwilligenheer. Das Wort „Söldnerheer“, worunter in früheren Zeiten meistens auch gemietete Truppen von Ausländern verstanden wurden, ist für unser Bundesheer nicht zutreffend, da nur österreichische Staatsbürger in das Heer aufgenommen werden.

Durch das Friedensdiktat ist die Stärke des Heeres begrenzt. Die militärischen Kräfte des österreichischen Heeres dürfen 30.000 Mann, einschließlich der 1500 Offiziere, nicht überschreiten. Die Dienstpflicht der Unteroffiziere und Wehrmänner dauert zwölf Jahre, und zwar hievon mindestens sechs Jahre im Präsenzstand und die übrige auf zwölf Jahre fehlende Zeit im Beurlaubtenstand. Die Pflichten der Angehörigen des Beurlaubtenstandes bestehen in der Meldepflicht und in der Verpflichtung, einem allfälligen Einberufungsbefehl Folge zu leisten. Diese im österreichischen Wehrgesetz gewählte, von der Entente gebilligte Konstruktion macht also die Präsenzdienstpflicht, die nicht zwölf, sondern nur sechs Jahre dauern muß, weniger drückend. Der Ersatz der Abgänge, die sich aus vorzeitigen Entlassungen wegen Krankheit, infolge Disziplinarvergehen oder auf eigenes Ansuchen ergeben, wurde dadurch beschränkt, daß die Zahl der Neuanwerbungen aus diesem Anlaß im Jahr nicht mehr als ein Zwangzigstel des gesetzlich zulässigen Gesamtstandes betragen darf.

Zweck des Heeres ist der Schutz der Grenzen der Republik und, soweit die gesetzmäßige bürgerliche Gewalt diese Mitwirkung in Anspruch nimmt, auch der Schutz der verfassungsmäßigen Einrichtungen, die Aufrechterhaltung der Ordnung und Sicherheit im Innern überhaupt und die Hilfeleistung bei Elementarereignissen und Unglücksfällen außergewöhnlichen Umfanges. Danach kann für Zwecke des Grenzschutzes das Bundesheer ohne jede Anforderung in Aktion treten. Im „außerordentlichen Sicherheitsdienst" ist jedoch das Einschreiten des Militärs ohne Anforderung nicht zulässig. Die österreichische Bundesverfassung und das Wehrgesetz stehen also auf dem Standpunkt des reinen Requisitionsprinzipes.

An wen die Anforderung von Truppen zu Assistenzzwecken zu richten ist, bestimmt nicht das Wehrgesetz; nach der „Allgemeinen Dienstvorschrift" sind es die Ortskommandos, die Brigadekommandos, in letzter Instanz das Bundesministerium für Heereswesen. Anforderungsberechtigt sind die Behörden und Organe des Bundes, der Länder und Gemeinden innerhalb ihres Wirkungskreises. Dem Recht, das das Wehrgesetz diesen Stellen ganz bedingungslos einräumt, entspricht auf militärischer Seite die Pflicht, die angeforderten Assistenzen beizustellen. Ein Prüfungsrecht haben die militärischen Kommandos nur hinsichtlich der Zuständigkeit der anfordernden Stelle, nicht bezüglich der Zweckmäßigkeit des Einschreitens. Hat aber einmal die militärische Aktion begonnen, dann steht die Führung der zu Assistenzzwecken abgeordneten Truppen ausnahmslos dem militärischen Befehlshaber zu. Nur der Waffengebrauch hat bei Tumulten und aufrührerischen Bewegungen erst auf Verlangen des ermächtigten politischen Beamten einzutreten — abgesehen von den Fällen, in denen die Assistenztruppen, weil sie selbst angegriffen worden sind, in berechtigter Notwehr von der Waffe auch ohne dieses Verlangen Gebrauch machen können. Art und Dauer der Waffenanwendung bestimmt ausschließlich der militärische Kommandant.

„Ueber das Bundesheer verfügt der Nationalrat. Insoweit diesem nicht durch das Wehrgesetz die unmittelbare Verfügung vorbehalten ist, wird jedoch mit der Verfügung die Bundesregierung oder innerhalb der von dieser erteilten Ermächtigung der Bundesminister für Heereswesen betraut" (Art. 80 Bundes-Verfassungsgesetz). Danach steht dem Nationalrat selbst nur die Einberufung der Heeresangehörigen des Beurlaubtenstandes sowie der Aufschub der Entlassungen von Heeresangehörigen aus dem Präsenzstand im Falle der Bedrohung der Republik zu. Bei Gefahr im Verzug kann auch die Bundesregierung den Beurlaubtenstand einberufen, wozu sie die nachträgliche Genehmigung des sofort zu versammelnden Nationalrates einzuholen hat. Nach dem Wehrgesetz erschöpft sich also die unmittelbare Verfügung des Nationalrates über das Bundesheer in den angeführten Maßnahmen — in Uebereinstimmung damit, daß nach dem Bundes-Verfassungsgesetz auch die Beschlußfassung über eine Kriegserklärung einem parlamentarischen Körper, der Bundesversammlung, vorbehalten ist.

Selbstverständlich verbleibt darüber hinaus nach allgemeinen verfassungsrechtlichen Grundsätzen dem Nationalrat als Kontrollorgan eine mittelbare Ingerenz vorbehalten. Zur Verstärkung der parlamentarischen Kontrolle hat das Wehrgesetz beim Bundesministerium für Heereswesen eine Kommission, die „ständige Parlamentskommission für Heeresangelegenheiten", eingesetzt, die aus drei Mitgliedern besteht, die vom Nationalrat je aus der Mitte der drei stärksten Parteien gewählt werden. Wählbar sind nur Mitglieder des Nationalrates oder des Bundesrates. Die Parlamentskommission ist berechtigt, jederzeit in die Verwaltung der Heeresangelegenheiten Einblick zu nehmen. Zu diesem Behuf steht ihr das Recht zu, die Verhandlungsakten des Heeresministeriums und der ihm untergeordneten Stellen einzusehen. Verwaltungsbefugnisse besitzt die ständige Parlamentskommission nicht.

Wenn nun auch Gesetzgebung und Vollziehung in militärischen Angelegenheiten in Oesterreich Bundessache ist, so trägt doch das Wehrgesetz dem bundesstaatlichen Charakter unserer Verfassung dadurch Rechnung, daß es der zentralen Vollzugsgewalt gewisse Beschränkungen zugunsten der Länder auferlegt. Der Einfluß der Länder wird in Oesterreich in den Heeresverwaltungsstellen verkörpert. In jedem Bundesland besteht eine Heeresverwaltungsstelle, die unmittelbar dem Bundesminister für Heereswesen untergeordnet ist. Leiter der Heeresverwaltungsstelle ist ein vom Bundesminister mit Zustimmung der Landesregierung bestellter Offizier. Der Heeresverwaltungsstelle obliegt es insbesondere, die regelmäßigen Beziehungen zur Landesregierung aufrechtzuerhalten sowie die Werbungen zu leiten und durchzuführen. Landesbefehlshaber gibt es in Oesterreich nicht. Die Brigadebereiche decken sich im allgemeinen mit den Bundesländern, doch umfaßt zum Beispiel Kärnten, Salzburg, Tirol und Vorarlberg ein Brigadekommando.

Dann äußert sich der Ländereinfluß noch darin, daß länderweise geworben wird. Jedes Land bildet einen Werbebereich. Die Höchstzahl der in diesen Werbebereichen anzuwerbenden Heeresangehörigen ist im Wehrgesetz festgelegt. Jeder Standeskörper ist innerhalb seines Werbebereiches zu garnisonieren. Ausnahmen sind nur mit Zustimmung der beiden in Betracht kommenden Landesregierungen zulässig. Aber auch die Zuweisung eines einzelnen, nicht im Werbebereich heimatberechtigten Heeresangehörigen zu einem in seinem Werbebereich garnisonierenden Standeskörper bedarf der Zustimmung der betreffenden Landesregierung. Danach bildet es den Regelfall, daß die Truppenkörper eines Werbebereiches immer nur in diesem Werbebereich (Land) garnisonieren und daß diese Truppenkörper auch nur aus Bürgern dieses Landes bestehen. Doch hindern diese Vorschriften nicht, daß zu Grenzschutz-, Assistenz- oder Uebungszwecken auch ohne Zustimmung der Landesregierung Truppen aus fremden Werbebereichen vorübergehend in einem anderen Land verwendet werden.

Die Heeresergänzung erfolgt, wie schon erwähnt, im Weg der freiwilligen Werbung. Voraussetzung für die Aufnahme in das Bundesheer ist der Besitz der österreichischen Bundesbürgerschaft, volle moralische, geistige und körperliche Eignung für den militärischen Dienst, lediger Stand oder kinderloser Witwerstand, Kenntnis der deutschen Sprache in Wort und Schrift, Volksschulbildung und bei Minderjährigen die Zustimmung des Vaters oder des Vormundes. Das Wehrgesetz schreibt ferner ein Mindestalter von 18 und ein Höchstalter von 26 Jahren für die Aufnahme vor.

Die Aufnahme eines Bewerbers in den Heeresverband bedarf der Bestätigung durch den Bundesminister für Heereswesen. Diese steht nach dem Wehrgesetz in seinem freien Ermessen. Der Einberufene wird einer dreißigtägigen Probedienstleistung unterzogen. Wegen Nichtbestehens des Probedienstes kann er durch Verwaltungsverfügung aus dem Bundesheer entlassen werden. Hat der Heeresangehörige den Probedienst bestanden, so ist er endgültig aufgenommen.

Die Unteroffiziere ergänzen sich aus dem Wehrmannsstand, die Offiziere aus entsprechend vorgebildeten Unteroffizieren. Letztere müssen sich auf eine Präsenzdienstzeit von mindestens 20 Jahren verpflichten, die dann auf weitere 15 Jahre, zusammen also auf 35 effektive Dienstjahre verlängert werden kann.

Das militärische Dienstverhältnis beruht auf einem Vertrag öffentlich-rechtlicher Natur zwischen dem Bewerber und der Heeresverwaltung, ähnlich dem Beamtendienstvertrag. Dies kommt einerseits in dem, dem öffentlichen Recht angehörenden militärischen Dienst- und Unterordnungsverhältnis, anderseits darin zum Ausdruck, daß die Auflösung dieses Dienstverhältnisses vor Ablauf der gesetzlich festgelegten Dienstzeit nur auf Grund bestimmter, im Wehrgesetz abschließend aufgezählter Voraussetzungen, wie Dienstuntauglichkeit, gerichtliche Verurteilung, schwere Disziplinarvergehen u. a. m. erfolgen kann.

Die militärischen Dienst- und Standespflichten sowie die aus dem Militärdienstverhältnis fließenden Rechte sind im Bundes-Verfassungsgesetz, Wehrgesetz, Heeresgebührengesetz, Gehaltsgesetz, im Anhang zum allgemeinen Strafgesetz, im Heeresdisziplinargesetz und in den zu diesen Gesetzen ergangenen Durchführungsbestimmungen und in den Militärdienstvorschriften enthalten.

Im Gegensatz zum Militärrecht der ehemaligen bewaffneten Macht und dem geltenden Recht des Deutschen Reiches bestimmt das Wehrgesetz, daß den Heeresangehörigen die staatsbürgerlichen Rechte im gleichen Umfang wie den anderen Bundesbürgern zukommen. Zu den staatsbürgerlichen Rechten gehören neben dem Wahlrecht auch die Grund- und Freiheitsrechte, wie das Vereinsrecht, das Versammlungsrecht, die Freiheit der Meinungsäußerung und die Freizügigkeit.

Anderseits ist aber nach dem Wehrgesetz das Heer als Einrichtung des Staates von jeder parteipolitischen Betätigung und Verwendung unbedingt fernzuhalten. Im Dienst ist daher auch den einzelnen Heeresangehörigen jede parteipolitische Betätigung untersagt. Die Abhaltung politischer Versammlungen in den Unterkunftsräumen der Heeresangehörigen und in den Kasernhöfen ist verboten.

Daraus geht hervor, daß sich die Heeresangehörigen *außer Dienst* politisch frei betätigen können, wenn nur diese Betätigung nicht eine Richtung verfolgt, die mit dem Soldateneid und dem Bekenntnis zur demokratischen Republik unvereinbar ist. Der österreichische Soldat des Präsenzstandes kann demnach auch Mitglied von politischen Vereinen sein. Seine legale Betätigung in politischen wie auch in unpolitischen Vereinen ist praktisch nur insoferne beschränkt, als einerseits die Soldaten zur Uniform auch die Seitenwaffe zu tragen haben, anderseits nach dem Vereins- und Versammlungsgesetz Bewaffneten der Besuch von öffentlichen Versammlungen verboten ist. Danach können Vereinsversammlungen und auch sonstige frei zugängliche Versammlungen — gleichgültig, ob diese politischen oder unpolitischen Charakter haben — von Soldaten in Uniform nicht besucht werden. Dem österreichischen Soldaten steht also der Besuch öffentlicher Versammlungen nur in der dienstfreien Zeit und in Zivilkleidung offen.

Aber auch andere staatsbürgerliche Rechte erfahren — der Ausübung nach — durch die Militärdienst- und Standespflichten eine gewisse Einschränkung. So ist es wohl über jeden Zweifel erhaben, daß die Freizügigkeit, also das Recht, daß jeder Staatsbürger an jedem Ort des Staatsgebietes seinen Aufenthalt nehmen kann, durch die militärische Dienstpflicht eingeschränkt, ja sogar aufgehoben ist. Aehnlich verhält es sich mit der Freiheit der Meinungsäußerung; dieses Grundrecht kann ein Heeresangehöriger nur ausüben, insoweit nicht durch die Ausübung die den Vorgesetzten und Höheren schuldige Achtung beiseite gesetzt wird. Ebenso findet der Schutz der körperlichen Integrität, der jedermann gewährleistet ist, in der dem Soldaten auferlegten Pflicht zur Tapferkeit und Selbstaufopferung seine Grenzen.

Die Beschränkungen, denen der Heeresangehörige auf dem Gebiet der Ausübung der staatsbürgerlichen Rechte unterworfen ist, sind nicht durchwegs in Gesetzen niedergelegt, wenn sie auch letzten Endes immer eine gesetzliche Grundlage haben müssen. Auch aus den Dienstvorschriften und insbesondere aus der Verpflichtung zur Wahrung des Standesansehens kann sich im Rahmen der geltenden Gesetze eine — gegenüber anderen Staatsbürgern — ungleiche Behandlung der Heeresangehörigen ergeben. Art und Umfang dieser Beschränkungen wurden in einer ganzen Reihe von Ministerialerlässen geregelt, die sämtlich aus den letzten Jahren stammen. Der gemeinsame Leitgedanke dieser Regelung war der, alle Formen parteipolitischer und mit Parteipolitik zusammenhängender Betätigungen zu untersagen, die den Dienst- und Standespflichten zuwiderlaufen, weil sie Anschauungen und Gefühle anderer Kameraden verletzen und hiedurch Unfrieden in das Bundesheer hineintragen oder auch nur den Schein erwecken können, daß das Bundesheer als solches in einer bestimmten parteipolitischen Richtung eingestellt sei.

So wurde — um aus der Fülle der vom Bundesminister Carl Vaugoin herausgegebenen „politischen Erlässe" die wichtigsten hervorzuheben — auch die außerdienstliche Propaganda für eine Partei untersagt, die nicht auf dem Boden der demokratischen Republik steht. Dann ist den Soldaten in Uniform die Teilnahme an Demonstrationen und überhaupt die militärische Betätigung in Selbstschutzorganisationen verboten worden; das Tragen von Abzeichen in Uniform und das Tragen parteipolitischer Abzeichen im Bereich militärischer Objekte auch in Zivilkleidung wurde als unzulässig erklärt; die Verteilung von Zeitungen in den Kasernen wurde reglementiert; die Einsammlung von Mitgliedsbeiträgen für Organisationen, dann Geldsammlungen in den Kasernen überhaupt wurden zum Teil Beschränkungen unterworfen, zum Teil gänzlich verboten.

In mühevollster Kleinarbeit wurden hier ohne Inanspruchnahme der Gesetzgebung durch Verordnungen die Grenzen zwischen Erlaubtem und Verbotenem gezogen und damit alles vorgekehrt, was im Interesse der Entpolitisierung des Bundesheeres notwendig und im Rahmen der geltenden Gesetze möglich war.

Auf einem anderen, nicht weniger umstrittenen Gebiet war es aber der Heeresverwaltung beschieden, im Weg der Gesetzgebung Wandel zu schaffen, und zwar durch die unter der Ministerschaft Vaugoins verabschiedete Wehrgesetznovelle vom Jahr 1923 hinsichtlich der Vertrauensmänner. Nach der ursprünglichen Fassung des Wehrgesetzes oblag den Soldatenräten „die Wahrung der Interessen und der vertraglichen Rechte" der Heeresangehörigen — eine Fassung, die so weit ging, daß sie zu Eingriffen in die militärische Kommandogewalt reichliche Gelegenheit geboten und dadurch den Keim zu den schwerwiegendsten Konflikten zwischen Kommandanten und Untergebenen in sich getragen hat. Mit der Wehrgesetznovelle vom Jahr 1923 ist nicht nur der Ausdruck „Soldatenrat" gefallen, sondern auch der Wirkungskreis der Personalvertretung der Heeresangehörigen — bei den Unterstellen die Vertrauensmänner, im Heeresministerium der Personalausschuß — durch eine abschließende Aufzählung der ihnen zukommenden Aufgaben genauestens geregelt. Damit wurden früher bestandene Unklarheiten beseitigt und die Personalvertreter auf ein Gebiet verwiesen, auf dem sie auch in einer wohlgeordneten Wehrmacht als Mittler zwischen Kommandanten und Untergebenen eine ersprießliche Tätigkeit entfalten können.

So kann die Normenschaffung auf wehrgesetzlichem Gebiet — mag sie nun im Weg der Gesetzgebung oder im Verordnungsweg erfolgt sein — keinen geringen Anteil an der Konsolidierung des Bundesheeres für sich in Anspruch nehmen, zumal wenn der parlamentarischen Schwierigkeiten gedacht wird, die sich oft selbst der Ausgabe von Erlässen entgegengestellt haben. Allein diese reformatorischen Arbeiten hätten niemals zu einem durchgreifenden Erfolg führen können, wenn nicht gleichzeitig mit diesen Reformen auch ein anderer Geist in das Bundesheer eingezogen wäre.

Vom Geiste unseres Heeres.

Die vornehmsten Aufgaben jeder Armee sind der Schutz der Grenzen, der Schutz der verfassungsmäßigen Einrichtungen und die Hilfeleistung bei Elementarereignissen.

Die Erfüllung dieser Aufgaben stellt an den Soldaten hohe Anforderungen, für die weder ein Entgelt in Form von Gut und Geld, noch Ehren und Auszeichnungen allein hinreichen würden; auch Mittel wie Strafe oder Gewalt versagen erfahrungsgemäß beim Versuch, die Pflichterfüllung nur auf ihnen zu begründen.

Nur eines vermag die Pflichterfüllung dauernd zu verbürgen: Eine klare Zielsetzung auf sittlicher Grundlage.

Als es galt, dem Bundesheer in seinen Anfängen die Voraussetzungen zur Pflichterfüllung zu schaffen, da konnte es nur ein einziges Ziel und nur eine einzige sittliche Grundlage für das Bundesheer geben: „Mit Gottesfurcht, Vaterlandsliebe und Gehorsam für das Gesamtvolk!"

In diesem Sinne wurden fortan die alten und die neueinrückenden Soldaten erzogen, mit dieser Idee, mit diesem Geist wurde in unnachgiebiger Arbeit, in unbeugsamem Widerstand gegen Angriffe ringsum, mit immer wieder aufrichtender Zuversicht das Bundesheer in allen seinen Teilen erfüllt, bis das große Werk zu reifen begann, bis Oesterreich wieder ein österreichisches Heer hatte.

Jedes Volk hat sein besonderes Gepräge. Der Oesterreicher liebt aus ganzem Herzen sein Vaterland, seine schöne Heimat, seine Familie, für deren Einrichtung und Bestand er tiefen Sinn hat. Der Oesterreicher ist im Grund seines Wesens religiös und treu. Mit Stolz sieht er auf die Meisterleistungen

Wacheablösung vor dem Bundesministerium für Heereswesen

seines Vaterlandes in der Vergangenheit auf allen Gebieten der Politik, Kriegführung, Wirtschaft, Kunst und Wissenschaft. Er ist anhänglich an das Schöne und Große seines Volkes, er will liebevoll erhalten, was gut und erprobt ist. Der Oesterreicher hat ein gutes Herz, er wünscht den sozialen Fortschritt auf friedlichem Wege und in gleichem Maße für alle Bürger im Staate.

Es ist klar, daß dieser durch die Revolution verwischte, bald aber wieder klar zutage tretende, das österreichische Volk beseelende Geist, auch der herrschende Geist im österreichischen Bundesheere sein mußte und daß sich jede einseitige politische Einstellung, die Vaterland, Volk, Familie, Glauben und Ueberlieferung leugnet, im Bundesheere auf die Dauer nicht halten konnte.

Die Bevölkerung billigt es heute bei jedem Anlaß, daß das Bundesheer von österreichischem Geist erfüllt ist und anerkennt damit, daß das Bundesheer den richtigen Weg eingeschlagen hat, als es sich den Grundsatz „Mit Gottesfurcht, Vaterlandsliebe und Gehorsam für das Gesamtvolk!“

zu eigen machte. Ueberall wo unsere Truppen vor die Oeffentlichkeit treten, sei es in hilfsbereiter Arbeit bei Unglücken und Elementarkatastrophen, sei es im Manöver in allen Gauen unserer schönen Bundesländer, sei es bei militärischen Feiern oder bei sportlichen Veranstaltungen, immer und überall begrüßt sie der aus dem Herzen kommende aufrichtige Beifall der Bevölkerung, die das Bundesheer deshalb achtet und liebt, weil es wieder aus echt österreichischen Soldaten besteht.

Gerade in Oesterreich kommt wegen der bestehenden eigenartigen Wehrverfassung dem im Heere herrschenden Geist eine ganz besondere Bedeutung zu.

Die Stellung des Soldaten im Staate ist abhängig von der Wehrverfassung. Wo die allgemeine Wehrpflicht eingeführt ist, liegt die Möglichkeit vor, die gesamte wehrfähige männliche Bevölkerung gelegentlich ihrer Militärdienstleistung im herrschenden Geiste zu erziehen und derart diesem Geiste im Volke weite Verbreitung zu verschaffen. Wo aber die allgemeine Wehrpflicht, wie bei uns in Oesterreich, durch den Staatsvertrag von St. Germain verboten ist — dort kann nur ein kleiner Teil der Bevölkerung im Heere dienen und es entsteht die bedenkliche Gefahr der Entfremdung zwischen Wehrmacht und Volk. In einem Staate mit einem kleinen, nur aus Berufssoldaten bestehenden Heere ist es schwer, den wehrhaften Geist in der Bevölkerung zu erhalten. Umso bedeutungsvoller wird daher die Stellung und die Rolle des einzelnen Soldaten, der umsomehr Vorbild und Träger des Geistes werden muß, je weniger Soldaten es im Staate gibt. Die Frage des Geistes im Heere ist somit in Oesterreich von ausschlaggebender Bedeutung.

Die Armee verkörpert den Staat am sinnfälligsten vor der Oeffentlichkeit. Sie ist der Ausdruck der Macht und des Ansehens des Staates, sie ist das Banner der Ehre von Staat und Volk, sie versinnbildlicht mit ihren aus der Blüte des Volkes gebildeten Regimentern Kraft und Gesundheit der Nation.

Die durch die Macht der Siegerstaaten im Jahre 1919 erzwungene militärische Abrüstung hat die Verteidigungsfähigkeit unseres Vaterlandes empfindlichst geschwächt. Gar viele Mutlose fanden sich daher in dem Gedanken, bei einer so kleinen Wehrmacht, wie der uns vertragsmäßig zugestandenen, schwinde jede Möglichkeit irgendeiner nennenswerten, aktiven militärischen Betätigung. Auch fanden sich Stimmen, die sagten, beim Ueberhandnehmen des Materials, also der Kriegsmaschinen, im Kriege der Zukunft, wäre jede Armee, die über nur wenige Maschinen verfüge, von Haus aus der sicheren Vernichtung preisgegeben. Material und Zahl wurden unter dem Eindrucke des Ausklanges des Weltkrieges als allmächtig betrachtet und gaben allen Feinden des Bundesheeres ein neues, willkommenes Argument für dessen Abschaffung in die Hand. Eine Flut von Broschüren und Zeitungsartikeln wurde nicht müde, die Ueberflüssigkeit des Bundesheeres nachzuweisen.

Jahre vergingen. Die Militärliteratur hat sich mit der Rolle des Materials gegenüber dem Geiste im Heere eingehend befaßt. Das Ergebnis war die Erkenntnis, daß bei aller Steigerung und Verfeinerung der Kriegsmaschinen der Geist doch nie in den Hintergrund geraten könne, sondern ganz im Gegenteil nur an Wert gewinnen müsse. Der Materialkrieg und die Maschinenschlacht vernichten nicht den Geist, sondern sie erheben ihn zu neuen Höhen. Der Kämpfer sieht sich vereinzelt, oft ganz sich selbst überlassen, in die Wirrnisse der Schlacht gestellt und zum Handeln gezwungen, ohne fortwährend geführt oder von anderen mitgerissen zu werden. Der Geist muß daher umso eifriger gepflegt werden, denn während die Maschinen unter Umständen beschafft werden können, kann der Geist nur in langer Zeit gestählt und gefestigt werden.

Aehnlich wie mit der Frage Material und Geist verhält es sich mit der Frage Zahl und Geist.

Uebermacht des Feindes an Zahl muß keineswegs immer dessen Sieg mit sich bringen. Wäre dem so, dann hätten wir Oesterreicher im Weltkriege nie ein Krasnik und Komarów geschlagen, nie die gigantische Karpathenschlacht erfolgreich durchgekämpft, nie die mächtigsten Ströme Europas bezwungen, niemals einen Monte San Gabriele mit einer Handvoll Soldaten behauptet. Der Geist, den die alte Armee zweifellos bis in die letzten Kämpfe hinein besessen und bewahrt hat, vermochte ein sehr empfindliches Mißverhältnis der Zahl oft und oft auszugleichen. Wie gegen die rohe Macht des Kriegsgerätes, so kann auch gegen die scheinbar erdrückende Wucht der Zahl der bessere Geist bis zu oft ungeahnter Grenze der Zahlenunterlegenheit den Erfolg erringen.

Mehr denn je wird im Kampfe der Zukunft, in dem übrigens Kleinstaaten niemals allein auf den Plan treten werden, der Geist des Soldaten über die Materie und die Zahl triumphieren. Wie immer man einen Staat in der Zahl seiner Soldaten und in der Art seiner Kriegsausrüstung beschränken mag, in der Formung und Belebung seines Soldatengeistes behält er freie Hand.

Je mehr Material der Feind anhäuft, um so mehr Geist muß hinter dem wenigen eigenen Kriegsgeräte stehen; je dichtere Massen des Gegners heranstürmen, ein desto besserer Geist muß die eigenen schütteren Reihen erfüllen; je furchtbarer die Formen des Kampfes werden, desto gesünderer Geist muß die Kämpfer zusammenschließen; je größer die Gefahren sind, die dem Staate auch im Innern drohen, desto gefestigter und geklärter muß der Geist der Truppen sein.

Keinem Oesterreicher sei allzu bange wegen unserer im Vergleiche mit den Rüstungen anderer Staaten gewiß ungünstigen militärischen Lage, solange im Bundesheere der Satz gilt: „Viele sind oft nur wenig — wenige sind manchmal alles!"

Als die alte Armee zusammengebrochen war und eine neue erstehen sollte, da galt zunächst die Losung von einem „neuen" Geist des Soldaten, der nicht mehr mit erstickendem Kadavergehorsam und ödem Exerzierdrill, sondern mit freiwilligem Gehorsam, ohne jeden Formzwang die neue Armee erfüllen solle. Noch nie hat es in der Weltgeschichte eine Revolution gegeben, in deren Verlaufe nicht das verlockende Märchen vom freiwilligen Gehorsam und von der Befreiung von allem Formenzwang aufgefrischt worden wäre. Und ebensowenig hat es je eine Revolution gegeben, deren Abschluß nicht die Rückkehr zum unbedingten Gehorsam und zum strengen Formzwang gebracht hätte. Immer war es daher nur an der Frage gelegen, wie lange die Rückkehr zum Normalzustand jeder Armee dauern werde. In der Befähigung der Führer lag es dann, diese Zeitspanne so weit als möglich abzukürzen. In Oesterreich war es besonders schwierig, die Volkswehrsitten, die jedem militärischen Gefühle widersprachen, auszumerzen.

Jahre mußten vergehen, bis hier Wandel geschaffen werden konnte und viel persönlicher Einsatz gehörte dazu,

Ehemaliges k. u. k. Infanterieregiment Nr. 59 im Weltkrieg (Sieben Gemeinden). Es kämpfte überall gegen Übermacht siegreich.

das Eis zu brechen. Als die Hüter falscher Errungenschaften der Revolution erkannten, daß ein strammes Auftreten des Einzelsoldaten wie der geschlossenen Truppenabteilungen, daß der Grußzwang, das Waffentragen, die Unterscheidung der Heeresangehörigen durch Gradabzeichen, das Tragen der für tapferes Verhalten vor dem Feinde für das Wohl aller Staatsbürger in tausend Todesgefahren erworbenen Kriegsauszeichnungen, der unbedingte Gehorsam dem Vorgesetzten gegenüber keineswegs den Bestand des neuen Staates gefährdeten, keineswegs zum Umsturz führten, sondern ganz im Gegenteil Ansehen und inneren Gehalt des Bundesheeres immer mehr und mehr hoben, da verstummten langsam die erregten Stimmen und machten einer stets an Boden gewinnenden Achtung und Wertschätzung der Armee Raum.

Die uralte Streitfrage „Erziehung oder Drill", die immer wieder in Krieg und Frieden auftaucht und die bisher immer wieder in gleichem Sinne, nämlich „Erziehung und Drill" beantwortet wurde, hat auch in Oesterreich die Gemüter bewegt. Der Drill ist nur jenem denkenden Menschen etwas Entehrendes, der niemals auf irgendeinem Gebiete höhere Leistungen oder gar Vollendung angestrebt hat. Jeder Sportsmann, jeder Schauspieler, Sänger, Virtuose, Redner oder Künstler drillt gewisse Tätigkeiten seines Berufes solange, bis er sie unbeirrt durch alle Augenblickseinflüsse, ohne im geringsten überlegen und denken zu müssen, voll beherrscht. Alle auf Raschheit abzielenden Tätigkeiten etwa der Verkehrsangestellten, der Feuer- und Wasserwehrleute oder Sicherheitsorgane müssen bis zum Ueberdrusse gedrillt werden, weil von ihrer einwandfreien Durchführung unter allen Verhältnissen Sicherheit, Leben, Gesundheit und Eigentum der Mitmenschen abhängen. Und jetzt sollte gerade der Soldat, von dessen Tätigkeiten nicht nur die Existenz einzelner, sondern die des ganzen Staates abhängt, auf den Drill verzichten?

Wieviele geistig hochstehende, moralisch hochwertige und sehr gerne freiwillig gehorchende Soldaten haben im Felde ihr Leben oder ihre gesunden Glieder lassen müssen, weil ihnen im Drange kriegsmäßiger Ausbildung der Drill nicht vermittelt werden konnte und weil sie deshalb durch Ungelenkigkeit, Ungeschicklichkeit und Mangel an Fähigkeit, viele Tätigkeiten automatisch zu verrichten, sich und die Kameraden gefährdet und so manchen Erfolg beeinträchtigt haben. Im Frieden geben außerdem solche ungedrillte Soldaten das Bild der Schlappheit und Unordnung und schaden dem Ansehen der Wehrmacht.

Nicht anders ist es mit dem unbedingten Gehorsam. Der Sinn der Armee, in deren Händen das Schicksal aller ruht, ginge verloren, wenn es dem einzelnen überlassen bliebe, die erhaltenen Befehle nur bedingt zu befolgen und dadurch den Erfolg in Frage zu stellen. Auch die staatsbürgerliche Betätigung des Soldaten — worüber im vorhergehenden Abschnitt gesprochen wurde — mußte diesen Gehorsam unberührt lassen. Die neue „Allgemeine Dienstvorschrift für das Bundesheer" hat in all dem Widerstreit zwischen Freiheit und Zwang, zwischen Recht und Pflicht, als das Brevier aller Soldatentugenden durch Neufestigung alterprobter Grundsätze jenen harmonischen Einklang begründet, ohne den der Geist des Heeres nicht vollwertig wäre.

Fahnen- und Standartenweihe der burgenländischen Truppen bei Mattersburg 1928

Wesentlich einfacher als alle vorgenannten Fragen war jene zu lösen, wo die Quellen für den Geist des Heeres zu erschließen wären. Viel schwieriger wieder der Weg, der dann einzuschlagen war.

Der Geist vermag gewiß viel Kraft aus der Zukunft, also aus der Zielsetzung zu schöpfen. Doch stehen ihm auch in der Vergangenheit wertvollste Kräfte zur Verfügung, die ungenützt zu lassen ein unverzeihlicher Fehler wäre. Jede Gemeinschaft, von der Familie an, pflegt mit Stolz die Erinnerungen an große Taten und Werke ihrer Angehörigen aus früherer Zeit. Worte belehren — Beispiele reißen mit. An dem Vorbild großer Leistungen der Vergangenheit bildet sich der Wille zu ähnlicher Tat, der Wille zur Nachahmung. Das Bewußtsein, mit einem berühmten Helden, Staatsmann, Künstler oder Gelehrten durch Familie, Volk, Verein oder durch irgendeine andere Gemeinschaft verbunden zu sein, macht selbstbewußt, hebt die Kraft des Einzelnen und hiemit auch der Gesamtheit. Das ist der Wert der Ueberlieferung, der Tradition, ohne deren Pflege keine Zweckgemeinschaft der Menschen ihr Ziel zu erreichen vermag.

Für das Heer Oesterreichs kann es keine andere Ueberlieferung geben als jene der alten, bis in die Babenbergerzeit reichenden österreichischen Heere. Unabhängig von Dynastien und Staatsformen hat sich in allen zahllosen Schlachten, die Oesterreich zu schlagen hatte, immer wieder aufs neue eine seltene, hehre Soldatentugend entfaltet, die den einzelnen Kämpfer sein Alles mit bewundernswerter Hingabe für das Vaterland opfern ließ. Tapfer war der Oesterreicher zu allen Zeiten, heldenhaft gefochten hat er in den größten Entscheidungsschlachten der europäischen Geschichte. Gegen die Mongolen stritt das babenbergische Oesterreich ebenso tapfer, wie die späteren österreichischen Armeen gegen den Türkensturm bei Wien, Belgrad und Zenta und die Franzosennot von Aspern bis Leipzig. Ohne die Siege der österreichischen Waffen ist die heutige europäische Kultur nicht zu denken. Endlos ist die Reihe sieggekrönter Feldherrn, tapferer Offiziere, heldenmütiger Soldaten aller Grade, die unter Oesterreichs Fahnen vorbildlich gestritten, mutig dem Tode entgegengestürmt sind — mit dem einzigen Gedanken: fürs Vaterland! Die unermeßlichen Opfer aller Gefallenen wären aber zum großen Teile umsonst, wenn man ihrer heute nicht mehr gedenken würde, um dadurch die heranwachsende Generation zu gleichen Taten anzuspornen.

An den überragenden Wert der Soldatenüberlieferung mußte daher auch im österreichischen Bundesheere angeknüpft werden. Hart waren die Widerstände, bitter die persönlichen Anfeindungen. Aber mit gleich unbeugsamem Willen, wie auf allen anderen Gebieten, bahnte sich das Bundesheer auch hier entschlossen den Weg und begründete im Jahre 1923 die Ueberlieferungspflege, mit der es den Geist des Heeres am wesentlichsten befruchtete.

Alle Truppenkörper des Bundesheeres haben nunmehr die Tradition eines altösterreichischen Truppenkörpers zu pflegen: Hesser und Khevenhüller, Gebirgs- und Kaiserschützen, Kopaljäger und weiße Dragoner, die Batterien vom Karst und von Gorlice, die Pioniere von Belgrad und Sistow... niemand wird vergessen sein, aller wird in Ehrfurcht und Bewunderung, in Wehmut und Dankbarkeit gedacht werden.

Die Ueberlieferungspflege besteht zunächst in der historischen Benennung der Truppen, wie zum Beispiel „Wiener Infanterieregiment Nr. 4 (früher Hoch- und Deutschmeister Nr. 4)", dann darin, daß jeder Truppenkörper alljährlich als Truppenkörper-Gedenktag einen besonderen Ehrentag seines Ueberlieferungstruppenkörpers feiert (siehe nachfolgende Uebersicht); daß dieselben historischen Märsche ge-

Leopold V. von Babenberg nach der Erstürmung von Akkon am 12. Juli 1191. Als der Knappe das Wehrgehänge vom blutgetränkten Waffenrock abnahm, erschien der weißgebliebene Gürtelstreifen: Der Ursprung unseres Bundeswappens. (Aus der Sammlung L. Mell - Wien)

Benennung nach Formation und Ländern: Brigade Burgenland Nr. 1, österreich Nr. 4, Brigade Steiermark Nr. 5, Bri-

Land	Formation	Nr.	Ergänzende Bezeichnung	
Niederösterreichisches	Infanterieregiment	1	früher	Schützenregiment Nr. 21
Wiener		2		Schützenregiment Nr. 1 u. Wiener Landsturm
Wiener		3		Schützenregiment Nr. 24
Wiener		4		Hoch- u. Deutschmeist. Nr. 4
Niederösterreichisches		5		Nr. 84
Niederösterreichisches		6		Nr. 49 (Hesser)
Oberösterreichisches	Alpenjägerregiment	7	früher	Inf.-Reg. Nr. 14 (Hessen)
Oberösterreichisches		8		Schützenregiment Nr. 2
Steirisches		9		Schützenregiment Nr. 3, 26 u. Feldj.-Bat. Nr. 9
Steirisches		10		Inf.-Reg. Nr. 27 (Belgier) und Nr. 47
Kärntner		11		Inf.-Reg. Nr. 7 (Khevenhüller) und Gebirgsschützenregiment Nr. 1
Tiroler		12		Tiroler Kaiserjäger
Burgenländisches	Feldjägerbataillon	1	früher	Infanterieregiment Nr. 76
		2		Infanterieregiment Nr. 83
Salzburger	Alpenjägerbataillon	3	früher	Infanterieregiment Nr. 59 (Rainer)
Vorarlberger		4		3. Reg. d. Tiroler Kaiserj.
Burgenländisches	Feldjägerbataillon zu Rad	1	früher	Feldjägerbataillon Nr. 11
Wiener		2		Feldjägerbataillon Nr. 21
Niederösterreichisches		3		Feldjägerbataillon Nr. 10 (Kopal)
Wiener		4		Radfahrbataillon Nr. 1
Kärntner		5		Feldjägerbataillon Nr. 8
Tiroler		6		Kaiserschützen

kommandos und Truppen.

Brigade Wien Nr. 2, Brigade Niederösterreich Nr. 3, Brigade Ober-
gade Kärnten, Salzburg, Tirol, Vorarlberg Nr. 6.

Die Überlieferung folgender ehemaligen Truppenkörper (Bildungsanstalt) ist zu pflegen	Als Gedenktag gilt
Schützenregiment Nr. 21	22. Nov. Gefecht b. Pilica 1914. (Sch.-Reg. Nr. 21)
Schützenregiment Nr. 1 und Wiener Landsturm	5. Juni: Schlacht bei Olyka-Luck 1916 (Schützenregiment Nr. 1)
Schützeregiment Nr. 24	12. März: Gef. b. Manilowa 1915 (Sch.-Reg. Nr. 24)
Infanterieregiment Nr. 4	18. Juli: Kämpfe bei Sokal 1915 (Inf.-Reg. Nr. 4)
Infanterieregiment Nr. 84	7. Juni: Gef. bei Sapanow 1916 (Inf.-Reg. Nr. 84)
Infanterieregiment Nr. 49	30. Aug.: Schlacht bei Komarów, Gefecht bei Tarzcymiechy 1914 (Inf.-Reg. Nr. 49)
Infanterieregiment Nr. 14	16. Sept.: Erstürmung des Monte San Gabriele 1917 (Infanterieregiment Nr. 14)
Schützenregiment Nr. 2	18. Nov.: Durchbruch bei Podzamcze 1914 (Schützenregiment Nr. 2)
Schützenregimenter Nr. 3, 26 und Feldjägerbataillon Nr. 9	24. Okt.: Durchbruch bei Flitsch 1917 (Schützenregimenter Nr. 3 und 26)
Infanterieregimenter Nr. 27 u. 47	8. Sept.: Schlacht bei Gródek 1914 (Infanterieregimenter Nr. 27 und 47
Inf.-Reg. Nr. 7 und Gebirgsschützenregiment Nr. 1	24. Okt.: Durchbruch bei Karfreit 1917 (Inf.-Reg. Nr. 7 und Geb.-Schütz.-Reg. Nr. 1)
Tiroler Kaiserjäger und Tiroler Standschützen	28. Aug.: Feuertaufe der Kaiserjägerregimenter bei Uhnów-Belz 1914
Infanterieregiment Nr. 76	23. Aug.: Gef. b. Polichna 1914 (Inf.-Reg. Nr. 76)
Infanterieregiment Nr. 83	6. Juli.: Abwehrkämpfe auf der Lipina 1917 (Infanterieregiment Nr. 83)
Infanterieregiment Nr. 59	15. Mai: Durchbruch auf dem Plateau der Sieben Gemeinden 1916 (Inf.-Reg. Nr. 59)
3. Reg. der Tiroler Kaiserjäger u. Vorarlberger Standschützen	28. Aug.: Feuertaufe des 3. Regiments der Tiroler Kaiserjäger b. Korczmin-Wasilow 1914
Feldjägerbataillon Nr. 11	23. Aug.: Gefecht bei Polichna 1914 (Feldjägerbataillon Nr. 11)
Feldjägerbataillon Nr. 21, Radfahrbataillon Nr. 2	7. Okt.: Gefecht bei Korytow 1915 (Feldjägerbataillon Nr. 21)
Feldjägerbataillon Nr. 10	10. Juni: Schlacht bei Vicenza 1848 (Feldjägerbataillon Nr. 10)
Radfahrbataillon Nr. 1	25. Juni: Gegenangriff des ehemaligen Radfahrbataillons Nr. 1 bei Grisolera im Piavedelta 1918
Feldjägerbataillon Nr. 8	26. März: Abwehrkämpfe am Kleinen Pal 1916 (Feldjägerbataillon Nr. 8)
Kaiserschützen u. Tiroler Landsturm	27. Aug.: Feuertaufe der Kaiserschützenregimenter in Ostgalizien 1914

Land	Formation	Nr.	Ergänzende Bezeichnung
	selbständ. Artillerie-regiment I. Abtlg.		früher Feldkanonenregiment Nr. 6
	selbständ. Artillerie-regiment II. Abtlg.		früher Schwere Haubitzdivision Nr. 2
	selbständ. Artillerie-regiment III. Abtlg.		früher Festungsartillerieregiment Nr. 1
Wiener	Brigadeartillerie-abteilung	1	früher Feldkanonenregiment Nr. 4
Wiener	Brigadeartillerie-abteilung	2	früher Feldhaubitzregiment Nr. 2
Niederösterreichische	Brigadeartillerie-abteilung	3	früher Feldkanonenregiment Nr. 42
Oberösterreichische	Brigadeartillerie-abteilung	4	früher Feldkanonenregiment Nr. 40
Steirische	Brigadeartillerie-abteilung	5	früher Feldhaubitzregiment Nr. 3
Kärntner, Salzburger, Tiroler, Vorarlberger	Brigadeartillerie-abteilung	6	
	Die Batterien d. Brigade-artillerieabt. Nr. 6 heißen:		
Salzburger	Feldkanonenbatterie	1	der Brigade-artillerie-abteilung Nr. 6 früher Feldkanonenreg. Nr. 41
Kärntner	Feldhaubitzbatterie	2	der Brigade-artillerie-abteilung Nr. 6 früher Feldkanonenreg. Nr. 9
Tiroler	Gebirgskanonenbatt.	3	der Brigade-artillerie-abteilung Nr. 6 früher Gebirgsartilleriereg. 14
Vorarlberger	Minenwerferbatt.	4	der Brigade-artillerie-abteilung Nr. 6 früher Festungsartilleriebaon 1
Burgenländische	Dragonerschwadron	1	früher Dragonerregiment Nr. 15
Wiener	Dragonerschwadron	2	früher Dragonerregiment Nr. 3
Niederösterreichische	Dragonerschwadron	3	früher Dragonerregiment Nr. 11
Oberösterreichische	Dragonerschwadron	4	früher Dragonerregiment Nr. 4
Steirische	Dragonerschwadron	5	früher Dragonerregiment Nr. 5
Salzburger	Dragonerschwadron	6	früher Reitende Tiroler Landesschützen

Die Überlieferung folgender ehemaligen Truppenkörper (Bildungsanstalt) ist zu pflegen	Als Gedenktag gilt
Feldkanonenregiment Nr. 6 und Gebirgsartillerieregiment Nr. 2 Schwere Haubitzdivision Nr. 2 und Gebirgsartilleriereg. Nr. 2 Festungsartillerieregiment Nr. 1	15. Juni: Gefecht bei Rudnia 1916 (Feldkanonenregiment Nr. 6) 24. Sept.: Gefecht bei Dubno 1915 (Schwere Haubitzdivision Nr. 2) 17. Mai: Verteidigung der Blockhäuser Malborghet und Predil 1809 (Festungsartillerie); für die beiden Gebirgsbatterien des Regiments: 17. Mai: Kämpfe auf der Zugna Torta 1916 (Gebirgsartillerieregiment Nr. 2)
Feldkanonenreg. Nr. 4, Landwehr-Feldkanonendion Nr. 13, Landwehr-Feldhaubitzdivision Nr. 13	24. Okt.: Durchbruchsschlacht bei Tolmein 1917 (Feldkanonenregiment Nr. 4)
Feldhaubitzregiment Nr. 2, Reitende Artilleriedivision Nr. 2	30. Aug.: Schlacht bei Komarów 1914 (Feldhaubitzregiment Nr. 2)
Feldkanonenregiment Nr. 42, Feldhaubitzregiment Nr. 14, Schwere Haubitzdivision Nr. 14	9. Sept.: Abwehrkämpfe bei Rzyczki 1914 (Feldkanonenregiment Nr. 42, Feldhaubitzregiment Nr. 14 und Schwere Haubitzdivision Nr. 14)
Feldkanonenregiment Nr. 40, Landwehr-Feldkanonendivision Nr. 44, Landwehr-Feldhaubitzdivision Nr. 44 Feldhaubitzreg. Nr. 3, Schwere Haubitzdion Nr. 3, Landwehr-Feldkanonendion Nr. 22, Landwehr-Feldhaubitzdion Nr. 22	15. Mai: Artillerieschlacht zu Beginn der Offensive 1916 auf der Hochfläche von Vielgereuth und Lafraun (Artillerie des III. und XIV. Korps)
Feldkanonenregiment Nr. 41 Feldkanonenregiment Nr. 9 Gebirgsartillerieregiment Nr. 14 Festungsartilleriebataillon Nr. 1	15. Mai: Artillerieschlacht zu Beginn der Offensive 1916 auf der Hochfläche von Vielgereuth und Lafraun (Artillerie des III. und XIV. Korps)
Dragonerregiment Nr. 15	21. Aug.: Reitergefecht bei Jaroslawice 1914 (Dragonerregiment Nr. 15)
Dragonerregiment Nr. 3	15. Juli: Gefecht bei Duninow 1915 (Dragonerregiment Nr. 3)
Dragonerregiment Nr. 11, Reitendes Schützenregiment Nr. 5	19. März: Sprengung der Brückenschanze von Uszcziesko 1916 (Dragonerreg. Nr. 11)
Dragonerregiment Nr. 4, Reitendes Schützenregiment Nr. 6	21. Juni: Gefecht bei Zenson a. d. Piave 1918 (Dragonerregiment Nr. 4)
Dragonerregiment Nr. 5	16. Okt.: Völkerschlacht bei Leipzig 1813 (Dragonerregiment Nr. 5
Reitende Tiroler Landesschützen	9. Sept.: Kämpfe bei Selechówka 1914 (Reitende Tiroler Landesschützen)

Land	Formation	Nr.	Ergänzende Bezeichnung
Wiener	Pionierbataillon	1	früher Sappeurbataillon Nr. 2
Wiener		2	früher Eisenbahnregiment
Niederösterreichisches		3	früher Sappeurbataillon Nr. 2
Oberösterreichisches		4	früher Pionierbataillon Nr. 2
Steirisches		5	früher Sappeurbataillon Nr. 3
Kärntner, Salzburger		6	früher Sappeurbataillon Nr. 14
	Vereinigte Brückenzüge	.	früher Brückenbataillon
Burgenländische	Telegraphenkompagnie	1	früher Telegraphenregiment
Wiener		2	
Niederösterreichische		3	
Oberösterreichische		4	
Steirische		5	
Kärntner, Salzburger, Tiroler, Vorarlberger		6	
Burgenländische	Kraftfahrkompagnie	1	früher Autotruppe
Wiener		2	
Niederösterreichische		3	
Oberösterreichische		4	
Steirische		5	
Kärntner, Salzburger, Tiroler, Vorarlberger		6	
Burgenländische	Fahrkompagnie	1	früher Traindivision Nr. 2
Wiener		2	früher Traindivision Nr. 2
Niederösterreichische		3	früher Traindivision Nr. 2
Oberösterreichische		4	« Traindivision Nr. 14
Steirische		5	« Traindivision Nr. 3
Kärntner, Salzburger Tiroler, Vorarlberger		6	« Traindivision Nr. 14
	Heeresschule		früher Theresianische Militärakademie

Anmerkung: In der »Ergänzenden Bezeichnung« sind mehrfach nicht alle
nennung und ergänzende Bezeichnung) nicht auszudehnen. Doch obliegt es den Truppen-
ihnen nach der Rubrik dieser Beilage: »Die Ueberlieferung folgender ehemaligen

Die Überlieferung folgender ehemaligen Truppenkörper (Bildungsanstalt) ist zu pflegen	Als Gedenktag gilt
Sappeurbataillon Nr. 2	7. Okt.: Donauforcierung bei Belgrad 1915 (ehemalige Pionier- und Sappeurtruppe)
Eisenbahnregiment	1. Aug.: Errichtung des ehemaligen Eisenbahn- und Telegraphenregiments 1883
Sappeurbataillon Nr. 2 Pionierbataillon Nr. 2 Sappeurbataillon Nr. 3 und Pionierbataillon Nr. 3 Sappeurbatillon Nr. 14	7. Okt.: Donauforcierung bei Belgrad 1915 (ehemalige Pionier- und Sappeurtruppe)
Brückenbataillon	25. Nov.: Bau der eisernen Straßenbrücke bei Sistow-Zimnitza 1916 (ehem. Brückenbataillon Nr. 1)
Telegraphenregiment	8. Okt. 1916: Anerkennung der Verdienste der ehemaligen Telegraphentruppe um die Isonzoverteidigung
Autotruppe	27. Mai 1917: Anerkennung der Verdienste der ehemaligen Autotruppe um die Isonzoverteidigung
Traindivision Nr. 2 Traindivision Nr. 14 Traindivision Nr. 3 Traindivision Nr. 14	1. Oktober: Außerordentliche Leistungen der ehemaligen Traintruppe im Bewegungskrieg 1914
Theresianische Militärakademie	14. Dez. 1751: Errichtung der Theresianischen Militärakademie

Traditions-Truppenkörper angeführt, um die Bezeichnung des Truppenkörpers (Bekommandanten, die Ueberlieferung aller ehemaligen Truppenkörper zu pflegen, die Truppenkörper ist zu pflegen« — zukommt.

Eidesleistung 1928

spielt und die gleichen Regimentsrufe geblasen werden, die das lebendige Echo der alten Armee sind; daß mit den Kameradschaftsvereinen der alten Armee ständig Fühlung gehalten wird, um ein enges Band um die alten, bewährten Weltkriegskämpfer und die jungen Soldaten des Bundesheeres zu schlingen. Regimentsgeschichten werden bearbeitet, um die Ruhmestaten der Alten auf die Jungen in Wort und Bild zu überliefern. Wieder wehen Fahnen und Standarten den Truppen voran, wie die Fahne von altersher das heiligste Gut jeder Truppe war, das Wahrzeichen der Treue, der Kameradschaft, der Ehre und der Tapferkeit. In Regimentsmuseen entstehen wertvolle Sammlungen von Erinnerungen an altösterreichische Waffentaten, um jederzeit dem neuen Heere und der Bevölkerung die Zeugen wahren Heldentums unseres Volkes vor Augen zu führen.

Mit einem besonderen Erlasse wurde auch angeordnet, daß vor allen Kriegerdenkmälern, an denen Abteilungen des Bundesheeres gelegentlich größerer Märsche und Manöver vorbeimarschieren, den gefallenen Helden der alten ruhmbedeckten Regimenter, die in Rußland und Rumänien, in

Eidesleistung 1928, Defilierung

Serbien und Montenegro, in Mazedonien und Albanien, in Italien, Belgien und Frankreich, im fernen Asien, auf hoher See und in den Lüften für Oesterreich ihr Leben ließen, die militärischen Ehren bezeigt werden.

Unermüdlich ist das Bundesheer bestrebt, durch Entsendung von Abordnungen zu allen vaterländischen Gedenkfeiern und durch Beistellung von Ehrenkompagnien die enge Verbindung zwischen dem alten und neuen Oesterreich in Waffen, zwischen dem Bundesheer und der Bevölkerung zu festigen und die Kameradschaftsvereine zu fördern. Das gemeinsame Erinnern an gemeinsames Leid, an gemeinsame Opfer, aber auch an gemeinsam ehrlich erstrittenen Ruhm hebt uns alle auf die höhere Warte der Vaterlandsliebe, heraus aus den Gegensätzen und Irrungen politischer Meinungen. Ausgleichend und versöhnend wirken derart alle Gedenkfeiern und erfüllen damit den doppelten Zweck: Ehrung der Vergangenheit zur geistigen Erhebung der Gegenwart und Vereinigung weitester Kreise zu vaterländischem Denken und Fühlen.

Als unsere großen Heerführer des Weltkrieges, Feldmarschall Conrad von Hötzendorf, die größte Soldatenge-

Festbeleuchtung des Erzherzog Carl Denkmales durch Scheinwerfer des Bundesheeres

Fahnenweihe, Wiener Infanterieregiment Nr. 3

stalt Oesterreichs in diesem Jahrhundert, Generaloberst von Pflanzer-Baltin, der Verteidiger der Karpathen, Generaloberst Roth von Limanowa und Lapanów, der Sieger in der Entscheidungsschlacht gegen Rußland, General der Infanterie von Auffenberg, der erfolgreiche Armeeführer bei Komarów, und Großadmiral von Haus, der kühne Flottenführer in der Adria, zu Grabe getragen wurden, da stellte das Bundesheer jedesmal den Ehrenkondukt, um vor aller Welt zu zeigen, daß es seine Vorbilder zu ehren versteht. Alljährlich rücken die Truppen des Bundesheeres am 2. November aus, um am Allerseelentage ihrer toten Kameraden zu gedenken.

Die Eidesleistung der Jungmänner des Bundesheeres erfolgt jedes Jahr in besonders feierlicher Form. Unter der ehernen Fahne des größten österreichischen Feldherrn leisten die Jungmänner der Garnison Wien ihren Eid auf die Fahnen des Bundesheeres, den Eid, genau so zu leben und zu sterben, wie jene, die in früheren Kriegen zum Siege geschritten sind; den Eid, das kleine Oesterreich mit gleicher heißer Vaterlandsliebe und gleicher strenger Pflichterfüllung zu schützen, als wäre es eine Großmacht, wie einst; den Eid, dem guten Geiste nicht untreu zu werden, der allein zum Erfolge führt.

Vieles erscheint heute als eine gegebene Tatsache, die aber noch vor wenigen Jahren nur Vereinzelte zu glauben wagten. Nur ein Rückblick auf das Gewesene kann die ganze Größe des Werkes, das seiner Vollendung entgegengeht, beleuchten. Nur ein Vergleich jenes Geistes, der dem Bundesheere in die Wiege gelegt wurde, mit dem Geiste, der es heute beseelt, ergibt das richtige Bild.

Als die Volkswehr aufgelöst und das Bundesheer geschaffen wurde, blieb es vorerst beim äußeren Schein. Noch hatten Soldatenräte mächtigen Einfluß auf den gesamten Dienstgang. Die Autorität der Führer war vielseits untergraben. Der Offizier wurde weder vom Untergebenen gegrüßt, noch unbedingt geachtet. Offiziere wurden auf der Straße insultiert. Ordnung und Disziplin galten als Reaktion und wurden daher bekämpft. Die Ausbildungstätigkeit war verschwindend gering. Heeresangehörige zogen in Uniform mit wehenden roten Fahnen in Versammlungen, demonstrierten auf der Straße für die Internationale und gegen den eigenen, von der Nationalversammlung verfassungsgemäß bestellten Minister. Gerichte und Disziplinarkommissionen hatten alle Hände voll zu tun, um die nicht abnehmenwollenden Fälle militärischer Pflichtverletzung zu behandeln. Fast täglich konnten die Zeitungen von schweren Delikten Heeresangehöriger in und außer Dienst berichten. Das Auftreten der Truppen in der Oeffentlichkeit ließ vieles zu wünschen übrig. Die Bevölkerung hatte sichtliche Abneigung gegen ein Militär, das öffentlich an Kundgebungen gegen den Staat, gegen die Verfassung, gegen die bestehende Gesellschaftsordnung und gegen jede Autorität teilnahm, das die internationale rote

Allerseelen am Grabe Feldmarschalls Conrad von Hötzendorf

Fahne schwang und damit aufdringlich sein wahres Gesicht zeigte.

Zwischen damals und heute liegt die stille Arbeit und das zähe Ringen.

Das österreichische Bundesheer besteht heute wieder aus echten Soldaten. Der neue und doch so alte Geist hat sich durchgerungen, er vereinigt alle Patrioten, alle Oesterreicher, alle Soldaten, er ruft auf zur Sammlung um die Fahne des Vaterlandes über allen Parteien, er mahnt zur Entfaltung unserer österreichischen Ueberlieferungen, er ringt um einen ebenbürtigen Platz unter den Stämmen des deutschen Volkes, er gebietet Treue an das angestammte Land, an den Glauben der Väter, an das österreichische Volkstum, er fordert hilfreiche Hand und wohltätiges Herz unterschiedslos für alle Mitbürger, die sich in Not befinden . . ., er wehrt sich aber ebenso kraftvoll gegen jeden Versuch, das mühevolle Werk vieler Jahre, das neuaufgebaute Bundesheer wieder erschüttern zu wollen: Das ist der Geist unseres Heeres!

Denkmal für 871 Neustädter Militärakademiker, die als Blutzeugen für den alten österreichischen Soldatengeist im Felde fielen, eingedenk ihres Wahlspruches »TREU BIS IN DEN TOD!«

Organisation.

Nach der Verabschiedung des neuen Wehrgesetzes im Jahre 1920 mußte an die Festsetzung der Organisation des Bundesheeres geschritten werden. Hiebei waren die Bestimmungen des Friedensvertrages und des Wehrgesetzes, insbesondere der Zwang, die Höchst- und Mindestständе einzuhalten, ferner die vom Wehrgesetz geforderte territoriale Ergänzung und schließlich auch die Rücksicht auf die Unterbringung in den der Heeresverwaltung gehörigen oder zur Verfügung stehenden Unterkünften maßgebend.

Die Aufgabe, die Organisation des Bundesheeres mit allen Forderungen und Bindungen in Einklang zu bringen und dabei doch eine ihrem Zwecke entsprechende Organisation zu schaffen, bot bedeutende Schwierigkeiten.

Trotzdem konnten die organischen Bestimmungen für die Brigadekommandos und Truppen schon Ende Juni 1920 ausgegeben werden. Ueber Einspruch der Botschafterkonferenz mußten Ende November des gleichen Jahres einige Bestimmungen abgeändert werden, der große Rahmen blieb jedoch unverändert und zeigt im folgenden den ursprünglichen organisatorischen Aufbau des Bundesheeres.

Nach dem Friedensvertrag kann das österreichische Bundesheer aus Infanterie, Artillerie (Gebirgs- und Feldartillerie) und Kavallerie, aus Pionier- und Telegraphentruppen, schließlich aus Kraftfahrformationen und Fahrformationen bestehen.

Zur Beurteilung der grundlegenden Frage, in welchem Maße und in welcher Stärke Formationen aus den angeführten Waffen zu bilden waren, ist es notwendig, bei Anführung aller sonstigen Momente auch das Wesen und die Aufgaben der einzelnen Waffengattungen kurz zu streifen.

Die Infanterie als jene Waffe, die durch physische Besitznahme oder Besitzerhaltung einer Oertlichkeit die Entscheidung im Kampfe herbeiführt, ist die Hauptträgerin des Kampfes. Sie bildete daher bei uns und in den anderen Staaten die Hauptmasse des Heeres. An dieser Wertung hat sich auch durch die Erfahrungen des Weltkrieges nichts geändert. Demnach wurde auch das österreichische Bundesheer zu zwei Dritteilen aus Infanterie gebildet, die sich in Infanterie- und Alpenjägerregimenter, selbständige Infanterie- und Alpenjägerbataillone und Radfahrbataillone teilte. Die kleinste organisatorische Einheit, die Unterabteilung, heißt Kompagnie. Der Friedensvertrag bestimmt für sie als Mindeststärke 120 Mann, als Höchststärke 160 Mann.

Der Stand unserer Infanteriekompagnie wurde mit 3 Offizieren und 120 Unteroffizieren und Wehrmännern festgesetzt.

Das Maschinengewehr, das sich im Verlaufe des Weltkrieges als Träger des Feuerkampfes und wirkungsvollstes Kampfmittel der Infanterie erwiesen hat, ist im österreichischen Heere sowohl in eigenen Unterabteilungen, den Maschinengewehrkompagnien, wie auch in den Infanteriekompagnien vertreten. In der Organisation für die Maschinengewehrkompagnien wurden 4 schwere, für die Infanteriekompagnien 2 leichte Maschinengewehre vorgesehen.

Zur Versehung der wirtschaftlichen Agenden, dann für Angelegenheiten des Waffenwesens und der Krankenpflege wurden dem Kompagniekommandanten eigens bestimmte Unteroffiziere und Wehrmänner beigegeben.

Die Infanteriekompagnie gliedert sich in 4 tunlichst gleichstarke Züge, die von Offizieren oder höheren Unteroffizieren befehligt werden. Die Maschinengewehrkompagnie hingegen wurde bei der Aufstellung aus 2 Maschinengewehrzügen, 1 Telegraphenzug und 1 Pionierzug gebildet.

Drei Infanteriekompagnien und eine Maschinengewehrkompagnie wurden zu einem Infanteriebataillon zusammengefaßt. Der geringen Größe des Bundesheeres und der voraussichtlichen Verwendung im Gebirge entsprechend, mußten die Bataillone zu selbständigem Auftreten befähigt und hiezu mit technischer Ausrüstung, Verbindungs- und Transportmitteln

Maschinengewehr in Lauerstellung

versehen werden. Für den Verbindungsdienst wurde der Telegraphenzug, für den technischen Dienst der Pionierzug bei der Maschinengewehrkompagnie aufgestellt.

Zum Bataillonskommando gehört der Bataillonskommandant, der die Ausbildung seines Bataillons leitet und dem die volle Verantwortung für dessen Schlagfertigkeit zukommt, der Bataillonsadjutant, dann ein Militärarzt, eine Wirtschaftsstelle zur Leitung der Verpflegsagenden und eine Rechnungsstelle für das Geld- und Verrechnungswesen. Ueberdies sind dem Bataillonskommandanten noch Unteroffiziere und Wehrmänner als Trompeter, Schreiber, für den Meldedienst usw. beigegeben.

Die nächsthöhere organisatorische Einheit ist das Regiment.

Das Infanterie-(Alpenjäger-)Regiment besteht aus dem Regimentskommando mit dem Regimentstelegraphenzug und der Regimentsmusik, dann aus 3 oder 2 Bataillonen.

Das Regimentskommando selbst setzt sich zusammen aus dem Regimentskommandanten und aus jenen Offizieren, Unteroffizieren, Wehrmännern und Beamten der Heeresverwaltung, deren Dienstaufgaben sich auf das ganze Regiment erstrecken.

Der Regimentskommandant führt in jeder Hinsicht den Befehl über alle Teile seines Regimentes; er leitet und überwacht die gesamte einheitliche Ausbildung.

Ihm stehen ein zugeteilter Offizier als Stellvertreter und die eingeteilten Offiziere für besondere Verwendung zur Seite. Letzteren obliegt die Leitung der Schieß- und Maschinengewehrausbildung, die Leitung der Körperausbildung und die Oberaufsicht über die Ausbildung der Telegraphen- und Pionierformationen des Regiments. Schließlich ist noch ein Offizier für das Reit- und Fahrwesen vorgesehen.

Zum Regimentskommando gehören ferner zwei Adjutanten zur Leitung und Durchführung der Kanzleigeschäfte und zur Unterstützung des Kommandanten in der Befehlgebung, ein Militärarzt als Regimentschefarzt, der aber gleichzeitig auch die ärztlichen Agenden bei einem Bataillon führt, ein Beschlagmeister, schließlich Unteroffiziere und Wehrmänner als Trompeter, für Kanzleidienste usw.

Die Regimentsmusik besteht aus einem Kapellmeister, einem Musikmeister und bei Regimentern zu 3 Bataillonen aus 36, bei solchen zu 2 Bataillonen aus 27 Wehrmannschargen und Wehrmännern.

Jedes Regiment ist ein Truppenkörper, das ist ein gleichartig zusammengesetzter militärisch und wirtschaftlich in sich geschlossener Teil des Heeres. Alle bei ihm organisationsgemäß eingeteilten Personen bilden seinen Stand. In diesem Sinne bildet jedes Regiment einen Standeskörper. Die stete Evidentführung des Standes obliegt einem eigens hiefür bestimmten Unteroffizier, dem Standesführer.

Für die Leitung der Materialgebarung und für die Verrechnung des Materials gegenüber der Heeresverwaltung ist bei jedem Regiment eine Materialverwaltungskommission aufgestellt, die aus einem Offizier als Präses, einem zweiten Offizier als Materialrechnungsleger und einem Unteroffizier als Materialverwaltungs-Unteroffizier besteht.

Für das österreichische Bundesheer wurden 12 dergestalt zusammengesetzte Regimenter organisiert, die ursprünglich nach der Truppengattung und dem Land, aus welchem

Alpenjäger im Aufstieg zur Simonyhütte

sie sich ergänzen, benannt und mit einer Ordnungsnummer versehen wurden. Von diesen Regimentern wurden die ersten 6 als Infanterieregimenter, die anderen 6 entsprechend ihrer Ergänzung vorwiegend aus Gebirgsgegenden als Alpenjägerregimenter bezeichnet. Die Infanterieregimenter 1—6 und die Alpenjägerregimenter 7 und 9 haben je 3 Bataillone, die Alpenjägerregimenter 8, 10, 11 und 12 nur je 2 Bataillone. Bei den letztgenannten 4 Regimentern mußte sich die Organisation mit 2 Bataillonen begnügen, weil zur Aufstellung eines 3. Bataillons das Werbekontingent des betreffenden Landes, nach Abzug der für die Aufstellung von Formationen anderer Waffen notwendigen Stände, nicht mehr ausreichte. An Stelle der bei 4 Regimentern fehlenden 3. Bataillone wurden aber in Ländern mit kleinerem Werbekontingent 4 selbständige Infanterie- (jetzt Feldjäger-) und Alpenjägerbataillone aufgestellt, die der Organisation nach im allgemeinen den im Regimentsverbande stehenden Bataillonen gleichgehalten sind und nur im Kommandoapparat, ihrer Eigenschaft als Truppen- und Standeskörper entsprechend, eine kleine Erweiterung erfahren haben. Jedes der selbständigen Bataillone hat auch eine Bataillonsmusik, bestehend aus 1 Kapellmeister, 1 Musikmeister und 27 Wehrmannschargen und Wehrmännern.

Zur Durchführung von Kampfaufgaben, die zu ihrer Lösung eine besondere Beweglichkeit erfordern, wurde ein Teil der Infanterie von Haus aus als Radfahrtruppe organisiert. Die Radfahrtruppe wurde in Radfahrbataillone (jetzt Feldjägerbataillone zu Rad benannt) gegliedert. Jedes dieser Bataillone besteht aus einem Bataillonskommando, welches wie ein Feldjäger-(Alpenjäger-)Bataillonskommando zusammengesetzt ist, mit dem Unterschiede, daß dem Bataillonskommando keine Bataillonsmusik zugewiesen wurde, dann aus 1 Radfahrtelegraphenzug, 3 Feldjägerkompagnien zu Rad und 1 Feldjäger-Maschinengewehrkompagnie zu Rad.

Die Feldjägerkompagnie zu Rad hat 3 Radfahrzüge mit 2 schweren Maschinengewehren; ihr Stand beträgt 3 Offiziere, 5 Unteroffiziere und 67 Wehrmänner. Die Maschinengewehrkompagnie zu Rad besteht aus 2 Maschinengewehrzügen und 1 Pionierzug.

Jedes Feldjägerbataillon zu Rad ist ein Truppen- und Standeskörper.

Die Bewaffnung der Infanterie besteht im Dienste aus dem Gewehr und dem zugehörigen Bajonett für alle Wehrmänner und jene Unteroffiziere, die nicht Zugskommandanten sind, dann aus Pistole und dem Bajonett für die Offiziere, alle übrigen Unteroffiziere und jene Wehrmänner, denen das Gewehr bei ihrer dienstlichen Tätigkeit hinderlich wäre.

Die Infanterie verfügt über Reitpferde für Offiziere vom Kompagniekommandanten aufwärts; Zugpferde für die Fortbringung von Fahrküchen, dann Tragtiere zum Transport von Maschinengewehren, Munition, Sprengmitteln und Sanitätsmaterial.

Die charakteristischen Eigenschaften der Artillerie sind die große Zerstörungskraft des einzelnen Schusses, die Feuerwirkung auf große Entfernungen, dann die Fähigkeit der Feuervereinigung von räumlich getrennten Verbänden gegen den wichtigsten Kampfraum.

Nach dem Kaliber unterscheidet man schwerste, schwere, mittlere und leichte Artillerie, nach den ballistischen Eigenschaften Flach- und Steilbahngeschütze (Kanonen, Haubitzen und Mörser).

Die Artillerie des Bundesheeres durfte laut Staatsvertrag nur aus Geschützen mittleren und leichten Kalibers bestehen. Die Unterabteilung der Artillerie, die Batterie, wird normal aus 2 oder 4 Geschützen mit der dazugehörigen Bedienungs- und Fahrmannschaft gebildet; der Friedensvertrag hat uns aber nicht nur das Kaliber, sondern auch die Anzahl der Geschütze jeder Geschützgattung vorgeschrieben. Hienach durften eingestellt werden 8 cm Feldkanonen und 10 cm Feldhaubitzen, 7.5 cm Gebirgskanonen und 10 cm Gebirgshaubitzen, 10.4 cm Feldkanonen und 14 cm Minenwerfer, welch letztere schwere Sprengladungen gegen feindliche Ziele zu werfen haben. Entsprechend der von der Botschafterkonferenz festgelegten Anzahl der Geschütze wurden an Batterien formiert: 3 Feldkanonenbatterien, 7 Feldhaubitzbatterien, 4 Gebirgskanonenbatterien, 4 Gebirgshaubitzbatterien (darunter eine zu 2 Geschützen), sechs 10.4 cm Feldkanonenbatterien, zwei 10.4 cm Kraftfahr-Kanonenbatterien und 6 Minenwerferbatterien zu je 10 Werfern.

Jedem Batteriekommandanten unterstehen unmittelbar der Aufklärertrupp, der Telegraphentrupp und eine Anzahl

10,4 cm Kraftfahrkanone

von Unteroffizieren und Wehrmännern für die Aufgaben des Batteriekommandos und für den Melde- und Sanitätsdienst.

Die Feldkanonen-, Feldhaubitz-, Gebirgskanonen- und Gebirgshaubitzbatterien teilen sich in der Regel in 2 Geschützzüge zu 2 Geschützen, die 10.4 cm Feldkanonenbatterien haben je 1 Zug zu 2 Geschützen; die Minenwerferbatterien gliedern sich in 4 Züge zu je 2 Minenwerfern, wodurch 2 Minenwerfer jeder Batterie als Reserve bleiben.

Der Personalstand der Batterie mußte entsprechend der Ausrüstung mit Geschützen festgesetzt werden und ist daher verschieden. Bei den Feldbatterien beträgt der Stand ungefähr 100 Mann (darunter 4 Offiziere), bei den Gebirgsbatterien wegen der vielen, ein Mehr an Mannschaft beanspruchenden Tragtiere, 150—160 Mann, bei den Minenwerferbatterien ungefähr 130 Mann. Schwierigkeiten bereitete die Zusammenfassung der Batterien in höhere Verbände. Nach dem Staatsvertrag darf nämlich die einer gemischten Brigade beigegebene Artillerieabteilung, gegliedert in 3 Batterien, höchstens 400, zuzüglich einer Minenwerferbatterie 500—550 Mann haben. Dabei sind aber im Staatsvertrag weiter vorgeschrieben: für eine Feldbatterie 120—150 Mann, für eine

Schießübungen einer Brigadeartillerieabteilung auf dem Patscherkofel

Gebirgsbatterie 200—320 Mann, für eine Minenwerferbatterie 100—150 Mann. Bei der Einstellung von Feldbatterien allein hätten die für die Abteilung vorgeschriebenen Stände eingehalten werden können. Da aber mit Rücksicht auf die Bodengestaltung Oesterreichs die Einteilung von Gebirgsbatterien unentbehrlich war, so wäre selbst bei Systemisierung von nur 2 solchen Batterien mit dem Mindeststand der zugebilligte Höchststand einer Brigadeartillerieabteilung überschritten worden. Diese Verhältnisse führten zur Aufteilung des für die 6 Brigadeartillerieabteilungen entfallenden Kontingents von 6×550 = 3300 Mann auf die für die Bildung der 6 Brigadeartillerieabteilungen in Betracht kommende Zahl von 3 Feldkanonen-, 3 Feldhaubitz-, 6—10.4 cm Feldkanonen-, 3 Gebirgskanonen-, 3 Gebirgshaubitz- und 6 Minenwerferbatterien, wobei auch die Minimalstände der Feldbatterien unterschritten werden mußten, um die Gebirgsbatterien überhaupt bewegungsfähig zu machen.

Die auf jede Brigade entfallenden 4 Batterien bilden eine Brigadeartillerieabteilung, die ebenso wie jedes Infanterieregiment oder selbständige Infanteriebataillon ein Truppen- und Standeskörper ist. Sie gliedert sich in das Abteilungskommando mit dem zugehörigen Aufklärertrupp, Telegraphenzug und Meßzug, dann in vier Batterien.

Das Abteilungskommando besteht aus dem Abteilungskommandanten und jenen Offizieren, Unteroffizieren und Wehrmännern, sowie Beamten der Heeresverwaltung, deren Dienstobliegenheiten sich auf die ganze Brigadeartillerieabteilung erstrecken. Die Aufgaben dieser Personen sind jenen bei einem Infanterieregimentskommando ähnlich.

Der Aufklärertrupp hat die Aufklärung des Gefechtsfeldes durchzuführen und an der Schußbeobachtung mitzuwirken.

Der Telegraphenzug ist für den Fernsprech- und optischen Signaldienst bestimmt.

Dem Meßzug obliegt die ständige Beobachtung des Gefechtsfeldes, besonders die Feststellung der feindlichen Artillerie, ihrer Gefechtstätigkeit und Gruppierung mit Mitteln der Erdbeobachtung, der Optik und Akustik, dann die lagerichtige Einmessung der festgestellten Ziele, ferner der Wetterdienst und die Mitwirkung beim Schießen der eigenen Batterien durch Vermessen der eigenen Schüsse.

Die Brigadeartillerieabteilungen wurden ursprünglich verschieden zusammengesetzt. Und zwar wurden die Brigadeartillerieabteilungen Nr. 1 bis 3 aus je einer 8 cm Feldkanonenbatterie, einer 10 cm Feldhaubitzbatterie, einer 10.4 cm Feldkanonenbatterie und einer Minenwerferbatterie, die Brigadeartillerieabteilungen Nr. 4 bis 6 aus je einer 7. 5 cm Gebirgskanonenbatterie, 10 cm Gebirgshaubitzbatterie, einer 10.4 cm Feldkanonenbatterie und einer Minenwerferbatterie gebildet.

Da aus den uns zugebilligten Geschützen 32 Batterien formiert werden konnten, laut Staatsvertrag bei den Brigadeartillerieabteilungen aber nur 24 Batterien untergebracht werden durften, so blieben noch 8 Batterien zur Verfügung, die in ein selbständiges Artillerieregiment zusammengefaßt wurden.

Dieses gliedert sich in das Regimentskommando mit dem zugehörigen Aufklärertrupp, Telegraphenzug und Meßzug und in drei Abteilungen.

Jede Abteilung besteht aus dem Abteilungskommando mit Aufklärertrupp und Telegraphenzug, ferner aus zwei bis drei Batterien und einer Artilleriewerkstätte.

Defilierung einer Batterie

Das Regimentskommando ist mit dem notwendigen Apparat für die Führung des Truppenkommandos, ähnlich dem Kommando einer Brigadeartillerieabteilung ausgestattet; die Abteilungskommandos des selbständigen Artillerieregiments sind ähnlich sonstigen Abteilungskommandos im Verbande zusammengesetzt.

Die Bewaffnung der Heeresangehörigen der Artillerie besteht im Dienste aus dem am Sattel zu tragenden Kavalleriesäbel für alle Offiziere, berittenen Unteroffiziere und berittenen Wehrmänner, der Pistole und dem Bajonett für alle Offiziere und das Sanitätspersonal, dann dem Gewehr samt Bajonett für die Unteroffiziere und sonstigen Wehrmänner.

Die Artillerie benötigt verhältnismäßig viel Pferde und zwar Reitpferde zur Berittenmachung der Offiziere, eines Teiles der Unteroffiziere, der Aufklärer- und Telegraphenformationen, der Meldemänner usw., dann Zugpferde schweren, kräftigen und leichten Schlages zur Bespannung der Geschütze und Minenwerfer, der Munitionswagen und Karren, der Fahrküchen und Feldwagen, schließlich Tragtiere zum Transport der Gebirgsgeschütze.

An Fuhrwerken werden Munitionswagen, Feldwagen, Fahrküchen, Karren für Munition, Requisiten und Telegraphenmaterial der Gebirgsbatterien und Minenwerferbatterien, endlich bei den Kraftfahrbatterien Lastkraftwagen und Personenkraftwagen verwendet.

Die Kavallerie hat den Vorzug der Schnelligkeit und Beweglichkeit. Dieser befähigt sie, der Infanterie vorauszueilen und auch rasch auf schlechten, von Radfahrern nicht mehr benützbaren Wegen vorwärts zu kommen.

Unsere Kavallerie hat vornehmlich den Zwecken der Aufklärung, Sicherung und der Verbindung zu dienen. Nachdem im Staatsvertrag die Aufstellung einer Fliegertruppe untersagt ist, kommt im österreichischen Heere der Aufklärungstätigkeit der Kavallerie eine ganz besondere Bedeutung zu. Da bei der heutigen auf das höchste gesteigerten Feuerwirkung aus Gewehren, Maschinengewehren und Geschützen der Kavallerieangriff zu Pferd (die Attacke) seltener als früher möglich ist, so muß die moderne Kavallerie auch im Infanteriekampfe vollkommen geschult sein.

Die Kavallerie des österreichischen Bundesheeres wurde in 6 Schwadronen (jetzt Dragonerschwadronen benannt) gegliedert, die mit den Nummern 1 bis 6 bezeichnet sind, in keinem Truppenverbande stehen und daher selbständige Unterabteilungen bilden.

Jede Dragonerschwadron besteht aus dem Schwadronskommando, 3 Reiterzügen, 1 Maschinengewehrzug und 1 Reitertelegraphengruppe.

Der Schwadronskommandant führt den Befehl über alle Teile der Dragonerschwadron. Ihm kommen im allgemeinen ähnliche Rechte und Pflichten wie einem selbständigen Bataillonskommandanten zu.

Der Stand einer Dragonerschwadron beträgt 6 Offiziere, 9 Unteroffiziere und 91 Reiter.

Die Bewaffnung besteht im Dienste aus dem am Sattel zu tragenden Säbel für alle Offiziere, Unteroffiziere und Wehrmänner, aus der Pistole und dem Bajonett für alle Offiziere und für bestimmte Personen des Maschinengewehrzuges und des Sanitätsdienstes, schließlich aus dem am Leibe zu tragenden Gewehr mit Bajonett für alle sonstigen Unteroffiziere und Wehrmänner.

Die Angehörigen der Dragonerschwadron sind beritten. Außer den hiezu notwendigen Reitpferden stehen noch Zugpferde und Tragpferde ähnlich wie bei der Infanterie in Verwendung.

Die Pioniertruppe ist zur Verrichtung jener technischen Arbeiten bestimmt, die, durch die Verwendung des Bundesheeres bedingt, die rasche Ueberwindung von Hindernissen, dann die möglichst wirkungsvolle und verlustlose Führung des Kampfes ermöglichen sollen. Der Pioniertruppe kommt daher

Dragonerschwadron mit Standarte

vor allem die technische Leitung und Durchführung größerer technischer Arbeiten, wie Ueberwindung von Flußhindernissen durch Ueberschiffung oder Ueberbrückung, Stellungsbau, Minenkrieg, größere Sprengarbeiten und dergleichen zu.

Aber auch Spezialzweige, wie der Elektro- und Gesteinsbohrdienst, der Eisenbahn-, Seilbahn- und Feldbahnbau, Flußminen- und Flußschiffahrtsdienst, schließlich der Bau und die Wiederherstellung von Straßen und Wegen, dann Bau und Herrichtung von Unterkünften fallen in das Arbeitsgebiet der Pioniertruppe.

Die Bestimmung des Heeres, auch der Hilfeleistung bei Elementarereignissen und Unglücksfällen außergewöhnlichen Umfanges zu dienen, der Gebirgscharakter des Landes, die Donau mit ihren oft vielfach Gefahr bringenden Nebenflüssen bedingten in der Organisation eine verhältnismäßig reiche Dotierung mit der technisch vielseitig verwendbaren Pioniertruppe.

Der Truppen- und Standeskörper bei der Pioniertruppe ist das Pionierbataillon. Im Bundesheer bestehen 6 Pionierbataillone mit den Nummern 1 bis 6. Jedes Pionierbataillon gliedert sich in das Bataillonskommando, 2 Pionierkompagnien, 1 Brückenzug und 1 Zeugsstelle.

Das Bataillonskommando ist im allgemeinen dem eines selbständigen Infanteriebataillons ähnlich zusammengesetzt.

Die Pionierkompagnie besteht aus 4 Zügen mit zusammen rund 120 Unteroffizieren und Wehrmännern.

Der Brückenzug ist vorzugsweise zum Bau eiserner Straßen- und sonstiger, besonders schwerer Brücken bestimmt. Sein Stand beträgt 1 Offizier und 44 Unteroffiziere und Wehrmänner.

Die Zeugsstelle setzt sich aus einem Offizier und mehreren Beamten der Heeresverwaltung zusammen. Ihr obliegt die Verwaltung des für die Unterabteilung bestimmten technischen Materials.

Die Brückenzüge aller 6 Pionierbataillone sind behufs einheitlicher Ausbildung unter dem Kommando der vereinigten Brückenzüge mit einer eigenen Zeugsstelle in Krems zusammengezogen.

Bewaffnet sind im Dienste mit der Pistole und dem Bajonett alle Offiziere und die als Zugskommandanten und im Sanitätsdienst verwendeten Personen; mit dem Gewehr samt Bajonett alle übrigen Unteroffiziere und Wehrmänner.

Bei der Pioniertruppe wurden Reitpferde, Zugpferde und Tragtiere mit ähnlicher Bestimmung wie bei der Infanterie eingeteilt. Außer den Feldwagen, Fahrküchen und Lastkraftwagen sind noch Wagen für eigene technische Zwecke vorhanden, die nur im Bedarfsfalle bespannt werden.

Die vorstehend angeführten Truppenkörper und selbständigen Unterabteilungen mußten nun in höhere Einheiten zusammengefaßt werden. Für die Art der Zusammenfassung war maßgebend, daß im Friedensvertrag Oesterreich neben dem Höchststand des Heeres auch dessen Gliederung in Heereskörper vorgeschrieben wurde. Es konnten entweder Infanteriedivisionen oder gemischte Brigaden gebildet werden. Oesterreich entschied sich für die gemischten Brigaden.

Das österreichische Heer hätte daher aus 6 gemischten Brigaden in der im Staatsvertrag vorgesehenen Zusammensetzung — nämlich 2 Infanterieregimentern mit zusammen

Arbeit mit pneumatischer Ramme (Vereinigte Brückenzüge)

6 Bataillonen, 1 Radfahrbataillon, 1 Schwadron, 1 Brigadeartillerieabteilung mit 3 Kanonen- oder Haubitzbatterien und 1 Minenwerferbatterie, 1 Pionierbataillon, sowie den sonst noch nötigen Telegraphen-, Fahr- und Kraftfahrformationen bestehen sollen.

Bei der Organisation mußten aber neben dieser Forderung des Staatsvertrages auch die wehrgesetzlichen Bestimmungen über Werbebereiche und die Höchstzahl der in jedem dieser Bereiche anzuwerbenden Heeresangehörigen berücksichtigt werden. Es wurden daher gemischte Brigaden gebildet, die nach den Kontingenten der Länder zusammengesetzt sind und vom vorstehenden Schema etwas abweichen. Die Stände der

Truppenkörper und Abteilungen sowie der selbständigen Unterabteilungen mußten dabei unverändert bleiben, da hiefür der Staatsvertrag bindende Einschränkungen enthält.

Die Brigaden wurden nach den Ländern, aus denen sie sich der Hauptsache nach oder zum beträchtlichen Teile ergänzen, benannt und mit den Nummern 1 bis 6 bezeichnet.

Die Führung und Leitung der Brigade, nicht nur militärisch, sondern auch in allen baulichen, wirtschaftlichen, sanitären und sonstigen Angelegenheiten, obliegt dem Brigadekommando.

Jedes Brigadekommando besteht aus dem engeren Brigadekommando, zu dem der Brigadekommandant, dessen Stellvertreter und der Brigadestab gehören, dann aus den beim Brigadekommando eingeteilten Truppen.

Zum Brigadestab gehören die Militärabteilung, die Bauabteilung, die Wirtschaftsabteilung, die Brigadepfarre, das Sanitätsreferat und das Veterinärreferat, eine Brigaderechnungsstelle und eine Kanzleistelle.

Zu den eingeteilten Truppen gehören eine Brigadetelegraphenkompagnie, ein Brigadekraftfahrzug und ein Brigadefahrzug (jetzt Telegraphenkompagnie, Kraftfahrkompagnie und Fahrkompagnie benannt).

An der Spitze des Brigadekommandos steht der Brigadekommandant. Ihm obliegt die Führung der ganzen Brigade, dann die Leitung und Ueberwachung der Ausbildung. Er hat das Befehlgebungsrecht über alle zur Brigade gehörigen Truppen und ist für die militärische Ordnung und den Dienstbetrieb direkt dem Bundesminister für Heereswesen verantwortlich.

Dem Brigadekommandanten ist ein Stellvertreter beigegeben, dem insbesondere die Wahrnehmung der materiellen Schlagfertigkeit zukommt.

Leiter der Militärabteilung ist der Stabschef. Er steht seinem Brigadekommandanten beratend zur Seite und hat die Durchführung seiner Befehle zu veranlassen. Der Militärabteilung obliegt der militärische Dienst, sowie die materiellen Vorsorgen in jenen Zweigen, für die keine eigenen Abteilungen oder Referate bestehen. Die Militärabteilung besteht nebst dem Stabschef aus 7 bis 10 Offizieren und einigen Unteroffizieren und Wehrmännern.

Motorboot der Pioniertruppe

Die Bauabteilung besorgt alle technischen und Verwaltungsagenden des Bau- und Unterkunftsdienstes; sie besteht aus Beamten der Heeresverwaltung.

Der Wirtschaftsabteilung obliegt die Leitung hinsichtlich Geld, Gebührenwesen, Verpflegung, Bekleidung, Ausrüstung, Betten- und Rechnungswesen, dann die Wirtschaftskontrolle aller zur Brigade gehörigen Formationen. Der Dienst wird von Beamten der Heeresverwaltung versehen.

Für die katholische Seelsorge, die Matrikenführung über alle kombattanten Angehörigen der Brigade und für die Mitwirkung an der Gräberpflege besteht bei jedem Brigadekommando eine Brigadepfarre mit je 1 oder 2 Militärgeistlichen.

Dem Sanitätsreferat und dem Veterinärreferat obliegen die Regelung, Leitung und Ueberwachung des ganzen Sanitäts-, beziehungsweise des Veterinärdienstes im Brigadebereich. Diese Referate führt je ein Beamter der Heeresverwaltung.

Die Brigaderechnungsstelle hat die ihr nach den Wirtschaftsvorschriften zukommenden Geld- und Verrechnungsobliegenheiten zu besorgen.

Der Versehung aller Kanzlei- und Schreibgeschäfte dient die Kanzleistelle.

Von den beim Brigadekommando eingeteilten Truppen besorgt die Telegraphenkompagnie den Verbindungsdienst; der Kraftfahrkompagnie obliegt die Bedienung und Instandhaltung der für die Brigade bestimmten Personen- und Lastkraftwagen und im Bedarfsfalle der Nachschub materieller Bedürfnisse aller Art. Die Fahrkompagnie ist zur Ausbildung der Offiziere, Unteroffiziere und Wehrmänner ihres eigenen Standes und anderer Truppenkörper im Fahrdienst bestimmt. Im Bedarfsfalle obliegt ihr die Führung militärischer Troßstaffel.

Die Brigadekommandos unterstehen unmittelbar dem Bundesministerium für Heereswesen.

Das Bundesministerium für Heereswesen ist die oberste Zentralstelle für alle Angelegenheiten des Heereswesens. An der Spitze steht der Bundesminister für Heereswesen*); ihm sind dauernd zur direkten fachmännischen Orientierung über die Verhältnisse beim Bundesheer und bei der Heeresverwaltung höhere Funktionäre als Hilfsorgane beigegeben.

Zu diesen gehören:

Der Heeresinspektor zur Ueberwachung der Einheitlichkeit in der gesamten Ausbildung des Bundesheeres, dann zur Einflußnahme auf Disziplin, Geist und inneren Dienstbetrieb bei allen Truppen. Hiezu hat er alle Teile des Bundesheeres zu besichtigen. Zum Heeresinspektorat gehören außer dem

*) Das Staatsamt für Heereswesen, später Bundesministerium für Heereswesen, wurde geleitet vom:

Staatssekretär Josef Mayer	30./10. 1918—15./3.	1919,
Staatssekretär Dr. Julius Deutsch	15./3. 1919—22./10.	1920,
Staatssekretär Walter Breisky	22./10. 1920—22./11.	1920,
Bundesminister Dr. Egon Glanz	22./11. 1920—7./4.	1921,
Vizekanzler Walter Breisky	7./4. 1921—28./4.	1921,
Bundesminister Carl Vaugoin	28./4. 1921—7./10.	1921,
BM. Gm. d. R. Josef Wächter	7./10. 1921—31./5.	1922,
Bundesminister Carl Vaugoin	seit 31./5. 1922.	

Heeresinspektor dessen Stabschef, eine Militärabteilung, dann je ein Infanterie-, Artillerie-, Kavallerie-, Pioniertruppen- und Telegraphentruppeninspektor, denen für ihre Waffe die gleichen Obliegenheiten zukommen, wie dem Heeresinspektor für das ganze Heer.

Der Heeresremontierungsinspektor, der die von der Pferdeankaufskommission durchzuführende Pferdebeschaffung für das Bundesheer überwacht.

Der Militärvikar, der an der Spitze der militärischen Seelsorge steht und vom Apostolischen Stuhle mit eigener geistlicher Jurisdiktion ausgestattet ist.

Der Heeressanitätschef, der Chef des Heeresbauwesens und der Heeresintendanzchef. Diesen kommt die Leitung der bezüglichen Dienstzweige zu.

Zur Heranbildung des Nachwuchses an Offizieren wurde Oesterreich die Aufstellung einer einzigen Militärschule zugestanden. Diese Militärschule wurde als Heeresschule mit dem Kommando und den Offiziersanwärterkursen (jetzt Offiziersakademie und Offiziersschule benannt) in Enns, dann mit einem Kurs für Körperausbildung in Wiener Neustadt und mit einem Kurs für Reit- und Fahrausbildung in Schloßhof bei Marchegg aufgestellt. Kommandant ist ein höherer Offizier, dem eine entsprechende Zahl von Lehrern zugewiesen wird. Die Ausbildung in der Schule umfaßt 2—3 Jahre.

Um jenen Offizieren und Beamten der Heeresverwaltung, die die Verwendung in höheren Diensten anstreben, Gelegenheit zu geben, die hiezu gesetzlich vorgeschriebenen Prüfungen ablegen zu können, wurde eine Prüfungskommission aufgestellt. Sie besteht aus einem höheren Offizier als Leiter und mehreren Kommissionsmitgliedern.

Alle verwaltenden, der materiellen Vorsorge für die Bedürfnisse des Bundesheeres und dem Wohl der Heeresangehörigen gewidmeten Tätigkeiten sind unter dem Namen Heeresverwaltung zusammengefaßt. Der Dienst in der Heeresverwaltung wird teilweise von Heeresangehörigen, meist aber von Beamten der Heeresverwaltung und Zivilbundesbeamten, geleitet und versehen. Diese Beamten werden je nach Vorbildung und Verwendung in Gruppen und Dienstzweige zusammengefaßt.

Zur Heeresverwaltung gehören Behörden und Anstalten, die unmittelbar oder mittelbar dem Bundesministerium für Heereswesen unterstehen.

Zu den Behörden gehören die Heeresverwaltungsstellen. Sie haben ihren Sitz in der Landeshauptstadt und werden, mit Ausnahme jener von Niederösterreich, auch nach dieser bezeichnet. Die Heeresverwaltungsstellen unterstehen direkt dem Bundesministerium für Heereswesen und sind den Brigadekommandos gleichgestellt.

In jedem Garnisonsorte ist der höchste Kommandant Ortskommandant. Ihm obliegt die Regelung aller lokalen Angelegenheiten, insbesondere des Wachdienstes, der Unterkunftsangelegenheiten, sowie die Ausübung der Militär- und Gesundheitspolizei. In Wien führt der Kommandant der 2. Brigade das Ortskommando als Stadtkommando.

Behörden sind weiters die Pferdeankaufskommission für die Auswahl und den Ankauf der notwendigen Pferde, die Garnisonsgebäudeverwaltungen für die Verwaltung und Instandhaltung der militärischen Objekte in den Garnisonsorten, dann das Platzkommando des Truppenübungsplatzes Bruckneudorf-Kaisersteinbruch.

Dem Bundesministerium für Heereswesen obliegt auch die oberste Verwaltung des Schieß- und Sprengmittelmonopols.

An Anstalten wurden errichtet:

Die Militärsanitätsanstalten, zu welchen das Zentralfachambulatorium in Wien für die 1. und 2. Brigade, dann die Brigade-Sanitätsanstalten in den übrigen Brigadebereichen gehören. Ihnen kommt die Pflege nicht spitalsbedürftiger Soldaten, dann die Ausbildung des Sanitätspersonals der Truppen zu.

Der größte Betrieb der Heeresverwaltung ist die Staatsfabrik. Ihr obliegt die Erzeugung und Wiederherstellung des Artilleriematerials, der Handfeuer- und blanken Waffen, der gesamten Munition, des Reit- und Fahrgerätes, dann der Spreng- und Zündmittel.

Die Kraft- und Radfahrzeugsanstalt in Wien dient zur Verwaltung, Instandhaltung und Evidenz des Radfahr- und Kraftfahrmaterials und zur Erzeugung einzelner Bestandteile.

Dem Waffen- und Zeugshauptdepot in Wien obliegt die Verwahrung und Verwaltung der nicht bei der Truppe befind-

Heeresschule Enns — Ausmusterungsfeier

lichen Waffen, Artillerieausrüstungen, sowie Reit- und Fahrgeräte, dem Munitionshauptdepot am Großen Mittel mit dem Munitionsdepot in Wien die Verwahrung und Verwaltung der nicht bei der Truppe deponierten Munitions- und Pulvervorräte, Zünd- und Sprengmittel.

Im Bereiche der 4., 5. und 6. Brigade befinden sich überdies Zeugslager zur Verwaltung der im Brigadebereich befindlichen, nicht bei der Truppe eingelagerten Waffen- und Munitionsbestände und sonstiger Ausrüstungsmaterialien.

Den Technischen Zeugsanstalten in Klosterneuburg, Korneuburg und Krems obliegen die Erzeugung, Deponierung und Verwaltung von Pioniergerät und Pionier-Spezialgerät aller Art, dessen Ausgabe an die Truppe und die Mitwirkung bei einschlägigen Versuchen.

Der Telegraphenzeugsanstalt, früher in St. Pölten, jetzt in Wien, kommt die Beschaffung, Reparatur, Ausgabe, Verwaltung und Verrechnung aller Verbindungsmittel zu.

Die Militärverpflegsanstalten, die aus den ursprünglichen Garnisonswirtschaftsämtern hervorgegangen sind, dienen zur Versorgung der Truppen mit Verpflegung. Hiefür bestehen die Zentralverpflegsanstalt für die 1., 2. und 3. Brigade und die Brigadeverpflegsanstalten in den anderen Brigadebereichen.

Die Heeresbekleidungsanstalt in Brunn a. G. ist die Verlagsanstalt für den Bedarf des Bundesheeres an Bekleidung, Rüstung und Feldgeräten. Ueberdies sind dort Bettensorten, dann Sanitäts- und Veterinärmaterial eingelagert.

Im Wehrgesetz ist die mit dem Wesen des Berufsheeres im Zusammenhang stehende Bestimmung aufgenommen, zeitverpflichteten Soldaten eine Vorbereitung für das spätere bürgerliche Leben zu geben. Nebst Einstellung solcher Soldaten bei zivilen Meistern und in zivilen Betrieben dient in der Bundesheeresverwaltung die Lehrwerkstätte in Wien dem gleichen Zweck.

Die Bundespulverfabrik in Trofaiach dient der Erzeugung von Pulver und Sprengpatronen für die Schieß- und Sprengmittelmonopolverwaltung.

Schließlich wurde zur land- und forstwirtschaftlichen Geländeausnützung des Truppenübungsplatzes Bruckneudorf-Kaisersteinbruch die Heeresökonomie errichtet, deren Leitung sich in Königshof befindet.

Zur Sammlung, fachlichen Auswertung und Ausstellung des kriegshistorischen Materials aller Art, insbesondere jenes des Weltkrieges, ist das österreichische Heeresmuseum berufen. In langwierigen Verhandlungen ist es gelungen, den Großteil des Bestandes dieser Sammelstätte aus der Vorkriegszeit dem österreichischen Staat zu erhalten. Es gliedert sich heute in die Leitung, die kulturhistorische und technohistorische Sammlung und die Kriegsbildergalerie.

Nebst der rein musealen Tätigkeit widmet sich das Personal dieser Anstalt noch der Errichtung von Truppenmuseen, beteilt die Kasernen mit historischen Gemälden, besorgt die Herstellung der neuen Fahnen und Standarten des Bundesheeres und beratet die Veranstalter bei historischen Festen und bei Errichtung von Kriegerdenkmalen. So leistet dieses Institut auch wertvolle Mitarbeit bei der Traditionspflege im Bundesheere und bei der Neuerweckung vaterländischen Denkens und Fühlens in unserem Volke.

Die nach Ausgabe des Wehrgesetzes im vorstehend angeführten Rahmen festgesetzte Organisation des Bundesministeriums für Heereswesen, der Kommandos und Truppen, Behörden und Anstalten konnte selbstverständlich nur nach und nach durchgeführt werden und erfuhr nach Maßgabe der Konsolidierung einige Veränderungen.

Dem Bundesministerium für Heereswesen, aus dem Staatsamt für Heereswesen hervorgegangen, waren in der ersten Nachkriegszeit mancherlei Abwicklungsagenden übertragen worden, zu deren reibungslosen und raschen Erledigung reichhaltiges Personal notwendig war. Die damalige Gliederung in 7 Sektionen mit über 20 Abteilungen und über 1000 Personen trug diesem Umstand Rechnung.

In dem Maße, als die Liquidierungsagenden beendet oder anderen Stellen übertragen wurden, konnte auch der Personalstand vermindert werden. Als späterhin infolge der finanziellen Lage des Staates auf allen Gebieten der Verwaltung strenge Sparmaßnahmen ergriffen werden mußten, hat auch das Bundesministerium für Heereswesen alle nicht unbedingt von der Heereszentralstelle zu versehenden Agenden abgestoßen und eine Gliederung angenommen, die lediglich den Verwaltungsnotwendigkeiten des Bundesheeres und der Heeresverwaltung Rechnung trägt. Hiefür wurde nur der für diesen Zweck unbedingt notwendige Personalstand festgesetzt.

Das Bundesministerium für Heereswesen besteht derzeit aus dem Präsidialbüro und dem Rechtsbüro, die beide dem Bundesminister für Heereswesen unmittelbar unterstehen, aus sieben Abteilungen, die in zwei Sektionen zusammengefaßt sind, aus einer Buchhaltung und den Hilfsämtern. Der Stand an Heeresangehörigen, Heeresbeamten, Zivilbundesbeamten und Vertragsangestellten beträgt ungefähr 250 Personen.

Bei den Hilfsorganen des Bundesministers für Heereswesen, bei den Kommandos und Truppen konnten organisationsgemäß im Laufe der Jahre bedeutende Veränderungen nicht eintreten, weil sie ja von Haus aus nur nach den Bestimmungen des Staatsvertrages und des Wehrgesetzes organisiert wurden. Immerhin konnten dort, wo dies die bestehenden Bindungen zuließen, Erfahrungen und Fortschritte organisatorisch verwertet werden.

Ein auf Grund langjähriger Studien festgelegtes neuzeitliches Verfahren beim Schießen mit dem Maschinengewehr erforderte eine Erhöhung des zur Bedienung des Maschinengewehres erforderlichen Personals. Da die Stände der Maschinengewehrkompagnien bindend sind und nicht überschritten werden können, mußte innerhalb des Standes Wandel geschaffen werden. Es wurden daher die zu jeder Maschinengewehrkompagnie gehörigen Pionierzüge aufgelassen und das dadurch freigewordene Personal den Maschinengewehrzügen zugeschlagen, die notwendigen Infanteriepioniere hingegen direkt den einzelnen Kompagnien entnommen.

Die im Laufe der Jahre bei Uebungen und ähnlichen Anlässen gemachten Erfahrungen betreffend die Organisation der Brigadeartillerieabteilungen ließen erkennen, daß die 10.4 cm Feldkanonen für die Brigadeartillerieabteilungen zu schwerfällig sind, es daher zweckmäßig erschiene, sie durch beweglichere Geschütze zu ersetzen. Die diesbezüglichen Erwägungen führten zu dem Ergebnis, daß die 10.4 cm Feldkanonenbatterie bei den Brigadeartillerieabteilungen 1—3 durch 1 Gebirgskanonenbatterie zu 2 Geschützen, bei den Brigadeartillerieabteilungen 4—6 durch 1 Feldkanonenbatterie zu 4 Geschützen, die Gebirgshaubitzbatterie bei den Brigadeartillerieabteilungen 4—6 durch 1 Feldhaubitzbatterie zu 4 Geschützen bei unveränderten Personalständen und gleichzeitiger Verminderung der Gebirgskanonenbatterie der Brigadeartillerieabteilungen 4—6 auf 2 Geschütze, ersetzt wurden. Jede Brigadeartillerieabteilung besteht demnach jetzt aus je 1 Feldkanonen-, Feldhaubitz-, Gebirgskanonen- und Minenwerferbatterie. Ein Teil des 10.4 cm Feldkanonenmaterials wurde beim selbständigen Artillerieregiment gegen Auflassung von Feldhaubitzbatterien eingestellt.

Bei den vereinigten Brückenzügen wurden behufs leichterer Kommandoführung je 3 Brückenzüge in eine Kompagnie vereint.

Der zunehmenden Wichtigkeit der motorischen Fahrmittel, wie Kraftwagen, Motorräder usw. für Heereszwecke, mußte auch das Bundesministerium für Heereswesen bei Ausrüstung der Truppen Rechnung tragen. Da der bescheidene Rahmen der budgetären Mittel reichliche Anschaffungen auf einmal nicht gestattet, können solche Transportmittel nur allmählich eingestellt werden. Hiemit wurde im Jahre 1928 begonnen.

Der große Aufschwung in der Telegraphie und Telephonie, besonders im Funkwesen und der unschätzbare Wert, der

Fliegerabwehrübung

allen Verbindungsmitteln nicht nur für das Heer, sondern auch für die allgemeine Staatsverwaltung innewohnt, veranlaßte das Heeresressort, die Beschaffung solcher Verbindungsmittel im Interesse modernster Ausbildung der Telegraphenverbände größte Bedeutung beizumessen und sie nach Möglichkeit zu bewirken.

Gleichzeitig mit der Einführung der im vorhergehenden Abschnitt angeführten Benennung der Truppenkörper wurden auch die bisherigen selbständigen Infanteriebataillone in Feldjägerbataillone, die Radfahrbataillone in Feldjägerbataillone zu Rad und die Schwadronen in Dragonerschwadronen, die Brigadetelegraphenkompagnien in Telegraphenkompagnien umbenannt, die Brigadekraftfahr- und -fahrzüge zu Kraftfahr- und Fahrkompagnien ausgestaltet.

Das Wehrgesetz sieht in seinen Bestimmungen auch eine Vorbereitung der zeitverpflichteten Soldaten für das spätere bürgerliche Leben vor. Diese Vorbereitung erfolgt in zivilen und militärischen Betrieben, dann bei zivilen Meistern, immer aber außerhalb des zuständigen Truppenkörpers. Zur leichteren Durchführung der militärischen Angelegenheiten aller in Vorbereitung für ihr späteres bürgerliches Leben stehenden Heeresangehörigen und zur Entlastung des standeszuständigen Truppenkörpers hinsichtlich der mit dieser Vorbereitung zusammenhängenden Dienstgeschäfte, wurden in den größeren Garnisonsorten die in Vorbereitung stehenden Soldaten in Lehrabteilungen und Lehrunterabteilungen zusammengefaßt. Sie bestehen aus einem Lehrabteilungs- oder Lehrunterabteilungskommando und aus den im betreffenden Garnisonsort zur Vorbereitung eingestellten Soldaten. In Garnisonsorten, wo nur wenige Soldaten in Vorbereitung stehen, werden diese einer Unterabteilung der Garnison dienstzugeteilt.

In der Heeresschule, in deren Offiziersanwärterkurs I in letzter Zeit nur Mittelschüler mit Matura Aufnahme finden, machte sich das Bestreben bemerkbar, diesem Kurs eine seinem Niveau entsprechende, im allgemeinen den früheren Militärakademien ähnliche Bezeichnung zu geben. Dementsprechend wurde dieser Kurs in Offiziersakademie, der Offiziersanwärterkurs II, in dessen Rahmen ausgewählte, verdiente Unteroffiziere zu Offizieren herangebildet werden, in Offiziersschule umbenannt.

Um an die mehr universelle Ausbildung in der Offiziersakademie eine rein fachliche, den einzelnen Waffengattungen entsprechende Ausbildung anschließen zu können, wurden im Rahmen der Heeresschule je eine Infanterie-, Artillerie-, Pionier- und Telegraphenfachschule errichtet. Sie bilden den 3. Jahrgang der Offiziersakademie.

Da die Heeresschule bei ihrem derart erweiterten Umfang von anderen Agenden entlastet werden mußte, wurden die Kurse für Körperausbildung und für Reit- und Fahrausbildung aus ihrem organisatorischen Rahmen ausgeschieden und selbständig gemacht.

Zur Verfolgung aller Neuerungen auf dem Gebiete des Artillerie-, Pionier- und Telegraphenwesens, dann zur Anstellung praktischer Versuche in diesen Belangen wurde eine Schießversuchs- und eine Telegraphenversuchskommission, dann eine Pionierlehr- und Versuchsabteilung gebildet und mit dem Notwendigen ausgestattet.

Da dem Artilleriemeßwesen im Zusammenhange mit dem militärischen Kartenwesen für ein Heer besondere Bedeutung

Brigade-Kraftfahrkompagnie

zukommt, wurde zur Auswertung einschlägiger Erfahrungen und Methoden eine Heeresmeßstelle errichtet.

Der gegen die Kriegs- und Vorkriegszeit bedeutend geringere Bedarf an Pulversorten hat nach Erzeugung ausreichender Vorräte im Jahre 1926 zu einer vorübergehenden Stilllegung der Pulverfabrik Trofaiach geführt.

Dadurch freigewordene Wohnbauten wurden zu einem Erholungsheim für Wehrmänner umgestaltet und der Brigadesanitätsanstalt 5 angegliedert.

Die am Ende des Buches angeschlossenen Uebersichten zeigen die gegenwärtigen Standorte der Kommandos, Truppen, Behörden und Anstalten.

Personelle Entwicklung.

Eine schwierige und in ihrer Eigenart gänzlich neue Aufgabe war die Lösung verschiedener Fragen personeller Natur, die sofort nach dem Umsturz auftauchten.

Die Auflösung des ehemaligen Heeres erfolgte derart, daß die Personen des Reservestandes und des Landsturmes, also alle jene, die dem Heer, den beiden Landwehren oder der Kriegsmarine auf Grund der allgemeinen Wehrpflicht angehört hatten, einfach entlassen wurden. Nicht so einfach war die Frage, was mit den Offizieren und Militärbeamten des Aktivstandes und den längerdienenden Unteroffizieren zu geschehen hätte.

Wie immer sich die Verhältnisse gestalten sollten, konnte Oesterreich eines Heeres nicht entraten. Bei Bildung dieses neuen Heeres — gleichgiltig in welcher Form es entstehen würde — war die Mitarbeit und werktätige Hilfe, sowie die große Erfahrung und die reichen Kenntnisse der Offiziere, Beamten und Unteroffiziere nicht zu entbehren.

Eine der ersten Verfügungen des neuen Staatsamtes für Heereswesen war, daß sich alle aus dem Felde zurückkehrenden Berufsmilitärpersonen zwecks Evidenthaltung bei einem der Ersatzkörper der bestandenen Wehrmacht anzumelden hatten.

Diese Anmeldung ergab eine Ueberzahl an Berufsmilitärpersonen. Die hierauf einsetzenden ersten Abbaumaßnahmen beschränkten sich auf Offiziere und Militärbeamte, die den Anspruch auf vollen Ruhegenuß erlangt hatten, ferner auf alle auf Kriegsdauer aktivierten Personen, dann auf alle Generale.

Gleichzeitig wurden Offiziere, die noch nicht 10 anrechenbare Dienstjahre hatten, zum Austritt gegen Abfertigung aufgefordert.

Bis zur Aufstellung des Bundesheeres (Sommer 1920) wurde der restliche Teil der Offiziere, Beamten und Berufsunteroffiziere bei der Volkswehr, bei den verschiedenen militärischen Dienststellen des neuen Heeresressorts, dann bei anderen militärischen, zivilen und liquidierenden Stellen verwendet.

Die nächste Tätigkeit des Staatsamtes für Heereswesen betraf nunmehr die Auswahl der für das neue Bundesheer erforderlichen Offiziere, Beamten, Unteroffiziere und Wehrmänner.

Zu diesem Zweck hatte jeder Bewerber ein Anmeldeblatt einzureichen. Das Anmeldeblatt enthielt nebst den Personaldaten des Bewerbers eine eingehende Schilderung der bisherigen militärischen Dienstleistung; auch dem Wunsche nach Einteilung in einen bestimmten Zweig des Heeresdienstes konnte Ausdruck gegeben werden.

Beim Staatsamt für Heereswesen langten hierauf über 9000 Anmeldungen von Offizieren und Beamten und ungefähr 3200 Anmeldungen von längerdienenden Unteroffizieren ein.

Die Auswahl der Personen erfolgte nach einem Punktierungssystem, das insbesondere die Kriegsdienstleistung, dann aber auch die wirtschaftlichen und die Familienverhältnisse zu berücksichtigen hatte.

Die im Krieg erworbenen Auszeichnungen sollten bei der Auswahl in Betracht gezogen werden; Inhaber des Militär-Maria-Theresienordens, von Tapferkeitsmedaillen für Offiziere und von goldenen Tapferkeitsmedaillen standen außerhalb jeder Konkurrenz.

Außer den aktiven Berufsmilitärpersonen kamen noch eine sehr beschränkte Zahl von Reserveoffizieren, dann jene Unteroffiziere in Betracht, die nach dem Umsturz zu Offizieren der provisorischen Wehrmacht ernannt worden waren — die sogenannten Volkswehrleutnante.

Zur Durchführung der Auswahl wurden zuerst drei „Reichskommissionen“ gebildet, und zwar je eine für Offiziere, Beamte und Unteroffiziere. Jede der drei Reichskommissionen bildete eine Anzahl von Unterkommissionen. Bei den Offizieren gab es für jede Waffengattung, bei den Beamten für jeden Dienstzweig eine Unterkommission. Die kriegsbeschädigten und die in Kriegsgefangenschaft gewesenen Offiziere wurden dadurch besonders berücksichtigt, daß sie eine eigene Unterkommission erhielten.

Die verschiedenen Kommissionen bewerteten nunmehr die Bewerber auf Grund der Anmeldeblätter nach dem Punktsystem und faßten das Endergebnis in Rangierungslisten zusammen.

Mittlerweile hatte das Staatsamt für Heereswesen die Gesamtzahl der zu übernehmenden Offiziere, Beamten und Unteroffiziere festgesetzt. Als die Rangierungslisten vorlagen, bestimmte der Staatssekretär für Heereswesen für jede Personenkategorie und innerhalb dieser für jede Chargengruppe die Prozentzahl, die für die Uebernahme in Betracht kam. Sie war nicht überall gleich; sie schwankte im allgemeinen zwischen 33 und 38 % und ging bei den jüngsten Offiziersjahrgängen auf 12 bis 4 % herunter. Auf Grund dieser Prozentzahl erging Mitte August 1920 die Verfügung, daß in die neue Wehrmacht zu übernehmen seien: 2100 Offiziere, 500 in Rangsklassen eingereihte, 280 nicht in Rangsklassen eingereihte Beamte und 2100 Unteroffiziere.

Von den übernommenen 5030 Personen wurden gemäß den Bestimmungen des Staatsvertrages von St. Germain 1500 Offiziere und 1530 Unteroffiziere in dieser Eigenschaft eingeteilt; die restlichen 600 Offiziere, die beiden Beamtenkategorien und 570 Unteroffiziere wurden Beamte der Heeresverwaltung.

Da die Zahl der Anmeldungen für das neue Heer die Ziffer 12.000 überschritten hatte, die Unterbringung aller für das Heer nicht benötigten Personen im Staatsdienst ausgeschlossen war, mußte ein weiterer Abbau eintreten.

Die gesetzliche Grundlage für die Durchführung dieses Abbaues war das Militärabbaugesetz vom 17. März 1920, St. G. Bl. 120. In Uebereinstimmung mit den Grundsätzen, welche schon gelegentlich der Uebernahme bei Festsetzung der Prozentsätze für die einzelnen Personenkategorien richtunggebend gewesen sind, war dieses Gesetz von folgender Tendenz getragen:

Ausscheidung mit Abfertigung der jüngeren Personen, die noch leichter die Möglichkeit haben, einen neuen Beruf zu ergreifen; Ausscheidung durch Ruhestandsversetzung aller Personen, die Anspruch auf die vollen Ruhegenüsse haben;

Schonung der mittleren Jahrgänge, die noch nicht den Anspruch auf die volle Pension erreicht haben und zufolge ihres schon vorgerückteren Alters schwerer in neuen Berufen Unterkunft finden.

Bei Durchführung des Abbaues war das Bundesministerium für Heereswesen bemüht, wenigstens einen Teil der Ausscheidenden in anderen Verwaltungsbereichen des Staatsdienstes unterzubringen.

So gelang es zum Beispiel die im Kriegsarchiv und im militärgeographischen Institut beschäftigten Berufsmilitärpersonen im Staatsdienst zu belassen; bei dem neugeschaffenen Steuerdienst der Vermögensabgabe konnten gegen 700 Offiziere vorübergehend untergebracht werden.

Zur Erleichterung der Ueberführung von Offizieren (Beamten) in bürgerliche Berufe wurde eine Berufsberatungs- und Postenvermittlungsstelle geschaffen, die zahlreiche Offiziere in der privaten Wirtschaft untergebracht hat; auch wurden den Abgebauten auf gesetzlichem Weg verschiedene Studienerleichterungen zugestanden.

Schließlich wurde eine weitere Linderung des Abbaues durch die Schaffung der „Zeitlich Angestellten der Kategorie A und B“ herbeigeführt, in welche insgesamt 580 Personen Aufnahme fanden.

Offiziere.

Der Umstand, daß von der Uebernahme in das Bundesheer die ältesten und die jüngsten Jahrgänge ausgeschlossen wurden, zeitigte eine ungünstige Schichtung des Offizierskorps nach Dienstgraden. So entfielen in den ersten Jahren auf 4 Oberoffiziere 3 Stabsoffiziere.

Im Jahre 1921 setzten im ganzen Bundesdienste und daher auch im Bundesheere die sogenannten „Richtlinienbeförderungen“ ein. Diese haben ihren Namen von Richtlinien, nach welchen für die Beförderung in die einzelnen Rangklassen lediglich bestimmte Gesamtdienstzeiten maßgebend waren. Im Laufe des Jahres wurden die Bedingungen noch weiter herabgesetzt. Durch diese Maßnahmen verschob sich das Verhältnis zwischen der Zahl der Oberoffiziere und jener der Stabsoffiziere noch mehr zu Gunsten der letzteren.

Diese Schichtung des Offizierskorps entsprach weder den organisatorischen noch den personellen Bedürfnissen. Die wünschenswerte Schichtung (voller Strich) und die tatsächliche (punktiert) nach dem Stand vom 1. Jänner 1927 zeigt folgende Tabelle.

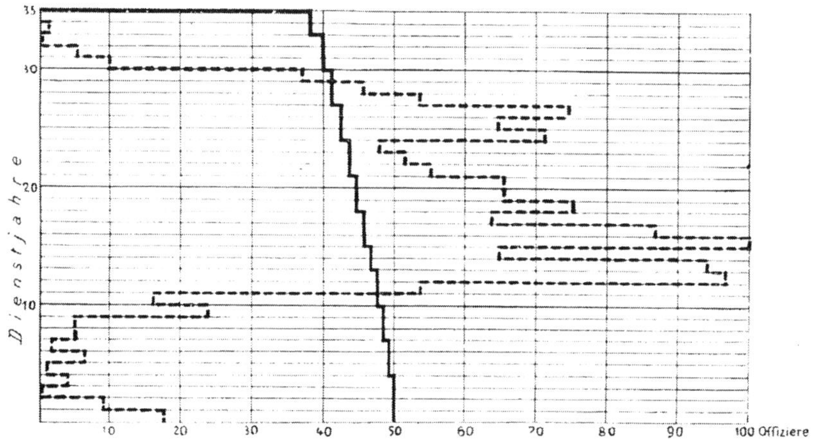

Das Bundesministerium für Heereswesen ist andauernd bestrebt, diese ungünstige Schichtung zu verbessern.

Dermalen sind die Offiziere in zwei Verwendungsgruppen geschieden, und zwar in die Verwendungsgruppe 4: Offiziere des höheren militärischen Dienstes und in die Verwendungsgruppe 3: Offiziere des Truppendienstes.

Die Ernennung zum Offizier der Verwendungsgruppe 3 ist an die Absolvierung der Heeresschule gebunden. Um aus der Verwendungsgruppe 3 in die Verwendungsgruppe 4 überstellt zu werden, sind erforderlich: 4jährige Dienstzeit als Offizier bei einer Unterabteilung, dann Ablegung einer Vorprüfung und dreier strenger Fachprüfungen innerhalb eines Zeitraumes von 3 Jahren, hierauf 2jährige Erprobung für den höheren militärischen Dienst.

Die Offiziere der Verwendungsgruppe 3 scheiden sich in zwei Dienstzweige: Truppenoffiziere und Wirtschaftsoffiziere. Letztere entsprechen, was die Art ihres Dienstes anlangt, beiläufig den Proviantoffizieren der ehemaligen Wehrmacht.

Zum Unterschied von den Truppenoffizieren haben sie dem Titel ihrer Dienstklasse die Bezeichnung: Wirtschaftsoffizier angefügt, zum Beispiel Hauptmann-Wirtschaftsoffizier.

Die Offiziere werden in 8 Dienstklassen eingeteilt; jeder Dienstklasse kommt ein entsprechender Titel zu, und zwar:

I. Dienstklasse General,
II. Dienstklasse Generalmajor,
III. Dienstklasse Oberst,
IV. Dienstklasse Oberstleutnant,
V. Dienstklasse Major,
VI. Dienstklasse Hauptmann (Rittmeister),
VII. Dienstklasse Oberleutnant,
VIII. Dienstklasse Leutnant.

Beamte der Heeresverwaltung.

Die Gliederung der Zivilangestellten der Heeresverwaltung erfolgte bei der Uebernahme im Jahre 1920 nach Verwendung und besonderer Fachausbildung in eine Anzahl von Dienstzweigen, und zwar: Seelsorgedienst, Sanitätsdienst, Veterinärdienst, Baudienst, Zeugdienst, Wirtschaftsdienst, Administrationsdienst, Rechnungskontrolldienst, Kanzleidienst.

Auf Grund des Bundesgesetzes vom 24. Juli 1922, B. G. Bl. Nr. 499 (Angestellten-Abbaugesetz) setzte ein Abbau in der Bundesheeresverwaltung ein, der sich bis Ende 1925 auf 376 ehemals in Rangklassen eingereihte Gagisten und 159 ehemals nicht in Rangklassen eingereihte Gagisten erstreckte.

Da durch die seinerzeitige Uebernahme in die Bundesheeresverwaltung eine vollkommen ungleichmäßige, nicht jahrgangsweise Schichtung des Verwaltungspersonals entstanden war, der nunmehr folgende Abbau auf die ältesten Jahrgänge abgestellt wurde, ergaben sich in einzelnen Dienstzweigen Personalabgänge und in anderen Dienstzweigen Personalüberschüsse. Es mußte demnach abermals eine Umstellung der Beamtenschaft durchgeführt werden, die einer glatten Abwicklung des Dienstes manche Hemmnisse bereitete, aber Dank des hohen Pflichtbewußtseins der Beamtenschaft überwunden wurden.

Die Beamten der Heeresverwaltung werden derzeit in folgende Verwendungsgruppen und innerhalb dieser in nachstehende Dienstzweige geschieden:

Verwendungsgruppe 8 (höhere Dienste): Militärseelsorgedienst, höherer Militärsanitätsdienst, höherer Militärveterinärdienst, wissenschaftlicher Dienst an Museen, Sammlungen und sonstigen wissenschaftlichen Anstalten, höherer militärtechnischer Dienst (Bau- und Zeugdienst), höherer Militärwirtschaftsdienst, höherer technischer und höherer Fachdienst.

Verwendungsgruppe 7 (mittlere Dienste): Militärverwaltungsdienst, Rechnungsdienst, mittlerer Fachdienst an Sammlungen und wissenschaftlichen Anstalten, mittlerer militärtechnischer Dienst (Bau- und Zeugdienst), mittlerer Militärwirtschaftsdienst, mittlerer landwirtschaftlicher Fachdienst.

Verwendungsgruppe 5 (Kanzlei- und Meisterdienste): Kanzleidienst, technischer Hilfsdienst höherer Art, Militärmeisterdienst (Sanitäts-, Beschlag-, Bauwerk-, Zeug-, Wirtschaftsmeister).

Verwendungsgruppe 3 (qualifizierte Hilfsdienste): qualifizierter Hilfsdienst, Schulwarte, gelernte Handwerker und Kraftwagenlenker.

Verwendungsgruppe 2 (Hilfsdienste).

Das Gehaltsgesetz sieht Amtstitel auch für die Beamten der Heeresverwaltung vor, die durch die Verordnung der Bundesregierung vom 2. Juli 1926 B. G. Bl. Nr. 175 (Amtstitelverordnung) geregelt worden sind.

Zivilbundesbeamte.

Zum Heeresressort gehören auch 181 Zivilbundesbeamte, und zwar 13 in der Verwendungsgruppe 8 (höherer Verwaltungsdienst), die übrigen verteilen sich auf die Verwendungsgruppen 7, 5, 3 und 2. Die 13 Beamten des höheren Verwaltungsdienstes sind im Rechtsbüro des Bundesministeriums für Heereswesen eingeteilt und versehen — ähnlich wie die rechtskundigen Verwaltungsbeamten der politischen Sektionen des vormaligen Ministeriums für Landesverteidigung — den juridischen Dienst im Heeresressort. Die übrigen Zivilbundesbeamten sind teils im Heeresministerium, teils bei den Unterstellen eingeteilt.

Unteroffiziere.

Schon zu Friedenszeiten war die Berufs-Unteroffiziersfrage eine stete Sorge. Die lange Kriegsdauer hatte es mit sich gebracht, daß sehr viele Unteroffiziere, darunter auch solche der Reserve, freiwillig ihren Dienst verlängerten und Berufsunteroffiziere wurden. Ein Teil der deutschösterreichischen Berufsunteroffiziere stand bei Truppenkörpern in Dienstverwendung, die sich nicht aus dem jetzigen Oesterreich ergänzten.

Beim Zusammenbruch war daher eine sehr große Zahl deutschösterreichischer Berufsunteroffiziere vorhanden, zu denen sich auch noch Unteroffiziere der ehemaligen Kriegsmarine gesellten, die nicht alle als Unteroffiziere in das Bundesheer aufgenommen werden konnten. Der größere Teil mußte in der Heeresverwaltung oder in Zivilberufen Unterkunft finden.

Die in das Bundesheer übernommenen Berufsunteroffiziere wurden in der Folge in das pragmatische Dienstverhältnis übersetzt. Dieser Umstand mußte eine Ueberalterung des Unteroffizierskorps zur Folge haben. Das Bundesministerium für Heereswesen hat daher Sorge getragen, daß für den Truppendienst körperlich weniger taugliche Berufsunteroffiziere in andere Ressorts übergeleitet werden.

Der Nachwuchs der Unteroffiziere erfolgt aus Zugsführern, die sich auf 9 Dienstjahre verpflichtet haben. Diesen kann, soferne sie sich besonders bewährt haben, die Präsenzdienstzeit auf 15 Jahre verlängert werden. Nach Vollstreckung dieser Präsenzdienstzeit werden solche Unteroffiziere nach Tunlichkeit durch Verleihung eines Dienstpostens als Beamte in den Dienst der Heeresverwaltung oder in den Zivilbundesdienst aufgenommen.

Ferner mußte für die nun 35 Jahre dienenden Unteroffiziere eine Aufstiegsmöglichkeit geboten werden. Es wurde als höchste Unteroffizierscharge jene des Vizeleutnants geschaffen. In finanzieller Hinsicht wurde dadurch den Unteroffizieren die Aufstiegsmöglichkeit bis zu solchen Gebühren gegeben, die annähernd den Majorsbezügen gleichkommen. Gegenwärtig befinden sich im Bundesheer noch über 800 ehemalige Berufsunteroffiziere.

Wehrmannschargen und Wehrmänner.

Die für das Bundesheer erforderlichen Wehrmannschargen und Wehrmänner wurden teils der Volkswehr entnommen, teils neu angeworben.

Die Beurteilung der einlangenden Gesuche blieb vorerst Länderkommissionen, dann einer Reichskommission vorbehalten.

Schon die Landeskommission hatte das Recht, einen Bewerber als nicht geeignet zu bezeichnen, womit er aus der Bewerbung ausschied. Es stand ihm jedoch das Recht der Berufung an den Staatssekretär für Heereswesen offen.

Die Kommissionsmitglieder wurden mit Ausnahme der Vorsitzenden und des Delegierten der Landesregierung aus dem Kreis der durch sie vertretenen Kategorien gewählt.

Von den Volkswehrmännern und Zivilbewerbern wurde eine mindestens 3 jährige Dienstzeit in der bewaffneten Macht der Monarchie und eine mindestens 1 jährige Dienstleistung bei der Armee im Felde gefordert.

Die in der bewaffneten Macht der Monarchie vollstreckten Dienstzeiten wurden in die neue Dienstverpflichtung eingerechnet. Auf Kriegsbeschädigte wurde entsprechend Rücksicht genommen. Diese Bestimmungen zeigten das Bestreben, in das Bundesheer nur ausgebildete Soldaten, die den Weltkrieg mitgemacht hatten, aufzunehmen.

Das Ergebnis der für das Bundesheer tauglich Befundenen war anfangs namentlich qualitativ kein besonders günstiges, aber auch quantitativ entsprach es nur in Wien, Niederösterreich und Kärnten; später besserten sich die Verhältnisse erheblich.

Im Jahre 1921 wurden die bestandenen Kommissionen aufgelöst. Die Werbungen lagen nunmehr in den Händen der Heeresverwaltungsstellen, die das Vorschlagsrecht hatten. Die Bestätigung blieb dem Bundesminister für Heereswesen vorbehalten.

Vom Jahre 1922 an wurden verheiratete Bewerber grundsätzlich ausgeschlossen. Das Höchstalter wurde auf 30, in Ländern, in denen noch Mangel an Bewerbern war, auf 36 Jahre festgesetzt. Die Werbung fand im Herbst statt, die Einrückung fiel in den Spätherbst oder auf den Jahresbeginn.

Im Jahre 1923 fanden im Zusammenhang mit den von der Regierung beschlossenen Sparmaßnahmen keine Neuaufnahmen statt.

Mit diesem Jahre setzte der systematische Aufbau des Ergänzungswesens und damit des Bundesheeres ein, der in seinen Erfolgen schon im Jahre 1924 sichtbar war und sich bis zum heutigen Tag fortsetzte. Was an Quantität nicht erreicht werden konnte, mußte durch Qualität ersetzt werden. Auch die Anforderungen an die körperliche Tauglichkeit wurden von Jahr zu Jahr gesteigert. Die in das Bundesheer Aufgenommenen müssen jetzt mindestens 163 cm groß und dürfen nicht über 26 Jahre alt sein. Der Großteil der Bewerber steht im 19. und 20. Lebensjahr.

Um den Bewerbern die Reisekosten in die Standorte der Heeresverwaltungsstellen zu ersparen und die Truppen noch mehr für ihre Ergänzung zu interessieren, wurden auch bei den Truppen Anmeldungen entgegengenommen.

Dieser Vorgang zog aber noch immer beschwerliche Reisen vieler Bewerber, die in entlegenen Alpentälern oder verkehrsärmeren Gegenden wohnen, nach sich. Das Bundesministerium für Heereswesen entsendet nunmehr auch ambulante Werbekommissionen, die in einer Reihe von Orten ohne Garnison die Anmeldungen entgegennehmen.

Bei der Aufstellung des Bundesheeres waren so viele Verheiratete übernommen worden, daß die Freizügigkeit der Angehörigen des Bundesheeres und damit auch dessen Schlagfertigkeit sehr beeinträchtigt wurde. Auch konnte festgestellt werden, daß zahlreiche Soldaten in noch jugendlichem Alter die Eheschließung anstrebten. Das Bundesministerium für Heereswesen hat daher festgesetzt, daß Soldaten unter 24 Lebensjahren die Bewilligung zur Eheschließung grundsätzlich nicht erteilt wird.

Die Dienstzeit im Präsenzstand des Bundesheeres beträgt 6 Jahre.

Nach dem § 15 des Wehrgesetzes ist eine Weiterverpflichtung bis zu weiteren 3 Jahren Präsenzdienst möglich. Tatsächlich sind vom Jahre 1921 an Weiterverpflichtungen im großen Umfang bewilligt worden, da die ausgedienten Soldaten nur schwer Arbeit finden konnten und daher bestrebt waren, die Weiterverpflichtung zu erreichen.

GRADABZEICHEN DES BUNDESHEERES

General		Generalmajor	

Offiziere		**Unteroffiziere**	
Oberst		Vizeleutnant und Fähnrich	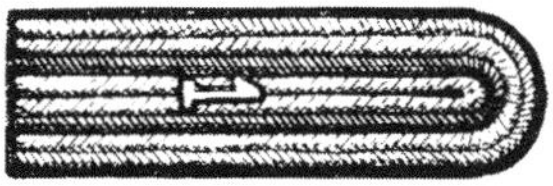
Oberstleutnant		Kapellmeister	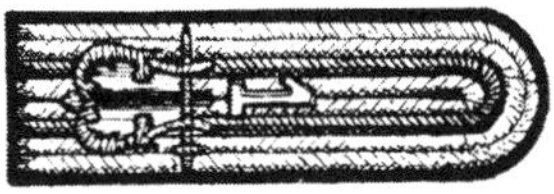
Major	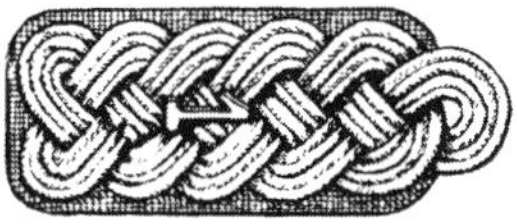	Offiziersstellvertreter Berufsunteroffizier	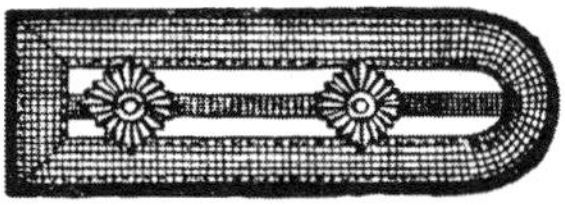
Hauptmann Rittmeister	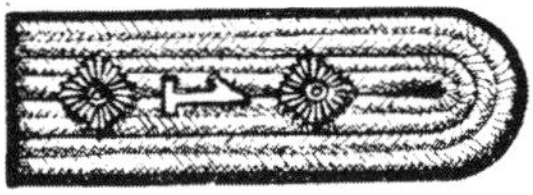	Offiziersstellvertreter	
Oberleutnant	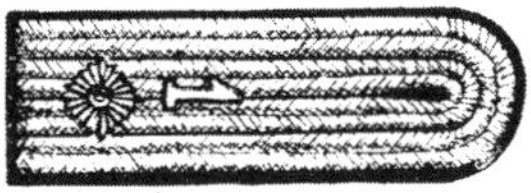	Stabswachtmeister (Stabsfeuerwerker)	
Leutnant	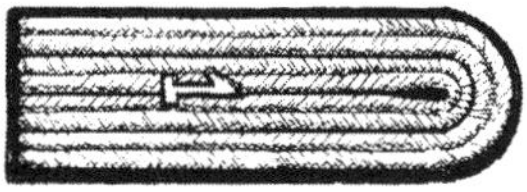	Wachtmeister (Feuerwerker)	

GRADABZEICHEN DES BUNDESHEERES

Wehrmannschargen

Zugsführer

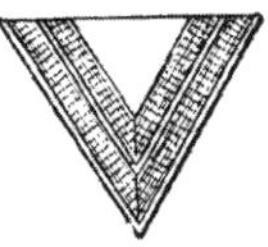

Korporal

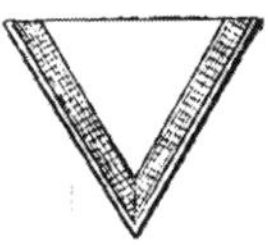

Gefreiter
Vormeister

Die Gradabzeichen werden von den Offizieren und Unteroffizieren als Achselstücke, von den Wehrmannschargen auf beiden Oberärmeln getragen.

Die Waffengattungen werden durch die Kenn(Waffen)-farben unterschieden, in welcher die Randeinfassungen der Tellerkappe, die beiden äußeren Streifen der Kragenlitzen und die Einfassungen und Unterlagen der Achselstücke gehalten sind.

Als Kenn(Waffen)farben gelten:

Für Generale	scharlachrot,
für den höh. mil. Dienst .	karmesinrot,
für die Infanterie	grasgrün,
für die Feldjäger zu Rad.	gelbgrün,
für die Artillerie	hochrot,
für die Kavallerie	goldgelb,
für die Pioniertruppe . .	schwarz,
für die Telegraphentruppe	hellbraun,
für die Fahrtruppe	lichtblau,
für die Kraftfahrtruppe .	rosa,
für den Wirtschaftsdienst	dunkelrotbraun.

Die Standeszugehörigkeit ist aus den Nummern und Buchstaben auf den Achselstücken und Achselspangen zu ersehen.

Die fortschreitende Ueberalterung der Wehrmänner zwang im Jahre 1926 zu einer Beschränkung der Anzahl der Weiterverpflichtungen. Die Auswirkung dieser Maßnahme wurde durch die Anwendung der vom Ministerrat genehmigten Richtlinien für die Soldatenanstellung wesentlich gemildert.

Jedem in das Bundesheer aufgenommenen Jungmann eröffnen sich heute gute Aussichten für sein Fortkommen. Bei Erfüllung der fachlichen Bedingungen kann er nach einer Mindestdienstzeit von einem Jahr Gefreiter, nach zwei Jahren Korporal, nach drei Jahren Zugsführer werden.

Vertragsangestellte.

Außer den in das Bundesheer und in die Heeresverwaltung übernommenen Personen wurde noch eine Anzahl von Aushilfskräften, dann freiwillig sich meldende Mannschaftspersonen der ehemaligen Wehrmacht zu verschiedenen Diensten herangezogen. Das Dienstverhältnis dieser Personen war in der ersten Zeit nicht geregelt; im Jahre 1919 wurde ein Dienstvertrag bürgerlichen Rechtes mit diesen Angestellten abgeschlossen.

Durch die im Anschluß an das Invalidenentschädigungsgesetz erschienenen, das Dienstverhältnis und die Ansprüche der kriegsbeschädigten Angestellten des Bundes regelnden Bundesgesetze erlangte ein Teil der Vertragsangestellten die Pragmatisierung, die kriegsbeschädigten Wehrmänner die Ueberführung in ein ständiges Vertragsverhältnis zum Bund.

In der Folge verringerte sich im Zusammenhang mit den Abbaumaßnahmen auch die Zahl der Vertragsangestellten sehr wesentlich.

Arbeiter der Heeresverwaltung.

Die ehemalige österreichisch-ungarische Heeresverwaltung hatte gleich der gegenwärtigen in zahlreichen heereseigenen Erzeugungsstätten und Materialdepots Zivilarbeiter ständig beschäftigt. Die zur Zeit des Umsturzes im heutigen Oesterreich verbliebenen Heeresbetriebe und Anstalten waren auf die Bedürfnisse der ehemaligen Wehrmacht im Weltkriege eingestellt. Naturgemäß mußten auch hier alle für die neue Wehrmacht Oesterreichs entbehrlichen Betriebe und Anstalten in die private Wirtschaft abgestoßen oder gänzlich aufgelassen werden. Die in den dem Bundesheer verbliebenen Betrieben und Anstalten beschäftigten Arbeiter wurden, soweit es sich um österreichische Staatsbürger handelt, in die Dienste der neuen österreichischen Heeresverwaltung übernommen und im Laufe der Zeit auf ein Maß vermindert, welches den tatsächlichen Bedürfnissen der Heeresverwaltung entspricht. Gegenwärtig sind rund 1000 Arbeiter in fünfzig verschiedenen Professionen und Sondertätigkeiten in den Betrieben und Anstalten der Heeresverwaltung beschäftigt.

Ebenso vielgestaltig wie die Berufstätigkeit der Arbeiter war bis zum Abschluß des ersten Kollektivvertrages mit den Arbeitern der Heeresverwaltung auch deren Entlohnung; diese erfolgte anfänglich in Anlehnung an die Lohnsätze, die die Kollektivverträge in der Privatindustrie jeweils vorsehen. Langwierige Verhandlungen bewirkten den Zusammenschluß der Heeresarbeiter unter einem eigenen Kollektivvertrag, der im Jahre 1927 zustandegekommen und im Jahr 1928 verbessert, eine Vereinheitlichung des bisherigen Lohnsystems und den Arbeitern wirtschaftliche Begünstigungen gebracht hat.

Ausbildung.

Von einer militärischen Ausbildung der Volkswehr konnte nicht gesprochen werden; es fehlten hiefür alle Voraussetzungen.

Nach begonnener Aufstellung des Bundesheeres wurden am 30. Juli 1920 die ersten „Richtlinien für die Ausbildung im österreichischen Heere" vom Staatssekretär Dr. Deutsch erlassen. Das Ausbildungsziel, welches diese „Richtlinien" anstrebten, war folgendermaßen umschrieben:

„Das Heer als Ganzes muß eine brauchbare Verteidigungswaffe und hochwertige Arbeitsschule sein, der einzelne Soldat ein gesunder, kräftiger Mensch, ein urteilsreifer Staatsbürger, ein geschulter Soldat und tüchtiger Arbeiter werden."

Selbstverständlich mußte eine so starke Betonung der staatsbürgerlichen Schulung und der Arbeitsausbildung im Verein mit der Bestimmung, daß die Geistesausbildung allein in den ersten drei Dienstjahren jährlich ein Drittel der Ausbildungszeit zu umfassen hat, die militärische Ausbildung stark in den Hintergrund drängen. Zu den Gegenständen der Geistesausbildung (Pflichtschule) gehörten: Rechnen, Sprache, Heimatkunde, Naturkunde, Gesundheitslehre, staatsbürgerliches Praktikum, Gesellschaftslehre (Soziologie), Wirtschaftslehre, Staatsbürgerkunde, Kulturgeographie und -geschichte, Wirtschaftsgeographie und -geschichte, Rechtsfragen des täglichen Lebens und Geschichte der Arbeit. Außerdem waren noch, allerdings außerhalb der Ausbildungszeit, die freiwillige Bildungspflege und nach Bedarf Halbpflichtschulen für Stenographie, Maschinenschreiben, Schönschreiben u. dgl. einzurichten.

Radfahrtruppe und Kavallerie konnten damals wegen Mangel an Fahrrädern und Pferden überhaupt nur zu Fuß

Frühübungen

ausgebildet werden; bei der Artillerie mußte sich die Ausbildung aus dem gleichen Grund vornehmlich auf die infanteristische Ausbildung und jene beim unbespannten Geschütz beschränken.

Die im Herbst 1920 ausgegebenen „Weisungen für die Ausbildung im Ausbildungsjahr 1920/21" sind wohl bereits ausführlicher gehalten als die früher besprochenen Richtlinien für die Ausbildung, bringen jedoch keine merkliche Aenderung in den grundlegenden Auffassungen. So setzte die Zeiteinteilung folgende Stundenverteilung fest: Körperausbildung 8 Stunden, Wehrausbildung 18 Stunden, Geistesausbildung 10 Stunden, Sport, Ausflüge in die Umgebung, Anschauungsunterricht, Orientierung über das Vorgehen in persönlichen Angelegenheiten, Instandsetzen der Unterkünfte, Waffen usw. 12 Stunden wöchentlich. Von der 48 stündigen Ausbildungswoche entfielen demnach nur 18 Stunden, das ist etwa ein Drittel, auf die Wehrausbildung, wobei noch zu bemerken ist, daß in dieser Zeit auch der für die Wehrausbildung notwendige theoretische Unterricht abgehalten werden mußte, weil in den

Pflichtschulen die früher erwähnten Gegenstände vorzutragen waren.

Ein großer Teil der Gegenstände, wie beispielsweise Gesellschaftslehre (Soziologie), Volkswirtschaftslehre und Geschichte der Arbeit wurde von Zivillehrkräften vorgetragen; das Interesse für rein militärische Dinge wurde zurückgestellt.

Auch in der Zuweisung der Geldmittel kam die Zurücksetzung der Wehrausbildung zum Ausdruck. Mit den Ausbildungsweisungen 1920/21 bekamen die Brigadekommandos zugewiesen: für die Geistesausbildung 692.000 K, für die freiwillige Bildungspflege 47.900 K, für die Fortbildung der Offiziere 100.000 K, zusammen 839.000 K, hingegen für die Wehrausbildung einschließlich der Auslagen für Schießübungen, Felddienstübungen, Feldschäden, usw. bloß 345.000 K.

Der Wechsel in der Leitung des Heereswesens Ende April 1921 hatte in der kürzesten Zeit auch eine durchgreifende Aenderung dieser Verhältnisse im militärischen Sinne zur Folge, die in den Ausbildungsweisungen 1921/22 zum Ausdruck kam. Als alleiniger Zweck der Ausbildung galt: das Heer zu befähigen, den ihm im Wehrgesetz vorgezeichneten Aufgaben voll zu entsprechen; Körper- und Geistesausbildung müssen, richtig geleitet, die Wehrausbildung wesentlich erleichtern.

Damit war der Ausbildung des Bundesheeres jene Richtung gegeben, die einzig und allein im Stande ist, ein diszipliniertes, brauchbares und verläßliches Heer zu schaffen. Die militärische Ausbildung war wieder an die erste Stelle gerückt. Ihr waren im Winterabschnitt die Hälfte der gesamten Ausbildungszeit, im Frühjahrsabschnitt bei der Infanterie 4/7, bei der Kavallerie und Artillerie 5/7, bei den technischen Truppen 6/7 der gesamten Ausbildungszeit zu widmen. Während des Sommerabschnittes war die Geistesausbildung, die jetzt auch für die theoretische Wehrausbildung ausgenützt werden konnte, nur an Regentagen zu pflegen.

Mit diesen Ausbildungsweisungen wurde auch festgesetzt, daß im Winter täglich 6, im Frühjahrs- und Sommerabschnitt täglich 7 Stunden ausschließlich der Ausbildung zu widmen und daß alle sonstigen durch das militärische Leben bedingten Tätigkeiten wie Rapport, Fassungen, Reinigung und Instandhaltung der Monturen, Rüstung, Unterkünfte und Uebungs-

Nahkampfausbildung (Handgranatenwerfen)

plätze, die Pferdewartung und -fütterung usw. außerhalb der Ausbildungszeit vorzunehmen sind, doch dürfen hiefür nicht mehr als täglich 4 Stunden in Anspruch genommen werden.

Wenn also auch die Ausbildungsweisungen 1921/22 allen militärischen Erfordernissen nach Kräften wieder in zweckmäßiger Weise Rechnung trugen, so waren die aus der Volkswehrzeit übernommenen Verhältnisse doch zu tief eingewurzelt, als daß sich ein wesentlicher Fortschritt auch bei den Truppen rasch hätte einstellen können.

Um der Ausbildung einen Ansporn zu geben, wurde die Abhaltung von Wettbewerben innerhalb der Truppenkörper und Brigaden angeregt und gefördert. Die Wettbewerbe umfaßten anfänglich hauptsächlich Disziplinen des Körpersports, dann auch Frühübungen und einzelne militärische Gegenstände. Die Besten innerhalb der Brigaden wurden zu Heeresmeisterschaften nach Wien entsendet. Da aber zu diesen Wettbewerben immer dieselben sportlich hochwertigen Leute antraten, wurde der eigentliche Zweck, die Gesamtheit auf diese Weise zur Ausbildung anzueifern, nur zum geringen Teil erreicht.

In den Jahren 1922 und 1923 wurden daher Unterabteilungswettbewerbe vorgeschrieben. An diesen mußten alle Leute der Unterabteilung teilnehmen. Für die Bewertung zählte die Durchschnittsleistung der Unterabteilung. Bei den Unterabteilungswettbewerben kamen Adjustierung und Ausrüstung, Marschleistungen, Schießerfolge, Handgranatenwerfen und dann besondere Ausbildungszweige der einzelnen Waffengattungen, wie beispielsweise bei der Artillerie Richten, bei der Pioniertruppe technische Leistungen, bei der Telegraphentruppe Gehörlesen usw., zur Beurteilung und Punktierung, die von Bewertungsgerichten vorgenommen wurden. Die frühzeitige Verlautbarung der Bestimmungen für den Unterabteilungswettbewerb führte dazu, daß den für den Wettbewerb ausgeschriebenen Ausbildungszweigen Interesse zugewendet wurde, um in Ehren zu bestehen, da die Ergebnisse vom Bunministerium für Heereswesen allgemein verlautbart wurden. Auf diese Weise gelang es, wieder einen gewissen Grad von soldatischem Ehrgeiz, soldatischem Streben und damit auch Interesse für die militärische Ausbildung wachzurufen.

Zur Ausbildung von Offizieren und Unteroffizieren in besonderen Diensteszweigen wurden zahlreiche Kurse aufgestellt; überdies wurden Offiziere an Hochschulen kommandiert.

Für die Ausbildung war es von ganz wesentlichem Vorteil, daß mit dem Burgenland auch der Truppenübungsplatz Bruckneudorf-Kaisersteinbruch in österreichischen Besitz kam. Wohl waren die Lager in einem trostlosen Zustand, doch stand wenigstens noch ein Teil der Baracken. Das Bundesheer hatte zumindest einen ständigen Uebungsplatz, auf welchem alle Uebungen im scharfen Schießen vorgenommen werden konnten. Für die Truppen der Garnison Wien war dieser Uebungsplatz mit Rücksicht auf die ungenügenden Ausbildungsgelegenheiten in der Großstadt eine Notwendigkeit; auch konnten im Lager praktische Ausbildungskurse der Infanterie und Artillerie für das ganze Bundesheer aufgestellt werden.

In den Jahren 1922, 1923 und 1924 wurden die ersten militärischen Ausbildungsvorschriften ausgegeben, und zwar die allgemeine Gefechtsvorschrift, die Berichtigungen und Ergänzungen zum Dienstreglement II. Teil, die Berichtigungen und Ergänzungen zum Exerzierreglement für die Fußtruppen und einige Hefte der Ausbildungsvorschrift für die

Scharfschießen der Gebirgsartillerie auf dem Dachstein

Artillerie. Im Jahre 1925 erschien der erste Entwurf zu einem neuen Kavalleriereglement. Allen Vorschriften war die Kriegserfahrung und die neuzeitige Kampfweise zugrunde gelegt.

Von sehr wesentlichem Einfluß auf die Ausbildung waren die durch die Sanierung bedingten Sparmaßnahmen, die sich in personeller und materieller Hinsicht auswirkten und somit die Ausbildung fühlbar beschränkten. Die Herabminderung der ausrückenden Stände zwang zur Ausbildung in zusammengestellten Verbänden. Die zahlreichen Kommandierten wurden zum Zweck der Schulung und Disziplinierung anfänglich an zwei, später an vier „Kommandiertentagen" monatlich zur Truppe einberufen.

Das Ausbildungsjahr 1923/24 konnte infolge des Anhaltens der Sparmaßnahmen wohl keine Erweiterung der Ausbildung über den bisherigen Umfang bringen. Während des Frühjahr- und Sommerabschnittes nahmen die Truppen mit Ausnahme jener der 4. Brigade, welche noch keinen Gefechtsschießplatz zur Verfügung hatte, gefechtsmäßige Schießübungen vor. Die Artillerieabteilungen wurden zur Durchführung scharfer Schießübungen mit Bahn oder Fußmarsch auf den

Truppenübungsplatz verlegt und schossen dort mit bereitgestellten Geschützen.

Im Ausbildungsjahr 1924/25 konnten bereits Teile aller Truppen der Infanterie und der Schwadronen gefechtsmäßige Schießübungen durchführen. Auch alle Artillerieabteilungen nahmen scharfe Schießübungen auf dem Truppenübungsplatz, die Brigadeartillerieabteilung 6 im Hinterautal nördlich Innsbruck vor. Außerdem führten die Infanterie und Artillerie der Garnisonen Innsbruck und Hall in Tirol auf der Vikaralpe südlich Innsbruck gemeinsame Schießübungen durch.

Zu den praktischen Ausbildungskursen der Infanterie und Artillerie auf dem Truppenübungsplatz kam noch ein solcher der Kavallerie. Die Schulabteilung war aus den Schwadronen 1, 2 und 5 zusammengestellt.

Die Truppenschulen wurden insoferne ausgebaut, als die Unteroffiziersschulen in Truppenkurse umgewandelt und außerdem noch Zugskommandantenkurse aufgestellt wurden, in welchen die älteren Unteroffiziere zu Zugskommandanten ausgebildet wurden und bei entsprechendem Erfolg die Eignung zur Beförderung zum Vizeleutnant erlangen sollten.

Im Jahre 1925 wurden auf Grund der im Vorjahre gemachten Erprobungen und Versuchsschießen neue Bestimmungen für das Schießen mit dem Maschinengewehr ausgegeben, die eine bedeutend wirkungsvollere und vielseitigere Verwendung des Maschinengewehres bezweckten.

Als Abschluß des Ausbildungsjahres 1924/25 fand eine Donauübergangsübung bei Klosterneuburg statt, an welcher die Garnisonen von Wien, Klosterneuburg, Korneuburg und Stockerau teilnahmen. Unter gefechtsmäßigen Verhältnissen wurden zuerst die Sicherungstruppen überschifft und dann eine Kriegsbrücke bei motorisiertem Einbau über den Donaustrom geschlagen. Zu dieser Uebung wurden außer den Pionierbataillonen 1 und 2 auch Teile der Pionierbataillone 3, 5 und der vereinigten Brückenzüge herangezogen. Der Uebung wohnten außer zahlreichen Mitgliedern der Regierung, des Nationalrates, der Vertretungen fremder Staaten, viele Angehörige der alten Armee und eine große Zusehermenge bei.

Als in das Bundesheer dank der zielbewußten, sicheren Leitung und der unermüdlichen Mitarbeit bewährter, friedens- und kriegserfahrener Kommandanten, Offiziere und Unter-

Kriegsbrückenschlag über die Donau 1925

offiziere wieder militärische Disziplin und Ordnung, Pflichtgefühl und Soldatenbewußtsein eingezogen waren, war der schwerste Teil der Aufbauarbeit durchgeführt. Die weitere Aufbautätigkeit konnte bereits in festen Bahnen dem sicheren Erfolg zugeführt werden, wenngleich noch immer zahlreiche Schwierigkeiten und mancherlei materielle Unzulänglichkeiten zu überwinden waren.

Im Ausbildungsjahr 1925/26 wurden bei allen Truppen der Infanterie für Offiziere und Unteroffiziere Maschinengewehrkurse aufgestellt, um in diesen die Theorie des Schießens und die Bestimmungen für das Schießen mit dem Maschinengewehr nach dem neuen Ausbildungsbehelf durchzuarbeiten. Im Sommer wurden auf dem Truppenübungsplatz zahlreiche Offiziere in einer achtwöchigen Maschinengewehrschule praktisch ausgebildet.

Zur weiteren feldmäßigen Ertüchtigung wurden in diesem Jahr zum erstenmal freizügige Uebungen vorgenommen. Wohl hatten bereits in früheren Jahren einzelne kleinere Abteilungen in anerkennenswerter Weise freiwillig und auf eigene Kosten mehrtägige freizügige Uebungen durchgeführt, doch wurden diese 1924 vom Bundesministerium für Heereswesen abgestellt, wiewohl es von gutem Soldatengeist und Ehrgeiz zeugte, daß Leute den größten Teil des Jahres Beiträge einzahlten, um im Sommer freizügige Uebungen abhalten zu können.

Im Sommer 1926 sollten freizügige Uebungen, und zwar zusammengestellter Verbände der 1., 2., 3. und 5. Brigade im Wechselgebiet und im mittleren Burgenland, dann der Kärntner Truppen im südöstlichen Teil Kärntens stattfinden. Infolge andauernd ungünstiger Witterung mußten die Uebungen im Wechselgebiet und Burgenland abgesagt werden; bloß jene in Kärnten kamen zur Durchführung. Die Uebungen führten hauptsächlich in das seinerzeitige Abstimmungsgebiet. Überall wurde den Truppen ein herzlicher Empfang zuteil.

Im Ausbildungsjahr 1926/27 war die friedensmäßige Ausbildung der Truppen bereits auf hoher Stufe. Die Mannschaft fand mit der Zunahme des Ansehens des Bundesheeres in der Oeffentlichkeit volle Freude am Soldatenberuf und unterzog sich mit Interesse der Ausbildung. Dank den für das Jahr 1927 zur Verfügung gestellten größeren Beträgen für Ausbildungszwecke konnte nunmehr auch eine Erweiterung des Ausbildungsprogrammes außerhalb der Truppenkörper eintreten. Es wurden alle praktischen Ausbildungskurse auf dem Truppenübungsplatz und ein dreiwöchiger Kavalleriekurs in Enns aufgestellt, überdies erhielten die Brigadekommandos Geldmittel zugewiesen, um gefechtsmäßige und scharfe Schießübungen aller Truppen und auch mehrtägige freizügige Uebungen abzuhalten.

Die gefechtsmäßigen Schießübungen der Infanterie und Kavallerie wurden größtenteils auf den bisher benützten Gefechtsschießplätzen, von der 4. Brigade jedoch zum erstenmal auf der Dachsteinhochfläche durchgeführt, wo auch die Brigadeartillerieabteilung 4 ihre scharfen Schießübungen vornahm. Die Brigadeartillerieabteilung 6 schoß auf der Lizumalpe südöstlich Innsbruck, die übrigen Artillerieabteilungen wurden zum Scharfschießen mit Bahn oder Fußmarsch auf den Truppenübungsplatz verlegt.

Im Frühjahr 1927 fand zum erstenmal eine größere feldmäßige Führungs- und Telegraphenübung statt, die sich im Wienerwald zwischen Wien und St. Pölten abspielte.

Fremdländische Militärattachés bei den größeren Truppenübungen 1928

Die freizügigen Uebungen der Brigaden waren nicht nur vom Ausbildungsstandpunkte ein bedeutender Fortschritt, sondern auch insofern von großer Bedeutung, weil durch sie erstmalig größere Teile des Bundesheeres in enge Berührung mit der Landbevölkerung kamen. Die Truppen wurden in Anerkennung ihres strammen militärischen Auftretens, ihrer Manneszucht, des pflichtbewußten, dienstfreudigen Verhaltens jedes einzelnen und infolge der Rücksichtnahme, die bei den Einquartierungen und im sonstigen Verkehr mit der Zivilbevölkerung beobachtet wurde, in allen Orten aufs herzlichste, oft in festlicher Weise begrüßt und erwarben sich überall Vertrauen und die Anerkennung der Bevölkerung.

Die freizügigen Uebungen wurden von der 1. Brigade im mittleren Burgenland, von der 2. Brigade im Viertel unter dem Mannhartsberg, von der 3. Brigade im Viertel ober dem Mannhartsberg, von der 4. Brigade beiderseits und südlich der Donau aufwärts Linz, von der 5. Brigade im südlichen Burgenland und von der 6. Brigade mit den Nordtiroler und

Vorarlberger Truppen im Brennergebiet, mit den Salzburger Truppen im westlichen Salzkammergut und mit den Kärntner Truppen im Loiblgebiet abgehalten. Als Abschluß der freizügigen Uebungen der 3. Brigade fand ein Donauübergang statt, für welchen eine kombinierte schwere Kriegsbrücke (zwei Drittel Herbert-, ein Drittel Biragomaterial) eingebaut war. Drei auf Pilotenjochen ruhende Felder waren schon vorher von den vereinigten Brückenzügen, verstärkt durch drei Einbaupartien der Pionierbataillone 5 und 6, hergestellt worden; die 5 mittleren Brückenfelder auf Brückenschiffen und siebenteiligen Pontons größerer Gattung wurden erst während der Schlußübung mit schweren Schleppbooten in knapp drei Stunden eingebaut. Hiebei wirkten auch das Pionierbataillon 3 und Motorbootpartien der Pionierbataillone 1 und 2 mit.

Auf Grund des Ergebnisses des Ausbildungsjahres 1926/27 wurden zum erstenmal Ausbildungsauszeichnungen, für alle Waffengattungen gleich, in zwei Klassen verliehen. Bei der Infanterie entspricht die Ausbildungsauszeichnung I. Klasse nahezu der ehemaligen Scharfschützenauszeichnung, jene der II. Klasse der Schützenauszeichnung der ehemaligen österreichisch-ungarischen Armee, nur sind die Schnüre und die Ballen von feldgrauer Farbe. Um den Wert der Auszeichnung durch zahlreiche Verleihungen nicht herabzusetzen, wurde ihre Zahl beschränkt und dürfen höchstens 10 % des Standes Ausbildungsauszeichnungen II. Klasse und 5% solche I. Klasse zuerkannt werden.

Im Ausbildungsjahr 1927/28 war es möglich, die Truppen der Garnison Wien brigadeweise für drei Wochen auf den Truppenübungsplatz zu verlegen, allen Brigaden die erforderlichen Mittel für freizügige Uebungen zur Verfügung zu stellen und dreitägige größere Truppenübungen der 2. und 5. Brigade bei Scheibbs, der 3. und 4. Brigade bei Haag, südwestlich Amstetten, abzuhalten.

Nunmehr sind wieder alle jene Ausbildungstätigkeiten und -maßnahmen geschaffen, die sich auf Grund langjähriger Friedenserfahrung bewährt haben. Wohl bedingen die neuzeitigen Kampfmittel, wie Flugzeuge, Kampfwagen, chemische Kriegführung, die Mechanisierung von Transportmitteln, wie überhaupt die vielen technischen Neuerungen in der Ausrüstung

Kriegervereine empfangen den Bundesminister für Heereswesen bei den Manövern

eines neuzeitigen Heeres eine bedeutend vielseitigere und gründlichere Ausbildung mit zahlreichen Ausbildungsbehelfen und finanziellen Mitteln. Da dem österreichischen Bundesheer die Verwendung von Fliegern, Kampfwagen und Gas laut Friedensvertrag verboten ist, müssen die Truppen theoretisch, in Kursen und durch Vorführung von Attrappen, geschult werden.

Wenn also noch ein großes Stück Ausbildungsarbeit zu leisten ist, um den Offizieren, Unteroffizieren und Wehrmännern jenen Ausbildungsgrad und jene Kenntnisse zu vermitteln, die sie zu vielseitigen, allen neuzeitigen Kampfhandlungen gewachsenen Führern und Kämpfern machen, so ist doch das Wesentlichste in unermüdlicher Aufbauarbeit bereits erreicht: Aus den bei der Aufstellung des Bundesheeres undisziplinierten, schlecht ausgebildeten, jeder geregelten, gründlichen Ausbildungstätigkeit entwöhnten Verbänden sind verläßliche, festdisziplinierte und voll verwendungsfähige Truppen geworden, die berechtigtes Ansehen und volles Vertrauen der Bevölkerung genießen und in Volk und Heimat fest verwurzelt sind.

Heranbildung des Offiziersnachwuchses.

Vom Umsturz bis zum Jahre 1921 wurde die Frage des Offiziersnachwuchses als nicht dringend zurückgestellt, weil eine so große Zahl von Berufsoffizieren zur Verfügung stand, daß nicht deren Ergänzung, sondern im Gegenteil deren Abbau in die Wege geleitet werden mußte.

Dennoch wurde — obwohl Tausende fachlich ausgebildeter Offiziere abgebaut und dadurch im kräftigsten Mannesalter aus ihrer Lebensbahn gerissen wurden — eine Ernennung von etwa 100 Unteroffizieren und Soldaten zu Volkswehroffizieren vorgenommen. Diese Maßnahme entsprang aber vorwiegend politischen Beweggründen und hatte mit der Organisation eines Offiziersnachwuchses keinen Zusammenhang. Diese Offiziere wurden in den Jahren 1921—1923 in eigenen Offizierskursen nachgeschult.

Erst im Jahre 1921 begann man, die Frage der Offiziersergänzung sachlich zu behandeln.

Vor allem wurde der Grundsatz aufgestellt, das Offizierskorps aus Mittelschulabsolventen mit Reifeprüfung zu ergänzen und diese an der Heeresschule fachlich auszubilden.

Bei der immer zunehmenden Zahl der Bewerber und bei der beschränkten Aufnahmsmöglichkeit mußte ein achtmonatiger Auswahlkurs aufgestellt werden, in welchen die Bewerber nach einer Auswahlprüfung gelangten und in dem sie militärisch eingehend geschult und beurteilt wurden.

Auf Grund der am Schluß des Auswahlkurses abzulegenden „Offiziersanwärterprüfung" wurde dann über die Aufnahme in die Heeresschule entschieden.

Die weitere Ausbildung ging nun dahin, daß die Frequentanten der Heeresschule durch zwei Jahre einheitlich militärisch geschult werden und im dritten Jahrgang eine Sonderfachausbildung für ihre Waffengattung an den Fachschulen erhielten.

Im Jahre 1926 wurde eine zweite Art der Heranbildung zum Offizier mit beschränkter Laufbahn beschlossen, indem

Kurs für Körperausbildung (Gemeinturnen)

„militärisch besonders begabten, als Unterführer erprobten Unteroffizieren" ein zweijähriger Lehrgang an der Heeresschule eröffnet wurde. Die Zahl dieser Anwärter ist naturgemäß gering.

1928 wurde der dreijährige Lehrgang für Mittelschulabsolventen in „Offiziersakademie", der zweijährige Lehrgang für Unteroffiziere in „Offiziersschule" umbenannt.

Um jenen jungen Leuten, die die Offizierslaufbahn anstreben, Zeitverluste zu ersparen, wurden erstmalig im Jahre 1928 schon im Sommer, gleich im Anschluß an die Reifeprüfungen an den Mittelschulen, Werbungen zum Zweck der Offiziersergänzung ausgeschrieben. Sie ergaben eine den Bedarf weit übersteigende Zahl von Bewerbern.

Heranbildung des Unteroffiziersnachwuchses.

Ebenso wie bei den Offizieren war auch bei den Unteroffizieren bei Aufstellung des Bundesheeres der Bedarf durch die verfügbaren Berufsunteroffiziere mehr als voll gedeckt.

Erst eintretende Abgänge machten die Vorsorge für den Nachwuchs erforderlich. Von 1922 an wurden Wehrmannschargen in mehrmonatigen „Unteroffiziersanwärterkursen“ fachlich geschult. Diese Kurse wurden ab 1924 in „Truppenkurse“ umgewandelt; ferner wurde eine „Unteroffiziersprüfung“ eingeführt.

Seit 1928 wird die Unteroffiziersprüfung unmittelbar an die Absolvierung des Truppenkurses angeschlossen. Die Auswahl derjenigen, die tatsächlich zu Unteroffizieren befördert werden, ist eine strenge. Die Mindestdienstzeit zur Beförderung zum Unteroffizier beträgt vier Jahre.

In ähnlicher Weise wird auch der Nachwuchs an Unteroffizieren für die Sonderdienstzweige herangebildet.

Das System dieser Heranbildung hat sich bewährt.

Sonderausbildung.

Die Vertiefung der Ausbildung erstreckte sich im Laufe der Zeit je nach den verfügbaren Mitteln auch auf die verschiedensten Sonderdienstzweige. So wurden Kurse abgehalten: Zur Information für Unterabteilungskommandanten und für höhere Stabsoffiziere aller Waffen, Spezialunterweisung im Schießwesen und Maschinengewehrdienst, besonders für die Infanterie, aber auch für die andern Waffengattungen; im Schießwesen, Richten und Messen der Artillerie, für Artillerie- und Feuerwerksmeister, für die Kavallerie zur Unterweisung in neuzeitlicher Kavallerieverwendung, für die Pioniertruppe im Motorbootfahren, Elektro- und Scheinwerferwesen, im Flußschiffahrts- und Gesteinsbohrdienste, für alle Truppen in den verschiedenen Disziplinen des Telegraphen- und Funkdienstes, des Kraftfahr-, Reit-, Fahr- und Hufbeschlagdienstes.

Ueberdies setzte seit 1925 die Ausbildung von Vermessungsoffizieren für besondere Vermessungsarbeiten, wie auch eine Unterweisung einzelner Offiziere im Kriegsarchiv ein.

Körperausbildung.

Ihre Wichtigkeit — besonders für den Soldaten — ist unbestritten. Kurse, welche Offiziere und Mannschaften der Volkswehr in den Uebungen der Leichtathletik unterweisen sollten, bildeten anfangs die einzigen Maßnahmen. Erst mit Aufstellung des Bundesheeres wurden in diesem Belang die ersten Vorbereitungen getroffen.

Vorführung des Kurses für Körperausbildung anläßlich der Hygieneausstellung in Wien am 18. Juni 1925 (Säbelfechtübungen)

Vorerst fehlte es an entsprechenden Ausbildnern. Es wurde daher als Nachfolger des „Militär-Fecht- und Turnlehrer-Instituts" 1921 der Kurs für Körperausbildung in Wr. Neustadt errichtet.

Die Arbeitsweise des Kurses für Körperausbildung unterscheidet sich in Anbetracht der Aufgabe, die er zu erfüllen hat, ganz wesentlich von jener im ehemaligen Fecht- und Turnlehrer-Institut. Während am ehemaligen Institut größtenteils Lehrer und Lehrgehilfen für die Erziehungs- und Bildungsanstalten (Unter- und Oberrealschulen, Kadettenschulen und Militärakademien) heranzubilden waren, ist die Aufgabe des heutigen Kurses, den Ausbildnern im Bundesheer jene bedeutend erweiterten Kenntnisse auf dem Gebiete der Leibesübungen und des feldmäßigen Turnens zu vermitteln, welche die Soldaten befähigen, den Anforderungen des Felddienstes gewachsen zu sein.

Diese Aufgabe wurde vorerst in dreimonatigen Ausbildungskursen vermittelt, 1922 überdies in zweimonatigen Riegenführerkursen und in Informationskursen fortgesetzt. Da aber die dreimonatige Heranbildung nicht genügte und auch das Bedürfnis bestand, in jedem Truppenkörper wenigstens einen ausgebildeten Offizier als Lehrer und einen Unteroffizier oder eine Wehrmannscharge als Lehrgehilfen zu haben, wurden ganzjährige Normalkurse abgehalten. Dadurch wurde die Truppe mit vollwertigem Lehrpersonal soweit versehen, daß es nun möglich war, unter dessen Leitung innerhalb der einzelnen Truppenkörper Fortbildungskurse zu errichten, in denen in erster Linie allen Offizieren Gelegenheit gegeben wurde, sich die notwendigen theoretischen und praktischen Kenntnisse anzueignen.

Seit 1925 werden alljährlich an Stelle der ganzjährigen normalen Kurse je zwei fünfmonatige Einführungskurse für Körperausbildung für Offiziere, Unteroffiziere und Wehrmannschargen aufgestellt.

Die theoretische Schulung im Kurs für Körperausbildung umfaßt Anatomie, Physiologie, Aufbau und Lehrart der Leibesübungen, Uebungsstättenbau und Gerätekunde. Der praktische Unterricht erstreckt sich auf Frühübungen, Leichtathletik, Schwimmen, deutsches und schwedisches Geräteturnen, Ringen, Gewichtheben, Faustkampf, Spiele, Säbelfechten, Bajonettfechten, waffenlose Selbstverteidigung, Radfahren, Handgranatenwerfen und Skilauf.

Die Frequentanten werden zu Beginn jedes Kurses in Anbetracht der bevorstehenden großen körperlichen Anstrengungen einer gründlichen ärztlichen Untersuchung unterzogen. Sie erhalten in den Wintermonaten wöchentlich 34 Stunden, in den Sommermonaten 39 Stunden Unterricht, von denen auf die theoretischen Gegenstände wöchentlich 4 Stunden entfallen.

Seit dem Jahre 1921 wurden 212 Offiziere und 276 Unteroffiziere und Wehrmannschargen im Kurs für Körperausbildung ausgebildet. Auch die in der Heeresschule Enns eingeteilten Offiziersanwärter erhalten gründlichen theoretischen und praktischen Unterricht in allen Zweigen der Körperausbildung.

Die Körperausbildung bei den Truppen zerfällt in einen dienstlichen und einen freiwilligen Teil. Für die dienstliche Körperausbildung kommen an Ausbildungszweigen in Be-

Kurs für Körperausbildung (Schwimmen in Patrouillenadjustierung)

tracht: Frühübungen, Turnen, Schwerathletik (Ringen, Gewichtheben, Gewichtstoßen, Tauziehen), Leichtathletik (Gehen, Lauf, Sprung und Wurf), Schwimmen, Spiele und Alpinistik.

Die Beschreibung der Durchführung der einzelnen Leibesübungen ist in der im Jahre 1921 und 1923 erschienenen Vorschrift für Körperausbildung enthalten. Die Leitung der Durchführung der Körperausbildung obliegt den Unterabteilungskommandanten.

Die für die Körperausbildung wichtigen Frühübungen bilden die Einleitung der Tagesbeschäftigung und dauern täglich 30 Minuten. Für die Ausübung der anderen Disziplinen ohne Alpinistik und Schwimmen stehen wöchentlich zirka drei Stunden zur Verfügung.

Schwimmausbildung.

Ein besonderes Augenmerk wird der Schwimmausbildung zugewendet. Das Bundesheer besitzt sechs Militärschwimmschulen (drei in Wien und je eine in Graz, Eisenstadt und Bregenz) und in fast allen jenen Garnisonen, die

Heeresbergführerkurs in den Stubaieralpen

keine eigenen Schwimmschulen besitzen, Mitbenützungsrechte an Zivilschwimmschulen. Die Ausbildung erfolgt durch Heeresschwimmeister, die in den Militär- und auch in einigen Zivilschwimmschulen Unterricht erteilen. In den Garnisonen werden während der Sommermonate und, wo gedeckte Schwimmhallen vorhanden sind, auch während der Wintermonate ständige Schwimmkurse für Nichtschwimmer und in Wien alljährlich ein Heeresschwimmeisterkurs für die Heranbildung von Heeresschwimmeistern abgehalten.

Im Bundesheer wurden im Jahre 1925 ungefähr 1500, im Jahre 1926 1600 und im Jahre 1927 ungefähr 2200 Heeresangehörige zu Schwimmern ausgebildet. Unter den Schwimmern des Bundesheeres befinden sich über 1400 Sportschwimmer, unter welchen einige hervorragende Spitzenleistungen aufzuweisen haben, allen voran der Gefreite Eduard Bernat der Wiener Telegraphenkompagnie Nr. 2, der mit der Durchschwimmung des Bodensees in der Strecke Bregenz—Konstanz (50 km) in 23¼ Stunden einen Weltrekord schuf.

Alpinausbildung.

Dem gebirgigen Charakter unseres Bundesgebietes entsprechend, kommt der alpinen Ausbildung als dienstlicher

Schulung der Eistechnik

Ausbildungszweig eine überragende Bedeutung zu. Die Ausbildung erfolgte nach der im Jahre 1921 erschienenen Alpinvorschrift; sie bezweckt, den Soldaten körperlich zu kräftigen, ausdauernd und widerstandsfähig zu machen und ihn zu befähigen, die Gefahren des Gebirges zu überwinden und bei Elementarereignissen und alpinen Unfällen Hilfe zu leisten.

Die Ausbildung im Alpindienst erfolgt bei der Truppe, dann in Alpinkursen (Brigade- und Heeresalpinkursen, Heeresbergführerkursen) und durch eine besondere Hochgebirgstruppenausbildung. Sie wird dort, wo es die alpinen und Witterungsverhältnisse erlauben, im Garnisonsbereich, sonst durch Verlegung in für die Alpinausbildung günstig gelegene Gegenden durchgeführt.

Die Ausbildung im Alpindienst kommt bei alpinen Unglücksfällen der Allgemeinheit insofern zugute, als zu diesem Zweck im Bundesheer ständige alpine Rettungspatrouillen organisiert wurden. Diese bestehen aus einem Kommandanten (Heeresbergführer, alpiner Instruktor) und acht bis zehn Mann.

Rettungspatrouillen des Bundesheeres bestehen in:

Wr. Neustadt . . .	1.	Brigade	für das südöstliche Niederösterreich,
Payerbach	2.	„	„ die Rax, das Schneealpen- und Semmeringgebiet,
St. Pölten	3.	„	„ das übrige Niederösterreich,
Wels	4.	„	Rayon I für Oberösterreich westlich der Traun,
Linz	4.	„	Rayon II für Oberösterreich zwischen Traun und Pyhrnbahn mit Salzkammergut,
Steyr	4.	„	Rayon III für Oberösterreich zwischen Pyhrnbahn und Enns,
Judenburg	5.	„	Rayon I für Oberennstal und oberes Murtal,
Graz	5.	„	Rayon II für Nordsteiermark,
Graz	5.	„	„ III „ Mittelsteiermark,
Bregenz	6.	„	„ I „ Vorarlberg,
Innsbruck u. Hall i. T.	6.	„	„ II „ Nordtirol,
Salzburg	6.	„	„ III „ Salzburg,
Lienz	6.	„	„ IV „ Osttirol u. westliches Mölltal,
Villach	6.	„	„ V „ Westkärnten einschließlich Villach,
Klagenfurt	6.	„	„ VI „ Ostkärnten.

Das Ansuchen um Beistellung einer alpinen Rettungspatrouille ist laut der „Instruktion für alpine Rettungspatrouil-

Heeresinspektor General Schilhawsky passiert die Schneebrücke über die Dachsteinrandkluft

Brigadesportfest

len des Bundesheeres" an das Ortskommando jener Garnison zu richten, in der Rettungspatrouillen des Bundesheeres aufgestellt sind.

Das Ortskommando ist zur dienstlichen Beistellung der Rettungspatrouillen verpflichtet, wenn sie von einer Behörde des Bundes, des Landes oder der Gemeinde innerhalb ihres Wirkungskreises angesprochen werden.

Außerdem kommt die Beistellung von Rettungspatrouillen in Betracht (außerordentliche Beistellung), wenn anzunehmen ist, daß es sich tatsächlich um Verunglückte handelt, die durch das Eingreifen einer Rettungspatrouille noch lebend geborgen werden können und eine Hilfeleistung durch die in erster Linie hiefür in Betracht kommenden Sicherheitsbehörden, Bergführer oder alpinen Rettungspatrouillen privater Vereinigungen entweder nicht rechtzeitig zu erlangen oder der Erfolg einer solchen durch besondere Umstände in Frage gestellt ist.

Reit- und Fahrausbildung.

Der Kurs für Reit- und Fahrausbildung in Schloßhof vermittelt den Offizieren der Artillerie, Kavallerie und der Fahr-

Salto über 4 Pferde

truppe die praktische und theoretische Ausbildung im Reiten, Fahren und im Pferdewesen. Bis zum Jahre 1925 waren zwei, seither drei Jahrgänge aufgestellt. Im dritten Jahrgang werden die Frequentanten zu Reitlehrern für die Truppe herangebildet. Die Gesamtzahl der Frequentanten beträgt durchschnittlich 25 Offiziere jährlich.

Wiewohl die Reit- und Fahrausbildung anfänglich mehrfache Schwierigkeiten überwinden mußte, gelang es im Laufe der Jahre doch, die Ausbildungsergebnisse für Reiter, Fahrer und Pferd auf eine ganz ansehnliche Höhe zu bringen.

Als Beweis hiefür mag gelten, daß es mehrfach Heeresangehörigen gelang, bei internationalen Konkurrenzen erfolgreich abzuschneiden.

Besonders hervorzuheben wären:

1927 Sieger in der Dressurprüfung schwere Klasse, Wien,

1928 Sieger in der Dressurprüfung schwere Klasse, Wien,

1928 Zweiter in der Olympiadedressurprüfung,

1928 Sieger in der internationalen Offizierssteeplechase.

Sportfeste.

Im Jahre 1927 und 1928 wurden in allen größeren Garnisonen Garnisonssportfeste, für die Garnison Wien Heeressportfeste, Reitturniere, im Jahre 1928 überdies in Klosterneuburg ein Pioniersportfest veranstaltet. Tausenden von Zusehern wurde Gelegenheit geboten, sich vom Grade der militärischen Ausbildung zu überzeugen; beim Heeressportfest 1928 in Wien waren es gegen 30.000, beim Pioniersportfest in Klosterneuburg gegen 15.000 Gäste, die durch reichlich gespendeten Beifall den Leistungen des Bundesheeres Anerkennung zollten.

Die freiwillige Sportpflege wird von der Heeresverwaltung durch Ueberlassung von Räumen, Plätzen und Geräten, soweit dies bei den vorhandenen Mitteln möglich ist, gefördert und unterstützt. Trotz den für den freiwilligen Sportbetrieb im allgemeinen besonders schwierigen Verhältnissen im Bundesheer wurden dennoch in zahlreichen Garnisonen Sportvereinigungen gegründet, die sich trotz den erforderlichen persönlichen Opfern immer mehr festigen und auf schöne Erfolge und Meisterschaften, wie im Stafettenlauf „Quer durch Wien", im Laufen „Rund um den Schloßberg" (Graz), und im „Wiener Ring-Rund-Lauf", sowie bei den Zillenmeisterschaften hinweisen können.

Ausbildungsbehelfe.

Um der Kriegserfahrung und den Fortschritten der Kriegstechnik Rechnung zu tragen, mußten neue Ausbildungsvorschriften und -behelfe ausgegeben werden. Sie waren auch notwendig, um das Verständnis für die dem österreichischen Bundesheer nicht gestatteten Kampfmittel (Flugzeug, chemische Kriegführung, Kampfwagen) zu fördern. Außerdem wurde eine große Zahl verschiedener Wandtafeln und Militärschulbogen an die Truppen ausgegeben, Lichtbildserien samt zugehörigen Vortragstexten zusammengestellt und in den letzten Jahren auch Lehrfilme aufgenommen.

Um den Heeresangehörigen das Selbststudium auf dem Gebiete militärfachlichen Wissens zu ermöglichen, wurden Soldatenbüchereien eingerichtet. Insgesamt bestehen 33 Soldatenbüchereien, 34 Garnisonsbüchereien, 8 Fachbüchereien mit über 250.000 Büchern.

Heeressportfest (Patrouillenspringen)

Ein besonderer Wert kommt der österreichischen Militärzeitschrift: „Militärwissenschaftliche und Technische Mitteilungen", herausgegeben vom österreichischen Bundesministerium für Heereswesen, zu. In Zweimonatsheften werden militärische Fachfragen aller Art — meist Originalartikel — erörtert, welche die Zeitschrift zu einem der wertvollsten Ausbildungsbehelfe des Bundesheeres machen. Auch durch die Herausgabe von Sonderheften sind die österreichischen „Mitteilungen", wie sie kurz genannt werden, eines der meistgelesenen und angesehensten Militärfachblätter in deutscher Sprache.

Heeresdisziplinarrecht.

Ueber das Disziplinarrecht des Bundesheeres enthält das Wehrgesetz im § 44 folgende programmatische Rechtssätze: „Die Heeresangehörigen unterstehen wegen der Verletzungen ihrer militärischen Pflichten, die nicht den Gerichten zur Untersuchung und Aburteilung zugewiesen sind, der militärischen Disziplinarstrafgewalt. Die Disziplinarstrafgewalt wird bei Ordnungswidrigkeiten durch die Vorgesetzten, bei Disziplinarvergehungen durch Disziplinarkommissionen ausgeübt. Die von den Vorgesetzten verhängten Ordnungsstrafen bestehen in Verweisen, die in die Dienstbeschreibung einzutragen sind, und in Geldstrafen in geringerem Ausmaß. Die Regelung erfolgt durch ein besonderes Gesetz.“

Das vom Wehrgesetz angekündigte Gesetz, das auf dieser Grundlage die Ausübung der Disziplinarstrafgewalt im Heer näher regelt, ist das schon mehrmals novellierte und gegenwärtig auf Grund einer Wiederverlautbarung als „Heeresdisziplinargesetz, B. G. Bl. Nr. 362 vom Jahre 1925“ in Geltung stehende Gesetz vom 22. Juli 1920, St. G. Bl. Nr. 368, über die Handhabung der Disziplinarstrafgewalt im Heer. Es vollzog in der Hauptsache auch auf disziplinärem Gebiet eine weitgehende Angleichung des militärischen Dienstrechtes an die Bestimmungen der für die zivilen Bundesangestellten geltenden Dienstpragmatik. Dieser Aufbau findet äußerlich schon darin seinen Ausdruck, daß Artikel I des Heeresdisziplinargesetzes die dienststrafrechtlichen Bestimmungen der Dienstpragmatik auch für die Handhabung der Disziplinarstrafgewalt gegen Heeresangehörige des Präsenzdienstes im allgemeinen für sinngemäß anwendbar erklärt, soweit nicht Wehrgesetz, Heeresdisziplinargesetz und andere militärische Sondergesetze mit

Bedacht auf die Eigentümlichkeiten und Bedürfnisse des Dienstbetriebes im Heer eine abweichende Regelung getroffen haben. Ein voller Ueberblick über das militärische Disziplinarrecht ist deshalb nicht aus dem Gesetz selbst, sondern erst aus der als Durchführungsverordnung zum Heeresdisziplinargesetz erflossenen „Heeresdisziplinarvorschrift" (Verordnung der Bundesregierung vom 16. September 1925, B. G. Bl. Nr. 363) zu gewinnen, die den Inhalt des Heeresdisziplinargesetzes zusammen mit den übernommenen Bestimmungen der Dienstpragmatik in ein geschlossenes System gebracht hat.

Entsprechend der vom Wehrgesetz und der Dienstpragmatik vorgesehenen Zweiteilung unterscheidet die Heeresdisziplinarvorschrift einerseits bloße Ordnungswidrigkeiten, die von den militärischen Vorgesetzten vom Unterabteilungskommandanten aufwärts in einem von Formvorschriften wenig beengten Ordnungsstrafverfahren geahndet werden können, und andererseits Disziplinarvergehungen. Letztere sind die schwereren Verletzungen der Dienst- und Standespflichten, die in Ordnungsstrafen keine ausreichende Sühne finden würden und deshalb nach Abführung des förmlichen Disziplinarverfahrens der Aburteilung durch die zuständige Disziplinarkommission unterliegen. Die Strafbefugnis der Disziplinarkommissionen ist eben nicht auf die Verhängung von Ordnungsstrafen beschränkt, sondern umfaßt darüber hinaus eine Reihe von Disziplinarstrafen, die nach ihrer Empfindlichkeit abgestuft sind. Die Abgrenzung zwischen den beiden Graden des disziplinären Unrechtes ist aber keine starre, da sie im einzelnen Fall von einer Ermessensentscheidung der ordnungsstrafberechtigten Vorgesetzten wie auch der Disziplinarkommissionen abhängt, die „mit Rücksicht auf die Schädigung oder die Gefährdung dienstlicher oder staatlicher Interessen, auf die Art oder die Schwere der Verfehlung, auf die Wiederholung oder auf sonstige erschwerende Umstände" getroffen werden soll.

Ordnungsstrafen sind der Verweis und die Geldbuße; diese ist wiederum einer gewissen Abstufung des auferlegten Strafübels durch entsprechende Festsetzung des strafweise abzuführenden Geldbetrages zugänglich. Während aber die Heeresdisziplinarvorschrift eine Untergrenze überhaupt nicht vorsieht, ist die Obergrenze derart festgesetzt, daß die

Springkonkurrenz

Geldbuße im einzelnen Fall den fünfzehnten Teil des monatlichen Diensteinkommens des bestraften Heeresangehörigen nicht übersteigen darf. Mit ansteigendem Diensteinkommen büßt daher der zugelassene Maximalsatz nichts von seiner Empfindlichkeit für die von dieser Strafe bedrohten Heeresangehörigen ein, wodurch sich die Geldbußen des Heeresdisziplinargesetzes vorteilhaft von der gleichnamigen Ordnungsstrafe der Dienstpragmatik unterscheiden.

Da die Unterabteilungskommandanten nur berechtigt sind, Geldbußen bis zur Hälfte des höchstzulässigen Ausmaßes, das ist bis zu einem Dreißigstel des monatlichen Diensteinkommens, zu verhängen, sind alle schwereren Verfehlungen dem nächsthöheren Vorgesetzten, also in der Regel dem Abteilungskommandanten, zu melden, der in dieser Funktion die Bezeichnung „Disziplinarvorgesetzter" führt. Ihm fällt die Entscheidung über die weitere Austragung der Angelegenheit zu: Handelt es sich um eine ausschließlich den Gerichten zur Aburteilung zugewiesene strafbare Handlung, so erstattet er die Anzeige an die zuständige Staatsanwaltschaft. Ist dagegen die Ahndung der Verfehlung auch bloß im Disziplinarweg zulässig, oder kommt nach der Art der began-

Pioniersportfest bei Klosterneuburg 1928

genen Pflichtverletzung nur die Disziplinarbehandlung in Betracht — ein Unterschied, der im Abschnitt „Militärstrafrecht" näher besprochen wird — so übermittelt der Disziplinarvorgesetzte die Anzeige an die zuständige Disziplinarkommission, es sei denn, daß ihm die Tat noch in einer im Rahmen seiner höheren Strafbefugnis verhängten Ordnungsstrafe ausreichende Sühne zu finden scheint. In diesem Fall wird die damit als bloße Ordnungswidrigkeit gewertete Tat von ihm im eigenen Wirkungskreis mit einer entsprechenden Ordnungsstrafe geahndet.

Gegen die von Vorgesetzten — mit Ausnahme des Bundesministers für Heereswesen — verhängten Ordnungsstrafen kann vom Bestraften binnen drei Tagen Beschwerde erhoben werden, über die der nächsthöhere Vorgesetzte mit Ausschluß eines weiteren Rechtsmittels entscheidet.

Auch das von der Disziplinarkommission durchzuführende Verfahren bei Disziplinarvergehungen, das die Heeresdisziplinarvorschrift zum Unterschied vom Ordnungsstrafverfahren schlechthin als „Disziplinarverfahren" bezeichnet, ist im allgemeinen ein Verfahren mit zwei Instanzen. Jede Disziplinarkommission waltet in voller Selbständigkeit und Unabhängigkeit ihres Amtes: Ihre Erkenntnisse unterliegen weder einer Bestätigung durch den Heeresminister oder eine ihm nachgeordnete Stelle, noch können sie durch eine Verfügung der militärischen Vorgesetzten oder Behörden abgeändert oder aufgehoben werden.

Für die Unteroffiziere und Wehrmänner sind bei allen Truppenkörpern Disziplinarkommissionen erster Instanz eingesetzt, von denen der Rechtszug an die bei den Brigadekommandos errichteten Disziplinaroberkommissionen für Unteroffiziere und Wehrmänner geht. Für Offiziere bis einschließlich der IV. Dienstklasse besteht eine Disziplinarkommission erster Instanz bei jedem Brigadekommando, über die als Disziplinarkommission zweiter Instanz die Disziplinaroberkommission für Offiziere beim Bundesministerium für Heereswesen gesetzt ist. Die Disziplinarsachen der Offiziere von der III. Dienstklasse aufwärts behandelt — in erster und ausnahmsweise letzter Instanz — die Disziplinarkommission für höhere Stabsoffiziere beim Bundesministerium für Heereswesen, die zugleich als Disziplinarkommission für die Personen des militärischen Ruhestandes fungiert.

Die Disziplinarkommissionen erster Instanz für Unteroffiziere und Wehrmänner wie auch jene für Offiziere bis einschließlich der IV. Dienstklasse verhandeln und entscheiden in dreigliedrigen Senaten, die aus einem vom Brigadekommandanten bestellten Stabsoffizier als Vorsitzenden und zwei der Standesgruppe des Beschuldigten angehörenden Beisitzern bestehen. Bei allen anderen Disziplinarkommissionen tritt unter dem Vorsitz eines von der Justizverwaltung nebenamtlich mit dieser Funktion betrauten Richters ein fünfgliedriger Senat zusammen, dessen vier Beisitzer ein Offizier, ein Unteroffizier, ein Wehrmann und ein (zweiter) Angehöriger jener Standesgruppe sind, die der Beschuldigte zu diesem Behuf wählt. Doch können Offiziere in der zur Ausübung dieses Wahlrechtes offenstehenden Frist beantragen, statt dessen auch in zweiter Instanz oder bei der Disziplinarkommission für höhere Stabsoffiziere vor einen Disziplinarsenat gestellt zu werden, dessen Beisitzer ausschließlich Offiziere sind. Diesem Antrag des beschuldigten Offiziers muß die Disziplinarkommission nach der zwingenden Anordnung der Heeresdisziplinarvorschrift immer Folge geben, es sei denn, daß nach der Art der angelasteten Disziplinarvergehung die Interessen der Unteroffiziere oder Wehrmänner gefährdet oder geschädigt erscheinen.

Die Beisitzer der militärischen Disziplinarkommissionen werden nicht durch eine Verwaltungsverfügung bestimmt, sondern – ähnlich wie Geschworene und Schöffen – durch das Los berufen, und zwar aus der Zahl der wenigstens zwei Jahre präsent dienenden und mindestens 21 Jahre alten Angehörigen jener Verbände, die an die fragliche Disziplinarkommission gewiesen sind. Außer dem Mangel an Dienstjahren und des geforderten Lebensalters schließen aber auch gewisse Nachwirkungen strafgerichtlicher oder disziplinärer Verfahren, welche die Vertrauenswürdigkeit des Soldaten zu beeinträchtigen geeignet sind, seine Fähigkeit zum Beisitzeramt aus. Auch können die zur Mitwirkung bei der Beisitzerauslosung gesetzlich berufenen Vertrauensmänner aller drei Standesgruppen einen nach gewissen Verhältniszahlen bestimmten Bruchteil der in die Auslosungslisten eingetragenen Soldaten ohne Angabe von Gründen ausscheiden.

Das Disziplinarverfahren ist dem strafgerichtlichen nachgebildet und von den Grundsätzen der Mündlichkeit, Unmittelbarkeit und der freien Beweiswürdigung beherrscht. Die Oeffentlichkeit ist im Hinblick auf den eine allgemeine Erörterung nicht immer vertragenden Verhandlungsgegenstand des Dienststrafverfahrens nicht zugestanden, doch ist die Nichtöffentlichkeit des Verfahrens dadurch gemildert, daß der Beschuldigte für drei Heeresangehörige seines Vertrauens freien Zutritt zur mündlichen Verhandlung verlangen darf.

Der Beschuldigte hat weiters das Recht, sich nicht nur bei der Disziplinarverhandlung, sondern auch in der der mündlichen Verhandlung allenfalls vorangehenden Disziplinaruntersuchung eines Verteidigers zu bedienen, der grundsätzlich den im örtlichen Wirkungskreis der Disziplinarkommission in Dienstleistung stehenden Heeresangehörigen zu entnehmen ist. Nur im Berufungsverfahren und vor der Disziplinarkommission für höhere Stabsoffiziere ist auch jeder „Verteidiger in Strafsachen" zugelassen. Die Befugnisse des Verteidigers sind ungefähr die gleichen wie im strafgerichtlichen Verfahren: Der Verteidiger hat das Recht und die

Pflicht, alles, was er zur Vertretung des Beschuldigten für dienlich erachtet, unumwunden vorzubringen und die gesetzlichen Verteidigungsmittel anzuwenden.

Die Vertretung der durch die angezeigten Pflichtwidrigkeiten verletzten dienstlichen Interessen ist bei jeder Disziplinarkommission einem als „Disziplinaranwalt" bestellten Offizier anvertraut, der damit eine ihn zur Stellung von Anträgen und Ergreifung von Rechtsmitteln legitimierende Parteirolle übernimmt. Der Disziplinaranwalt bleibt aber ein Organ des Kommandos, bei dem die Disziplinarkommission eingesetzt ist, und muß sich an die Weisungen des „zuständigen Kommandanten" in jeder Hinsicht halten.

Ferner kann der Beschuldigte verlangen, daß der Disziplinaruntersuchung der bei seiner Formation gewählte Vertrauensmann beigezogen werde, der im Zuge dieser Untersuchung das Recht hat, die Verhandlungsakten mit Ausnahme der Beratungsprotokolle einzusehen und die Vornahme bestimmter Erhebungen zu beantragen. Das Gleiche gilt übrigens auch für die Erhebung des Tatbestandes im Ordnungsstrafverfahren. Während aber in beiden Fällen die Beiziehung des Vertrauensmannes von dem Verlangen des Beschuldigten abhängig gemacht ist, kennt das förmliche Disziplinarverfahren darüber hinaus auch eine Zwangsbeiziehung des Vertrauensmannes der Gruppe der Wehrmänner und zeitverpflichteten Unteroffiziere für den Fall, als im Disziplinarverfahren gegen einen Offizier nach der Art der ihm angelasteten Verfehlung die Interessen der Unteroffiziere oder Wehrmänner geschädigt oder gefährdet erscheinen sollten. Ist aber die Disziplinarsache — ohne oder nach Abführung der Disziplinaruntersuchung — einmal „zur mündlichen Verhandlung verwiesen", so steht dem Vertrauensmann kein wie immer geartetes Mitwirkungsrecht zu.

Nach Zustellung des Verweisungsbeschlusses kann dem Beschuldigten persönlich und seinem Verteidiger die Akteneinsicht nicht mehr verwehrt werden. Er ist jetzt auch berechtigt, selbst weitere Anträge zu stellen. Dann darf der Beschuldigte in diesem Stadium des Verfahrens auf die Zusammensetzung des Senates, vor dem er sich in mündlicher Verhandlung zu verantworten haben wird, dadurch Einfluß nehmen, daß es ihm freigestellt ist, binnen zwei Tagen nach

Zustellung des Verweisungsbeschlusses zwei Mitglieder dieses Senates ohne Angabe von Gründen abzulehnen und so den Eintritt von ihm genehmeren Ersatzmitgliedern herbeizuführen. Endlich kann bis zu Beginn der mündlichen Verhandlung auch ein Antrag auf Delegierung einer anderen Disziplinarkommission wegen Befangenheit der zuständigen Kommission oder aus anderen wichtigen Gründen gestellt werden, über den die Disziplinaroberkommission entscheidet.

Das Erkenntnis der Disziplinarkommission erster Instanz muß den Beschuldigten entweder von der ihm zur Last gelegten Pflichtverletzung freisprechen oder ihn einer solchen für schuldig erklären und über ihn eine Disziplinar- oder Ordnungsstrafe verhängen. Das Erkenntnis erster Instanz kann aber sowohl vom Beschuldigten als auch vom Disziplinaranwalt wegen des Ausspruches über die Schuld und die Strafe, wie auch wegen der Entscheidung über den Kostenersatz und über die allfällige Verlautbarung der Strafe binnen acht Tagen mit Berufung angefochten werden, über die die Disziplinaroberkommission — in der Regel gleichfalls auf Grund einer über das Rechtsmittel durchgeführten mündlichen Verhandlung — endgültig entscheidet.

Disziplinarstrafen sind:

1. der strenge Verweis;

2. die Auferlegung von militärischen Dienstverrichtungen außer der Reihe an höchstens 6 Tagen (Strafdienst);

3. die Auferlegung der Verpflichtung, nach Beendigung des Dienstes eine nach Stunden bestimmte Zeit in der Kaserne zu verbleiben oder — jedoch nur gegen die kasernmäßig untergebrachten Heeresangehörigen — zu einer bestimmten Stunde in die Kaserne zurückzukehren, beides an höchstens 14 Tagen (Ausgangsbeschränkung);

4. die Ausschließung von der Vorrückung in höhere Bezüge;

5. die Minderung der Bezüge eines Wehrmannes oder zeitverpflichteten Unteroffiziers um höchstens 20, eines Offiziers oder pragmatischen Unteroffiziers um höchstens 25%;

6. die Versetzung von Offizieren und pragmatischen Unteroffizieren in den Ruhestand mit bis zu 25% geminderten Ruhegenüssen;

8

7. die Entlassung.

Die Strafe der Ausschließung von der Vorrückung und der Minderung der Bezüge kann über Wehrmänner und zeitverpflichtete Unteroffiziere für nicht mehr als zwei, über Offiziere und pragmatische Unteroffiziere für höchstens drei Jahre verhängt werden.

Die Strafe der Entlassung bewirkt den Verlust der Dienststelle, der Charge (des Titels) und aller durch den Militärdienst erworbenen Ansprüche, namentlich auch des Anspruches auf eine Abfertigung oder auf Ruhegenüsse, sowie die Unfähigkeit, wieder in das Bundesheer aufgenommen zu werden. Auf diese schwerste Strafe kann von einem Senat, der aus fünf Mitgliedern besteht, nur dann erkannt werden, wenn sich wenigstens vier Mitglieder des Senates dafür aussprechen. An Stelle der verwirkten Abfertigung oder Pension kann — allerdings nur ausnahmsweise und bei nachgewiesener Bedürftigkeit — dem strafweise entlassenen Heeresangehörigen von der erkennenden Disziplinarkommission eine Zuwendung, beziehungsweise ein fortlaufender Unterhaltsbeitrag zugesprochen werden. Diese Zuwendung darf niemals die Hälfte der verwirkten Abfertigung, der fortlaufende Unterhaltsbeitrag die Hälfte der eingebüßten Ruhe- oder Versorgungsgenüsse nur dann überschreiten, wenn er nicht dem Entlassenen selbst, sondern seinen schuldlosen Angehörigen zugesprochen wird.

Wird der Straffällige noch als besserungsfähig erkannt, so kann die Entlassungsstrafe unter gleichzeitiger Verhängung der Strafe der Minderung der Bezüge auch nur angedroht werden. Begeht der bereits mit der Androhung der Entlassung bestrafte Soldat innerhalb einer einjährigen Probezeit — gerechnet von der Rechtskraft des Erkenntnisses — wiederum eine strafbare Handlung, die nicht als bloße Ordnungswidrigkeit gewertet werden kann, so muß die Disziplinarkommission, vor die er neuerlich gestellt wird, nunmehr in aller Regel — von eng umschriebenen Ausnahmsfällen abgesehen — auf die schon einmal angedrohte Strafe der Entlassung erkennen.

Wenn es nun auch dem Disziplinarverfahren nicht an wirksamen Strafmitteln gebricht, so bringt es doch der geschilderte Aufbau des ganzen Verfahrens mit sich, daß die verwirkte Strafe der begangenen Pflichtverletzung nicht auf dem Fuß nachfolgen und so zwischen der Tat und ihrer Bestrafung oft geraume Zeit verstreichen kann. Damit nun die schon durch die Begehung jeder strafbaren Handlung mehr oder minder in Mitleidenschaft gezogene militärische Disziplin unter diesem, auch bei größter Beschleunigung des Verfahrens nie ganz zu beseitigenden Uebelstand nicht leide, sieht die Heeresdisziplinarvorschrift vor, daß die Disziplinarkommission einen Heeresangehörigen, gegen den ein strafgerichtliches oder Disziplinarverfahren eingeleitet ist, jederzeit vom Dienst entheben kann, wenn dies mit Rücksicht auf die Art oder Schwere der Disziplinarvergehung angemessen erscheint. Auch jeder Vorgesetzte darf, wenn es die Aufrechterhaltung der militärischen Zucht und Ordnung fordert oder wenn durch die Belassung im Dienst das militärische Ansehen gefährdet würde, die vorläufige Enthebung vom Dienst verfügen, doch hat die Disziplinarkommission, der diese Maßnahme ungesäumt bekanntzugeben ist, sofort über ihre Bestätigung oder Aufhebung Beschluß zu fassen. Der vom Dienst enthobene Soldat darf wohl an keiner Beschäftigung teilnehmen, doch wird durch Auferlegung einer Meldepflicht dafür gesorgt, daß die Dienstenthebung nicht einer Beurlaubung gleichkommt. An Stelle einer Dienstenthebung kann die Disziplinarkommission auch bloß die einstweilige Versetzung des Beschuldigten innerhalb des Truppenkörpers aus disziplinären Rücksichten beschließen.

Mit beiden Maßnahmen kann durch Beschluß der Disziplinarkommission auch eine Beschränkung der Bezüge des enthobenen oder disziplinär versetzten Heeresangehörigen verbunden werden, die diesem vorläufig einen Bruchteil seiner Bezüge — höchstens jedoch bei Wehrmännern und zeitverpflichteten Unteroffizieren den fünften Teil, bei pragmatischen Unteroffizieren und Offizieren den dritten Teil derselben — entzieht. Unter bestimmten Voraussetzungen, die eine Dienstenthebung oder Versetzung aus disziplinären Rücksichten nicht zweckmäßig erscheinen lassen, kann die Beschränkung der Bezüge aus disziplinären Rücksichten auch selbständig verfügt werden und damit an Stelle der beiden anderen, jederzeit zuerst in Betracht zu ziehenden Maßnahmen treten. Je nach dem Ausgang des die vorläufige Maßnahme auslösenden strafgerichtlichen oder disziplinären Verfahrens werden nach dessen Abschluß die einstweilen zurückbehaltenen Beträge dem freigesprochenen oder nur mit einer Ordnungsstrafe, allenfalls — wenn er Wehrmann oder zeitverpflichteter Unteroffizier ist — auch mit einem strengen Verweis belegten Heeresangehörigen nachträglich ausgezahlt oder sie sind, wenn eine strengere Strafe verhängt wurde, endgültig verfallen.

Es entspricht der Zweckbestimmung und Eigenart dieser „einstweiligen Verfügungen", daß dem gegen ihre Verhängung zugelassenen Rechtsmittel der Beschwerde an die Disziplinaroberkommission — anders als der Berufung gegen die Enderkenntnisse — keine aufschiebende Wirkung zukommt.

Neben den ordentlichen Rechtsmitteln der Berufung und der auch noch gegen einige andere Beschlüsse der Disziplinarkommission erster Instanz eingeräumten Beschwerde kennt das Disziplinarverfahren mehrere außerordentliche Rechtsbehelfe, nämlich den unter ähnlichen Bedingungen wie im Strafverfahren zugelassenen Antrag auf Wiederaufnahme des Verfahrens, ferner den Antrag auf Wiedereinsetzung in den vorigen Stand gegen versäumte Rechtsmittelfristen und endlich das außerordentliche Ueberprüfungsverfahren, das der Bundesminister für Heereswesen einleiten kann, wenn in einer Disziplinarsache das Gesetz verletzt oder unrichtig angewendet worden ist. Zur Durchführung dieses Verfahrens ist aus den richterlichen Vorsitzenden der militärischen Disziplinarkommissionen, die ihren Sitz in Wien haben, ein eigenes Kollegium, die Oberste Disziplinarkommission, gebildet worden. Die Erkenntnisse dieser obersten Instanz in militärischen Disziplinarsachen haben sich in der Regel auf die Feststellung der unterlaufenen Gesetzesverletzungen zu beschränken. Nur wenn in dem überprüften Verfahren ein Heeresangehöriger bestraft worden ist, kann die Oberste Disziplinarkommission auch eine Abänderung der rechtswidrigen Entscheidung zugunsten des bestraften Heeresangehörigen vornehmen oder in die Wege leiten.

Nach diesen Ausführungen bietet im allgemeinen das geltende Heeresdisziplinarrecht die Gewähr, daß Verletzungen der militärischen Zucht und Ordnung ihre gerechte Sühne finden. Das notwendige Widerspiel der im Verfahren vor den Disziplinarkommissionen vorgesehenen Kautelen ist aber eine gewisse Schwerfälligkeit des Disziplinarverfahrens, weshalb die vom militärischen Standpunkt so berechtigte Forderung nach sofortiger Sühne jeder Pflichtverletzung zumeist unerfüllt bleibt. Künftige Reformen des militärischen Disziplinarrechtes werden sich daher in der Richtung bewegen müssen, daß die Strafgewalt des Vorgesetzten erhöht und dadurch die Disziplinarkommission, bei der nur die allerschwersten Fälle zur Bestrafung verbleiben, entlastet wird — ein Weg, den übrigens alle Justizvereinfachungsreformen der jüngsten Zeit gegangen sind: Ausdehnung der Machtvollkommenheit des Einzelrichters und Einschränkung der Zuständigkeit des Richterkollegiums.

Militärstrafrecht.

In Uebereinstimmung mit Artikel 84 des Bundes-Verfassungsgesetzes, wonach die Militärgerichtsbarkeit — außer für Kriegszeiten — aufgehoben ist, bestimmt das Gesetz vom 15. Juli 1920, St. G. Bl. Nr. 321 (2. Strafprozeßnovelle vom Jahre 1920), daß alle Heeresangehörigen im Frieden der Strafgerichtsbarkeit der bürgerlichen Gerichte unterstehen. Für Kriegszeiten ist hingegen durch ein besonderes, in der bezogenen Strafprozeßnovelle angekündigtes Gesetz eine eigene Feldgerichtsbarkeit einzurichten.

Die damit vollzogene Abschaffung der „formellen" Militärgerichtsbarkeit für Friedenszeiten bedeutet zunächst, daß alle von Heeresangehörigen begangenen gemeinen strafbaren Handlungen von den bürgerlichen Strafgerichten nach den Vorschriften der Strafprozeßordnung unter Anwendung des allgemeinen Strafgesetzes und seiner Nebengesetze abgeurteilt werden.

Darüber hinaus ist eine nicht geringe Anzahl von Verletzungen der besonderen Militärdienst- und Standespflichten nach Maßgabe der strafgesetzlichen „Sonderbestimmungen für Heeresangehörige des Präsenzdienstes", die ein zweites Gesetz vom 15. Juli 1920 (St. G. Bl. Nr. 323) dem allgemeinen Strafgesetz in einem „Anhang" angefügt hat, gleichfalls mit gerichtlicher Strafe bedroht geblieben. Auch diese „Standesdelikte" der Heeresangehörigen des Präsenzdienstes sind — soweit sie für Verbrechen oder Vergehen erklärt wurden — gleich den von ihnen begangenen gemeinen Delikten in Friedenszeiten ausnahmslos den bürgerlichen Gerichten zur Aburteilung zugewiesen. Soweit dagegen die mit gerichtlicher Strafe bedrohten Verletzungen der besonderen militärischen Dienst- und Standespflichten sich als Uebertretungen darstellen, ist die Zuständigkeit der Strafgerichte keine ausschließliche, vielmehr ist die Ahndung solcher Verfehlungen auch bloß im Disziplinarweg zulässig, solange der Täter Heeresangehöriger des Präsenzdienstes ist, vorausgesetzt, daß er nicht auch wegen einer gerichtlich strafbaren Handlung anderer Art verfolgt wird und seine disziplinäre Bestrafung ausreichend scheint. Bei der Beurteilung, ob die disziplinäre Bestrafung eine ausreichende Sühne bietet, hat es jedoch nicht nur auf das Ermessen der Disziplinarkommission, sondern auch auf jenes des Disziplinarvorgesetzten und des Staatsanwaltes anzukommen, da die Akten auch dann dem Staatsanwalt zur allfälligen Einleitung des Strafverfahrens vorzulegen sind, wenn die Disziplinarkommission selbst die disziplinäre Austragung wählen möchte, der Disziplinarvorgesetzte aber bei Uebersendung der Strafanzeige an die Disziplinarkommission hierüber anderer Meinung gewesen ist.

Erst an diese unter Umständen noch disziplinierbaren Uebertretungen schließen sich als „reine Disziplinarvergehungen" jene minder schweren Verfehlungen an, die überhaupt nicht mit gerichtlicher Strafe bedroht sind und daher nur im Disziplinarweg geahndet werden können.

Was die Rechtsfolgen gerichtlicher Abstrafungen für Heeresangehörige anbelangt, so bewirkt keine strafgerichtliche Verurteilung eines Heeresangehörigen schon kraft Gesetzes den Verlust der Stellung im Heer und die Unfähigkeit, sie wieder zu erlangen. Diese Folgen treten vielmehr erst und nur dann ein, wenn das Gericht in seinem Erkenntnis ausdrücklich die strafweise Entlassung des verurteilten Heeresangehörigen aus dem Bundesheer ausspricht. Auf diese „Ehrenstrafe" hat das Gericht im Fall einer Verurteilung zu schwerem Kerker — im standrechtlichen Verfahren auch bei einem Todesurteil — unbedingt zu erkennen; aber auch bei jeder anderen Verurteilung, die den bestraften Heeresangehörigen vom Wahlrecht und der Wählbarkeit in den Nationalrat ausschließt, ist grundsätzlich die strafweise Entlassung des verurteilten Heeresangehörigen auszusprechen — es wäre denn, daß die abgeurteilte Tat weder auf ehrloser Gesinnung beruht noch sonst die Vertrauenswürdigkeit des Verurteilten zum Dienst im Heer beeinträchtigt, in welchem Fall dem Gericht die Möglichkeit gegeben ist, statt auf Entlassung auf die Strafe der Degradierung oder Unfähigkeit zur Beförderung zu erkennen. Hat aber der Verurteilte die Tat zu dem Zweck begangen, sich von der Dienstpflicht zu befreien, so muß vom Gericht statt auf Entlassung auf Degradierung oder Unfähigkeit zur Beförderung erkannt werden, wenn der Beschuldigte zum Dienst noch tauglich ist.

Auch auf dem Gebiete des Strafverfahrens gelten für Heeresangehörige einige Sonderbestimmungen, deren Anwendungsgebiet sich übrigens — gleich jenem der zuletzt besprochenen Vorschriften über die Ehrenstrafen — nicht auf das Verfahren wegen der sogenannten „Anhangsdelikte" beschränkt, sondern auch das gerichtliche Verfahren wegen gemeiner strafbarer Handlungen umfaßt. So kommen in Beziehung auf die von Heeresangehörigen des Präsenzdienstes begangenen Delikte und auf die strafbaren Handlungen von Zivilpersonen, wenn sie in militärischen oder vom Militär besetzten Gebäuden oder Räumlichkeiten begangen worden sind, die Rechte und Pflichten der Sicherheitsbehörden auch den militärischen Kommandos, insbesondere den Ortskommandos, die den Sicherheitsorganen obliegenden Rechte und Pflichten auch den militärischen Wachen unter gewissen, in der 2. Strafprozeßnovelle vom Jahre 1920 näher umschriebenen Voraussetzungen zu.

Ferner kann außer in den nach der Strafprozeßordnung zulässigen Fällen die vorläufige Verwahrung und die Untersuchungshaft über den einer strafbaren Handlung verdächtigen Heeresangehörigen vom Gericht auch dann verhängt werden, wenn die Aufrechterhaltung der militärischen Zucht und Ordnung die Verhaftung fordert, wobei die vorläufige Verwahrung zum Zweck der Vorführung vor den Untersuchungsrichter bei Vorliegen dieses Haftgrundes jederzeit auch unmittelbar vom vorgesetzten Kommando oder vom nächsten Ortskommando aus eigener Macht angeordnet werden darf.

Hatte der „Anhang" zum allgemeinen Strafgesetz in materieller Hinsicht die strafbaren Tatbestände und Strafdrohungen des früheren Militärstrafgesetzes (II. Teil) nahezu unverändert übernommen, so waren auf prozessualem

Gebiete neuartige Vorkehrungen zu treffen, um den Mangel einer eigenen Militärgerichtsbarkeit, die bei den niedrigen Ständen des Bundesheeres unrationell wäre, auf andere Weise wieder auszugleichen. Dabei mußte der Notwendigkeit, die Verbindung der bürgerlichen Strafgerichte mit der Truppe aufrecht zu erhalten, nach zweifacher Richtung Rechnung getragen werden: einerseits galt es, den Strafgerichten alle für die Zwecke der Rechtsprechung und des Strafvollzuges unerläßlichen Kenntnisse über den militärischen Dienstbetrieb, seine besonderen Bedürfnisse und Eigentümlichkeiten zu vermitteln, andererseits mußten wiederum die militärischen Befehlsstellen über den Fortgang und die Ergebnisse der gegen Soldaten anhängigen Gerichtsverfahren am Laufenden gehalten werden.

Zu ersterem Zweck wurde die Heranziehung militärischer Fachmänner als Sachverständige im Strafverfahren gegen Heeresangehörige des Präsenzdienstes durch Anlegung und Verlautbarung einer Liste der für dieses Amt in Betracht kommenden Offiziere erfolgreich gefördert.

Der Informierung der militärischen Dienststellen über den Fortgang anhängiger Strafverfahren dient hingegen die Anordnung des Gesetzes, daß die Gerichte von jeder Ladung eines Heeresangehörigen vor Gericht, desgleichen von seiner Verhaftung oder Enthaftung wie auch von der Anordnung des Vollzuges einer gegen ihn verhängten Freiheitsstrafe das vorgesetzte militärische Kommando zu benachrichtigen haben. Dem Disziplinarvorgesetzten eines in strafgerichtliche Untersuchung gezogenen Soldaten aber ist nicht allein schon die Einleitung des Strafverfahrens bekanntzugeben, sondern ihm sind nach rechtskräftiger Beendigung des Verfahrens die Gerichtsakten selbst zur Einsichtnahme und Weiterleitung an die zuständige Disziplinarkommission zur Verfügung zu stellen. Hieher gehört schließlich auch die gesetzliche Vorschrift, daß der Vollzug der gegen einen Heeresangehörigen ausgesprochenen Freiheitsstrafe aufgeschoben oder unterbrochen werden kann, wenn der Standeskörper aus militärdienstlichen Gründen darum ansucht.

Statistische Angaben über gerichtliche Verurteilungen wegen militärischer und militärisch qualifizierter Delikte und über disziplinäre Bestrafungen im Bundesheer.

Für die statistische Erfassung der gerichtlichen Verurteilungen wegen militärischer oder militärisch qualifizierter Delikte lag Material für die Jahre 1921 bis 1927 vor.

I.

Statistische Angaben über gerichtliche Verurteilungen wegen militärischer und militärisch qualifizierter Delikte.

Im Jahr	Stand des Bundesheeres, Mann, rund	Zahl der Verurteilungen wegen militärischer Verbrechen, Vergehen und Uebertretungen
1921	22.000	813
1922	24.000	673
1923	24.000	495
1924	20.000	301
1925	20.200	156
1926	20.200	152
1927	20.500	144

II.

Von den gerichtlichen Verurteilungen (I) entfallen auf je 100 Mann:

Im Jahr	Gerichtliche Verurteilungen auf je 100 Mann
1921	3.70
1922	2.80
1923	2.06
1924	1.51
1925	0.77
1926	0.75
1927	0.70

III.

Graphische Darstellung der auf je 100 Mann entfallenden gerichtlichen Verurteilungen:

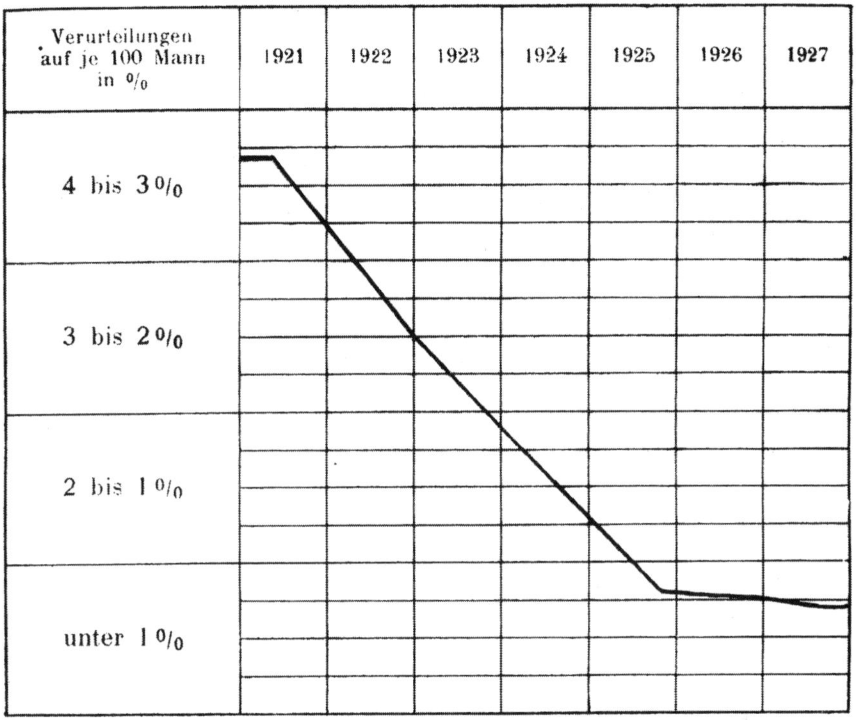

Verurteilungen auf je 100 Mann in %	1921	1922	1923	1924	1925	1926	1927
4 bis 3 %							
3 bis 2 %							
2 bis 1 %							
unter 1 %							

IV.

Statistische Angaben über disziplinäre Bestrafungen (Disziplinar- und Ordnungsstrafen).

Im Jahr	Stand des Bundesheeres, Mann, rund	Zahl der verhängten Disziplinar- und Ordnungsstrafen
1925	20.200	10.400
1926	20.200	8.460
1927	20.500	7.980

V.

Von den disziplinären Bestrafungen (IV) entfallen auf je 100 Mann:

Im Jahr	Disziplinar- und Ordnungsstrafen auf je 100 Mann
1925	51·49
1926	41·88
1927	38·93

VI.

Graphische Darstellung der auf je 100 Mann entfallenden disziplinären Bestrafungen:

Bestrafungen im Disziplinarweg auf je 100 Mann in %	1925	1926	1927
60 bis 50 %			
50 bis 40 %			
40 bis 30 %			

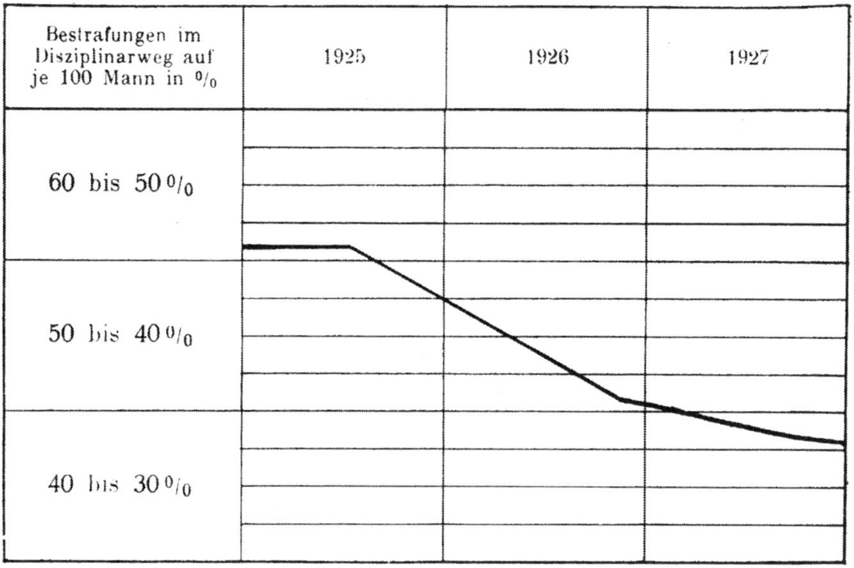

Hinsichtlich der disziplinären Bestrafungen mußte sich die statistische Zählung auf die Jahre 1925, 1926 und 1927 beschränken, weil erst für diese Jahre auf Grund der dem Bundesministerium für Heereswesen vorgelegten Strafprotokolle verläßliche Zahlen ermittelt werden konnten.

Die Aufzeichnungen für das Jahr 1928 gestatten noch keinen abschließenden Ueberblick.

Aus den Daten vorstehender Tabellen — mag ihnen auch wie jeder statistischen Zählung eine gewisse Fehlergrenze zugebilligt werden — ergibt sich mit aller Deutlichkeit, daß sowohl die Zahl der gerichtlichen Verurteilungen wegen militärischer oder militärisch qualifizierter Delikte, wie auch jene der disziplinären Bestrafungen in den statistisch erfaßten Zeiträumen außerordentlich gesunken ist — wieder ein untrügliches Zeichen der fortschreitenden Disziplinierung und Konsolidierung unseres Bundesheeres.

Militärsanitätswesen.

Der Umsturz zerstörte auch das hochstehende Militärsanitätswesen der ehemaligen bewaffneten Macht; es mußte mit der Aufstellung des Bundesheeres neu aufgebaut werden.

Der Aufbau hatte das Sanitätspersonal und -material, die Einrichtungen für die Krankenbehandlung und die hygienisch-bauliche Ausgestaltung der Unterkünfte zu umfassen.

Als Aerzte wurden Militärärzte der ehemaligen Wehrmacht in das Bundesheer übernommen. Sie boten mit ihren reichen Friedens- und Kriegserfahrungen die Gewähr, das im Argen liegende Sanitätswesen wieder in die Höhe zu bringen. Abgänge wurden durch Zivilärzte gedeckt, die eine wenigstens zweijährige klinische Ausbildung nachweisen mußten; die Stellen wurden frei ausgeschrieben.

Als oberstes Militärsanitätsorgan fungiert der Heeressanitätschef, der dem Bundesminister für Heereswesen direkt unterstellt ist.

Den Militärärzten ist — sofern dies der Dienst zuläßt — die Ausübung einer Privatpraxis gestattet.

Das Sanitätshilfspersonal entstammt der Truppe und wird von den Truppenärzten bei den Truppenkörpern oder in gemeinsamen Garnisonskursen theoretisch und praktisch herangebildet. Die Ausbildung am Krankenbette wird in den Krankenabteilungen und in den Brigadesanitätsanstalten durch Zuteilung in wiederkehrenden, längerdauernden Zeiträumen vorgenommen.

Um die Ausbildung für die erste Hilfeleistung zu fördern, kann das Sanitätshilfspersonal in Garnisonen, in denen sich eine freiwillige Rettungsgesellschaft befindet, dieser bis zu zwei Monaten zugeteilt werden; diese Maßnahme hat sich außerordentlich bewährt. Namentlich bei der Freiwilligen Rettungsgesellschaft in Wien erfreut sich das Sanitätshilfspersonal des Bundesheeres größter Beliebtheit.

Außer dem Sanitätshilfspersonal der Truppen gibt es noch, gleichfalls zum Sanitätshilfspersonal zählend, Sanitätsmeister, die aus den ehemaligen Berufsunteroffizieren der Sanitätstruppe hervorgegangen und unter die Beamten eingereiht sind; sie werden im Zentralfachambulatorium und in den Brigadesanitätsanstalten verwendet.

Das Sanitätshilfspersonal der Truppen kann bis zum Sanitätsvizeleutnant vorrücken.

Die Krankenbehandlung erfolgt bei der Truppe in den Brigadesanitätsanstalten und in Zivilspitälern.

Für Kranke, die einer Krankenhauspflege nicht bedürfen und deren Zustand die baldige Wiedererlangung der Dienstfähigkeit erwarten läßt, sind in den Kasernen Krankenabteilungen errichtet worden. Den ärztlichen Dienst daselbst versehen die Truppenärzte, den Aufsichts- und Pflegedienst das Sanitätshilfspersonal der Truppen.

Die Krankenabteilungen bestehen aus einem Warteraum, einem ärztlichen Dienstzimmer, in dem die Untersuchung und Behandlung vor sich geht, einem oder mehreren Räumen mit einem Bettenbelag, der sich nach der Stärke des Kasernbelages richtet, einer Teeküche, einem Badezimmer und einem Magazin. Die Verpflegung der Kranken in der Krankenabteilung erfolgt durch die Truppenküche. Kranke, die eine besondere Diät einzuhalten haben, erhalten die vom Chefarzt vorgeschriebene Kost.

Die Abgabe kranker Wehrmänner an Zivilheilanstalten stößt infolge Bettenmangels in diesen Anstalten oft auf Schwierigkeiten. Die Heeresverwaltung hat daher Brigadesanitätsanstalten errichtet, von denen gegenwärtig vier Anstalten, u. zw. in St. Pölten, Linz, Graz und Innsbruck, letztere mit je einer Filiale in Salzburg und Klagenfurt bestehen.

Zur Vornahme fachärztlicher Untersuchungen ist das Zentralfachambulatorium in Wien bestimmt. Es umfaßt eine Augen-, eine chirurgische und eine dermatologische Abteilung, eine Abteilung für Hals-, Nasen- und Ohrenkrankheiten, für interne und für Nervenkrankheiten, eine Röntgenabteilung und ein zahnärztliches Ambulatorium.

Die Krankenabteilungen, die Brigadesanitätsanstalten und das Zentralfachambulatorium sind mit allen neuzeitigen Behelfen für die Untersuchung und Behandlung der Kranken ausgestattet. Wenn auch die Ausgestaltung dieser Anstalten eine einheitliche ist, so wird doch der ärztlichen Richtung des betreffenden Arztes in weitestem Maße Rechnung getragen.

Kranke, die einer länger dauernden Spitalsbehandlung bedürfen, werden an Zivilspitäler abgegeben. Für die Behandlung geschlechtskranker Wehrmänner besteht im Rainerspital in Wien eine eigene Abteilung unter der Leitung eines Militärarztes. Leicht lungenkranke Soldaten und Rekonvaleszenten nach erschöpfenden Krankheiten wie Typhus, Lungenentzündung usw. finden in dem vom Bundesminister für Heereswesen Vaugoin geschaffenen Erholungsheim in Trofaiach in Obersteiermark eine zwei- bis dreimonatige Pflege. Seit seiner Eröffnung (August 1926) bis Ende November 1928 haben dort über 700 Mann Aufnahme gefunden. Die erzielten Erfolge sind sehr erfreuliche. Die Gewichtszunahme betrug in einzelnen Fällen bis 16 kg. Ausnahmsweise können Soldaten auch ihren Urlaub im Erholungsheim zubringen. Das Erholungsheim, das eine Filiale der Brigadesanitätsanstalt Nr. 5 ist, hat gegenwärtig einen Belag von 60 Betten.

Lungenkranke Wehrmänner, für die ausgesprochene Heilstättenbehandlung angezeigt ist, finden in den zivilen Heilstätten Aufnahme.

Rheumatisch Erkrankte, dann solche, die an den Folgen nach Knochenbrüchen, Verstauchungen u. dgl. leiden, werden im Wohltätigkeitskrankenhaus in Baden untergebracht. Außerdem können an die Krankenabteilung in Wels Wehrmänner gewiesen werden, die eine Kur in Schallerbach zu gebrauchen haben.

Die Krankenbewegung im Bundesheer zeigt in dem Zeitraum vom 1. Jänner 1921 bis Ende 1927 ein ständiges Sinken des prozentuellen Krankenzuganges.

Wenn auch die allgemeine Besserung der wirtschaftlichen Lage sicher nicht ohne Einfluß auf die Gesundheit der Bevölkerung geblieben ist, wird man doch mit der Annahme nicht fehlgehen, daß zu dieser Erscheinung die strenge Fürwahl der Aufnahmswerber auch in körperlicher Beziehung, die sich immer günstiger gestaltenden hygienischen Verhältnisse in den Kasernen, die bessere Verpflegung, die Körperpflege und die gesundheitliche Ueberwachung der Mannschaft beigetragen haben.

Während die Tuberkulose in der Bevölkerung die vorherrschende Krankheit ist, tritt sie beim Militär nicht in den Vordergrund, weil schon bei der Werbung getrachtet wird, Tuberkulöse vom Bundesheer fernzuhalten.

Ein besonderes Augenmerk wurde der Bekämpfung der Geschlechtskrankheiten zugewendet. Die nachstehende graphische Darstellung zeigt die deutliche Tendenz zur Abnahme dieser Krankheitsformen.

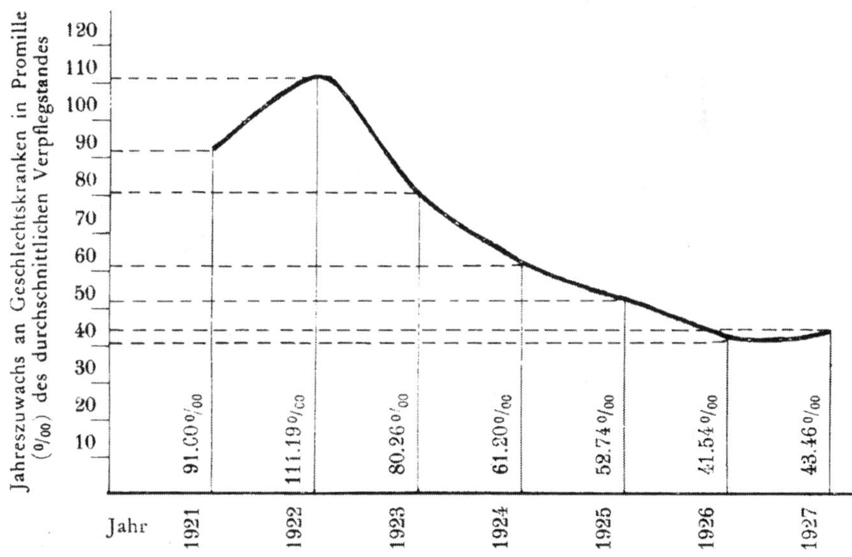

Die Hauptursache des Zurückgehens der Geschlechtskrankheiten ist in der außerordentlichen Aufklärungsarbeit der Militärärzte zu suchen, die unermüdlich die Soldaten durch Vorträge, Lichtbilder und Tafeln auf die Gefahren der Geschlechtskrankheiten aufmerksam machen.

Auch in der Bekämpfung des Alkoholismus hat die Aufklärung die besten Erfolge gezeitigt. Die Abstinentenbewegung zählt im Bundesheer viele Anhänger. Der Alkoholgenuß in den Kantinen ist ganz wesentlich zurückgegangen, Fruchtsäfte und Milch werden bevorzugt.

Bau- und Unterkunftswesen.

Waren schon in der Vorkriegszeit die Kasernen infolge der seit jeher geübten Sparsamkeit der Heeresverwaltung niemals ein Gegenstand besonderen Aufwandes gewesen, so wurden sie doch in benützbarem Bauzustande erhalten und hiebei auf Ordnung und Reinlichkeit gesehen.

Während des Krieges wendeten sich die Verhältnisse wesentlich zum schlechteren. Der allgemeine Mangel an Baustoffen und Arbeitskräften verursachte bald eine Vernachlässigung in der Gebäudeerhaltung. Hiezu kam eine erhöhte Beanspruchung der Objekte durch die großen Massen der stets wechselnden Benützer.

Ließ mithin der Zustand der Militärgebäude schon am Ende des Krieges vieles zu wünschen übrig, so verschlechterte er sich in der Umsturzzeit ganz bedeutend. Erst mußten die Kasernen die aus dem Felde zurückkehrenden, vielfach fremdnational gewordenen Truppen aufnehmen, die oft mutwillig zerstörten, was irgend verwertbar schien. Die meist ungenügend oder gar nicht bewachten Objekte wurden, sofern nicht militärisch belegt, von der Bevölkerung als Allgemeingut betrachtet und zum Teil besetzt, zum Teil noch der letzten Reste verwendbaren Materials beraubt.

Aber auch jene Objekte, die von der neu aufgestellten provisorischen Wehrmacht, der Volkswehr, besetzt und belegt wurden, waren keiner geringen Beanspruchung ausgesetzt. Als dann die neu ins Leben gerufene improvisierte Organisation der Heeresverwaltung und des militärischen Baudienstes zur Geltung kam, war vieles in den Kasernen und in anderen militärischen Anlagen zerstört.

Die wenigen gut erhaltenen Militärgebäude, wie hauptsächlich Erziehungs- und Krankenanstalten, dann einige neuere Kasernen wurden von nichtmilitärischen Stellen in Anspruch genommen, so daß bei der Aufstellung des Bundesheeres im Jahre 1920 für dieses nur mehr ein bescheidener und zwar der schlechteste Teil des ehemaligen reichen Gebäudebestandes zur Verfügung stand. Auch die Gemeindeverwaltungen der früheren Garnisonsorte, die seinerzeit Kasernen gebaut hatten, um Garnisonen zu erhalten, nahmen diese Objekte für sich in Anspruch, um sie anderen Zwecken zuzuführen.

Selbst in den wenigen Objekten, die in militärischer Verwaltung bleiben sollten, waren ansehnliche Teile durch zivile Parteien besetzt, deren anderweitige Unterbringung wegen der herrschenden Wohnungsnot nur teilweise und nur unter erheblichen Schwierigkeiten möglich war.

Aehnlich sah es mit den Uebungsplätzen aus. Zivilparteien und Organisationen aller Art wandelten sie in Schrebergärten um oder führten Siedlungsbauten auf ihnen aus.

Wenn es im Laufe der Jahre dennoch gelang, unserem Bundesheer in den wenigen und zum Teil schlechten Kasernen gute, vielfach sogar behagliche Heimstätten samt allen für Wohnzwecke und den gesamten militärischen Dienst notwendigen Nebenerfordernissen zu schaffen, wenn es möglich wurde, dem Bundesheer wieder Uebungsplätze verfügbar zu machen, dann ist dies der Mitarbeit, dem guten Willen und dem neuen Geist der Angehörigen des Bundesheeres, der gegenwärtigen Organisation des Bau- und Unterkunftswesens und der zielbewußten, mühevollen und geduldigen Aufbauarbeit aller Organe dieses Dienstzweiges zu danken.

Die notwendigen Sparmaßnahmen auf allen Gebieten, schließlich auch der geringe Stand technisch vorgebildeter Organe bedingten eine möglichste Zusammenfassung der Arbeitskräfte und aller Hilfs- und Geldmittel.

Die in der Vorkriegszeit geübte Besorgung eines Teiles der Gebäudeerhaltung durch die die Kasernen benützenden Formationen konnte aus mannigfachen Gründen nicht aufrechterhalten werden. Die geringen Stände der Truppe und deren weitgehende Inanspruchnahme für den rein militärischen Dienst erforderten ihre Entlastung von Nebendiensten, darunter auch jenen der Gebäudeerhaltung und -verwaltung.

Die Behebung der großen Schäden, die infolge der umfangreichen technischen Arbeiten notwendigen, wesentlich vermehrten administrativen Geschäfte, wie auch insbesondere die sparsamste Verwendung der geringen, für bauliche Zwecke gewidmeten Geldmittel, verlangte geschulte, technische Kräfte und deren sorgfältigste Verwendung. So wurden in größeren Garnisonsorten eigene Garnisonsgebäudeverwaltungen unter Leitung technischer Beamter aufgestellt, die den gesamten Gebäudeverwaltungs- und -erhaltungsdienst für alle militärischen Gebäude, Anlagen und Grundstücke ihres Bereiches zu besorgen haben.

Gegenwärtig ist für jeden Brigadebereich eine Bauabteilung aufgestellt. Sie versieht ihren Dienst einerseits als Abteilung des Brigadekommandos, anderseits als selbständige Militärbaubehörde. Der Wirkungskreis der Bauabteilungen innerhalb dieser beiden Funktionen ist durch die bezüglichen Vorschriften geregelt.

Als oberste militärische Baubehörde fungiert eine Abteilung des Bundesministeriums für Heereswesen, deren Vorstand zugleich Chef des Heeresbauwesens ist.

Bei Beurteilung der auf dem Gebiete des Unterkunftswesens zu leistenden Arbeit ist nicht außer acht zu lassen, daß es nicht nur darauf ankam, die verwahrlosten und schwer beschädigten Militärgebäude mit geringen Mitteln wieder in einen guten Bauzustand zu setzen, sondern die gegenüber der Vorkriegszeit bedeutend gesteigerten Anforderungen und Ansprüche, die an die Unterkünfte und deren Nebenerfordernisse eines Berufsheeres gestellt werden müssen, zu befriedigen.

Die geänderte wehrgesetzliche Stellung des Wehrmannes, dessen längere Dienstzeit, die umfangreichen Erfordernisse, die sich aus den ungleich gesteigerten Anforderungen bezüglich der militärischen, geistigen und körperlichen Ausbildung ergeben, bedingen ein größeres Ausmaß und eine bessere Ausgestaltung der Unterkünfte.

Während früher das Mannschaftszimmer zugleich Wohn-, Schlaf-, Schul- und Speiseraum sein mußte, sind jetzt für diese Zwecke gesonderte Räume vorgesehen. Außer einem Wohn- zugleich Schlafraum steht dem Wehrmann ein ge-

Unterkünfte eines Infanterieregimentes

Soldatenbücherei und Lesezimmer in einer Kaserne

meinsames Lesezimmer als Aufenthaltsraum während seiner dienstfreien Zeit zur Verfügung. Im Anschluß an Küchen und Nebenräume wurden Speiseräume errichtet. Zahlreiche Schulräume sind zur Abhaltung der gegenüber der Vorkriegszeit ganz wesentlich gesteigerten theoretischen Unterweisung und Ausbildung des Wehrmannes bestimmt.

Für Truppen, deren Verwendung besonders erweiterte technische Schulung und Kenntnisse erfordert, sind noch eigene Schul- und Apparatezimmer vorgesehen.

Im Sprechzimmer kann der Wehrmann Besuche empfangen. In den meisten Kasernen sind Vortragssäle zur Abhaltung größerer Veranstaltungen und Lichtbildervorführungen eingerichtet. Turnsäle zur Abhaltung der körperlichen Uebungen während der ungünstigen Witterung wurden, soweit sie vorhanden waren, wieder instandgesetzt, sonst neu geschaffen. Räume zur körperlichen Reinigung, Wasch-, Dusch- und Baderäume, wurden meist neu eingerichtet. Für die Aufnahme der Kranken, deren Zustand nicht die Abgabe an eine militärische oder zivile Krankenanstalt erfordert, bestehen in

Militärisches Unterkunftshaus in der Koschuta (Kärnten)

jeder Kaserne Krankenzimmer mit einem ärztlichen Dienstzimmer und Nebenräumen, wie Bad, Teeküche, Handmagazin und dergleichen.

Die Vorsorge für die Deckung dieses, gegenüber der Vorkriegszeit wesentlich vermehrten Raumbedarfes erforderte vielfache bauliche Um- und Ausgestaltungen. Solche Arbeiten waren auch bedingt durch die im Zuge der allgemeinen Sparmaßnahmen vorgenommenen Auflassungen kleinerer Garnisonen und durch wiederholte Organisationsänderungen.

Soweit es die noch immer beschränkten Mittel zulassen, ist die Heeresverwaltung auch weiterhin bestrebt, die Unterkünfte zu verbessern. Wenn auch in den letzten Jahren viel geschehen ist, so bleibt noch immer manches zu tun übrig, um nicht nur den Bauzustand auf eine voll befriedigende Höhe zu bringen, sondern auch den noch unerfüllten Wünschen der Gebäudebenützer Rechnung zu tragen. Durch mehrfache, bereits vollzogene, zum Teil noch im Zuge befindliche Transaktionen ist es gelungen, die Heeresverwaltung wieder in den Besitz wenigstens einiger neuerer Kasernen zu setzen.

Auf dem Gebiete der Freimachung der Kasernen von den vielen, nicht hineingehörigen Parteien und Wiederzuführung der von diesen benützten Objekte und Räume für militärische Zwecke bleibt noch viel zu tun; hier leidet das Bundesheer sehr an den Folgen des Umsturzes und der Folgezeit, insbesondere infolge der ungünstigen Verhältnisse auf dem Wohnungsmarkte. Diesen Umständen Rechnung tragend, hat sich die Heeresverwaltung bisher den Bedürfnissen der Allgemeinheit angepaßt und die militärischen Forderungen notgedrungen zurückgestellt.

Die Besserung der hygienischen Verhältnisse hat sich das Bundesministerium für Heereswesen sehr angelegen sein lassen.

In zahlreichen Kasernen wurde der Anschluß an die örtlichen Wasserleitungen durchgeführt. Veraltete Abortanlagen wurden in moderne Klosetts umgebaut. Die abgerissenen und durch Entwendung wichtiger Armaturteile unbrauchbaren Bade- und Duschanlagen sind wieder instandgesetzt und ausgebaut worden.

Eine wesentliche Besserung haben auch die Beleuchtungseinrichtungen in den Unterkünften erfahren. Die in den meisten Kasernen seinerzeit vorhanden gewesene Petroleum- und Gasbeleuchtung wurde durch die elektrische Beleuchtung ersetzt. Teilweise war diese wohl schon notdürftig, jedoch unter Verwendung unzulänglicher Ersatzmaterialien im Laufe des Krieges eingerichtet worden. Aus Sicherheitsgründen und Gründen der Stromökonomie mußten diese elektrischen Anlagen ausgewechselt werden. Durch entsprechende Erhöhung der für die einzelnen Räume festgesetzten Zahl an elektrischen Lampen und deren Kerzenstärke wurde auch auf diesem Gebiete eine weitgehende Besserung erzielt.

Einen großen Aufwand an Geldmitteln und Arbeitszeit erforderte die Bereitstellung der erforderlichen Einrichtungsgegenstände. Infolge Unterbringung vieler militärischer Dienststellen in Privatgebäuden während des Krieges gelangte das Mobiliar in solche Objekte und ging gelegentlich der durch die Anstalt für Sachdemobilisierung vollzogenen Rückstellung dieser Gebäude für die Heeresverwaltung verloren. Die Erziehungs- und Krankenanstalten mußten mit reichlichen und wertvollen Einrichtungen übergeben werden. Die in den Kasernen befindlichen Einrichtungsgegenstände waren schon zu

Kurs für Reit- und Fahrausbildung Schloßhof
»Südstall«

Kriegsende infolge der langjährigen Benützung in minderwertigem Zustand und wurden in der Umsturzzeit vielfach als Brennmaterial innerhalb oder außerhalb der militärischen Gebäude verwendet.

Bei der Aufstellung des Bundesheeres machte sich daher ein großer Mangel an Einrichtungsgegenständen fühlbar, der trotz aller Bestrebungen, diese aus anderen Beständen des Bundes zu erlangen oder solche neu zu beschaffen, bis heute nicht gänzlich behoben werden konnte. Aber auch hier wurde im Rahmen der für diesen Zweck verfügbaren Mittel schon manches erreicht.

Ein Fortschritt gegenüber der Vorkriegszeit ist die Anschaffung sperrbarer Kleiderkästen (Spinde).

Nach Behebung der schwerwiegenden, inneren Bauschäden wurde schrittweise auch an die Instandsetzung des Aeußeren der Militärgebäude geschritten, was jedoch mit Rücksicht auf die unzulänglichen Mittel nur nach und nach geschehen kann.

Nicht unbedeutende Arbeiten erforderten die Wiederinstandsetzung und Ausgestaltung der militärischen Uebungsplätze. Die mancherorts von den Grundeigentümern entgegen den bestehenden Mietverträgen wieder zurückgenommenen oder von fremden Organisationen und Einzelpersonen als Schrebergärten, Sportplätze und für Siedlungszwecke in Benützung genommenen Gründe einstiger Exerzierplätze konnten trotz mühevoller und langwieriger Verhandlungen, mitunter auch Prozeßführungen, bis heute nur zum Teil ihrer früheren Bestimmung wieder zugeführt werden. In manchen Garnisonsorten besteht aber auch heute noch ein Mangel an entsprechenden Uebungsplätzen, welcher der Ausbildung außerordentlich abträglich ist. Wegen der in der ersten Nachkriegszeit unterbliebenen zureichenden Instandsetzung der ausgedehnten Anlagen auf den Elementarschießplätzen, mußte die Benützung einzelner Schießstätten aus Sicherheitsrücksichten vorübergehend eingestellt werden. Heute sind sie wieder durchwegs benützbar.

Besonders übel sah es auf dem Truppenübungsplatz Bruckneudorf-Kaisersteinbruch aus.

Nach der Uebernahme des Burgenlandes gelangte dieser ausgedehnte Gelände- und Gebäudekomplex gänzlich verwahrlost und zerstört in die Verwaltung des Heeres.

Alle beweglichen Bestandteile und der größte Teil der Gebäude waren abgetragen, selbst die Wasserleitungsrohre ausgegraben und die elektrische Installation samt den Maschinen entfernt worden. Ein Teil der halbwegs benützbaren Bauten war von Zivilbewohnern belegt. Es bedurfte und bedarf noch vieler Arbeit, um wieder ein Uebungslager für die Truppen herzustellen, das allen Anforderungen entspricht.

Das ausgedehnte Gelände des Uebungsplatzes kommt infolge der militärischen Benützung für eine private landwirtschaftliche Nutzung nicht in Betracht, sondern wird durch eine eigene Heeresökonomie von der Heeresverwaltung selbst bewirtschaftet.

Außer den umfangreichen Instandsetzungsarbeiten in den beiden Lagern in Bruckneudorf und Kaisersteinbruch wurden Neubauten von Wirtschafts- und Arbeiterwohnhäusern, Ameliorierungen, Wasserleitungs-, Kanal-, Brücken- und Straßenbauten, dann eine Schwimmanlage für die Schwimm-

Luftbild des Truppenübungsplatzes Bruckneudorf

ausbildung der Truppen in den letzten Jahren, und zwar fast ausschließlich durch die Truppen im Rahmen der Pionierausbildung unter Leitung der Baubehörde ausgeführt. Ein eigener Steinbruch mit einer stabilen Schotterbrechanlage dient zur Beschaffung des Schottermaterials für die Erhaltung der Straße.

Das ausgeplünderte Elektrizitätswerk wurde wieder vollständig maschinell eingerichtet und versorgt sowohl den Uebungsplatz als auch die Nachbargemeinden mit elektrischer Energie.

Nebst dem Truppenübungsplatz Bruckneudorf-Kaisersteinbruch sind auch ständige Uebungsplätze für die Ausbildung im Hochgebirge erforderlich. Die seinerzeit bestandenen Sommerstationen der Landwehr in den Alpenländern sind verlorengegangen. Die Heeresverwaltung mußte daher darangehen, solche Uebungsplätze, wenn auch vorläufig im kleinen Umfange, wieder zu schaffen. So entstanden in letzter Zeit zum Beispiel der Gefechtsschießplatz mit einem Unterkunftshaus auf der Koschuta südlich Klagenfurt, die mit Unterstützung des Landes und der Wittgensteinschen Forstverwaltung durch die Kärntner Alpenjäger geschaffen wurden.

Außer den schon in der Vorkriegszeit bestandenen und als öffentliche Bäder geführten Militärschwimmschulen Wien-Krieau, Graz und Bregenz wurden im Jahre 1920 in Wien noch die Schwimmschule Schönbrunn im Wege eines Ressortübereinkommens mit dem Bundesministerium für Handel und Verkehr in den Betrieb der Heeresverwaltung übernommen, die Militärschwimmschule Alte Donau neu geschaffen und die bisher intern geführte Schwimmschule der ehemaligen Militär-Oberrealschule in Eisenstadt zu einer öffentlich betriebenen Militärschwimmschule umgewandelt und der Zivilbevölkerung zugänglich gemacht.

Wiewohl alle Militärschwimmschulen baulich ausgestaltet wurden, übersteigt an heißen Sommertagen der große Zuspruch das Fassungsvermögen der Schwimmschulen; es sind daher auch die durch den öffentlichen Betrieb der Militärschwimmschulen einfließenden Einnahmen immerhin beachtenswert. Im Jahre 1927 zum Beispiel betrugen die Bruttoeinnahmen der sechs Militärschwimmschulen mehr als 140.000 Schilling, wobei zu berücksichtigen ist, daß den Angehörigen des Heeres und der Heeresverwaltung, der Polizei, Gendarmerie, den Schülern aller öffentlichen Lehranstalten (Volks- bis Hochschulen) und schließlich Sportvereinigungen Begünstigungen hinsichtlich des Eintrittspreises gewährt werden. Zur Vornahme des obligaten Schwimmunterrichtes stehen den von Lehrpersonen geführten Schulklassen die Militärschwimmschulen kostenlos zur Verfügung.

Schließlich sei noch die Wohnungsfürsorge erwähnt. Die älteren Objekte enthielten nur wenige Wohnungen; bei den neueren Kasernen bestanden zwar Offiziers- und Unteroffizierswohnungen, doch reichten letztere für den Bedarf der Nachkriegszeit nicht im entferntesten aus. Eine große Zahl von Offizieren, Beamten und Unteroffizieren gelangte aus den Nachfolgestaaten nach Oesterreich, viele Ledige hatten während des Krieges geheiratet und alle verlangten Wohnungen. Bevor noch ein Bild über die künftige Organisation und Dislokation des Bundesheeres und damit über die Stärke der Garnisonen gewonnen werden konnte, war der Besitzstand der Heeresverwaltung an Gebäuden zusammengeschrumpft.

Als das Bundesheer aufgestellt wurde, waren die wenigen bestehenden Wohnungen in den Kasernen bereits vergeben, hauptsächlich an Zivilparteien oder Militärpensionisten, zum allerwenigsten Teile aber an aktive Angehörige des Bundesheeres, für die diese Wohnungen bestimmt sein sollten.

Die endgültigen Neueinteilungen im Bundesheere und in der Heeresverwaltung bedingten zahlreiche Uebersiedlungen von Militärpersonen mit ihren Familien. Da es trotz aller Bemühungen der Betreffenden selbst und der Unterstützung durch die Militärbehörden infolge der allgemeinen Wohnungsnot unmöglich war, Wohnungen in privaten Gebäuden zu erlangen, war die Heeresverwaltung genötigt, selbst für deren Unterbringung in den Militärgebäuden vorzusorgen.

Obwohl das Bundesministerium für Heereswesen zur Vermeidung der Aufwendung von staatlichen Mitteln erst im Wege gütlicher Vereinbarung, dann durch langwierige Kündigungsprozesse anstrebte, die bereits in den Kasernen vorhandenen Wohnungen für die wohnungsuchenden Angehörigen des Bundesheeres und der Heeresverwaltung freizumachen, mußte aus rein menschlichen Erwägungen von einer zwangsweisen Delogierung der früheren, zumeist aus altgedienten Offizieren oder Beamten oder deren Witwen bestehenden Parteien Abstand genommen und durch Neuschaffung von Wohnungen vorgesorgt werden.

Durch Einschränkung des Raumanspruches für die Unterbringung der Formationen des Bundesheeres war es möglich, die nur einigermaßen entbehrlichen, zu Wohnzwecken geeigneten Räume in den Militärgebäuden zu Wohnungen umzuwandeln.

Es ist klar, daß diese Wohnungen mit den vorhandenen geringen Mitteln nur in bescheidenen Ausmaßen und ebensolcher Ausstattung geschaffen werden konnten.

Insgesamt wurden seit dem Jahre 1920 ungefähr 2000 Wohnungen in den Militärgebäuden ohne Mitwirkung oder Unterstützung des Bundes- und Siedlungsfonds oder sonstiger Beihilfe errichtet.

Soldatenversorgung.

In einem Heer, das sich wie das österreichische durch freiwillige Verpflichtung ergänzt, kommt der Soldatenversorgung eine besondere Bedeutung zu. Denn nur dann werden sich tüchtige Elemente dem Wehrberuf zuwenden, wenn die Zukunft der ausgedienten Soldaten sichergestellt ist. Dermalen gibt es für zeitverpflichtete ausgediente Soldaten drei Versorgungsarten, und zwar die Abfertigung, die Vorbereitung für ihr späteres bürgerliches Leben und die Anstellung in öffentlichen Diensten.

Beim Ausscheiden aus dem Präsenzdienst erhalten die auf Zeit verpflichteten Soldaten eine Abfertigung, deren Höhe von der Dauer der zurückgelegten Dienstzeit und der erreichten Charge abhängig ist. Das Ausmaß der Abfertigungen ist der nachstehenden Tabelle zu entnehmen:

Bei einer wirklich zurückgelegten Dienstzeit von Jahren	Wehrmann	Gefreiter	Korporal	Zugsführer	Unteroffizier
	Schilling				
6	1145	1160	1176	1192	1235
9	—	1483	1504	1524	1662

Die Abfertigungen müssen mit Rücksicht darauf, daß der Soldat gerade die wichtigsten und für seine Zukunft entscheidendsten Jahre seines Lebens dem Dienst im Heer widmet, als gering bezeichnet werden, doch setzen die bescheidenen

Mittel des Bundes dem Bestreben nach einer Erhöhung der Abfertigungen dermalen eine unübersteigliche Schranke.

Jenen Soldaten, die in Ausübung einer bestimmten Dienstleistung infolge einer feindlichen Einwirkung oder eines Unfalles dienstuntauglich geworden sind, wird die Abfertigung dadurch erhöht, daß ihnen zu ihrer tatsächlich zurückgelegten Dienstzeit bei Zutreffen bestimmter weiterer Voraussetzungen fünf bis zehn Jahre zugerechnet werden. Bei Zurechnung von zehn Dienstjahren ergeben sich folgende Abfertigungen:

Bei einer wirklich zurückgelegten Dienstzeit von Jahren	Wehrmann	Gefreiter	Korporal	Zugsführer	Unteroffizier
	Schilling				
6	3074	3121	3167	3215	3345
9		3502	3554	3606	3959

Unabhängig von dem Anspruch auf eine erhöhte Abfertigung werden Soldaten, deren Erwerbsfähigkeit durch eine im Dienst des Heeres erlittene Gesundheitsschädigung eine Verminderung erfahren hat, sowie die Hinterbliebenen nach solchen Soldaten der Begünstigungen des Invalidenentschädigungsgesetzes (Text vom Mai 1927) teilhaftig.

Ein Anspruch auf Abfertigung besteht nicht, wenn der Soldat zum Offizier ernannt wird oder unmittelbar in Dienste übertritt, in denen ihm die Präsenzdienstzeit für die Bemessung des Ruhegenusses angerechnet wird. Ferner erhält der Soldat die Abfertigung nicht bei einer strafweisen Entlassung durch gerichtliches Urteil oder disziplinäres Erkenntnis.

Neben der Abfertigung kommt als Versorgungsart die Vorbereitung der Soldaten für ihr späteres bürgerliches Leben in Betracht.

Das Ziel der gewerblichen Ausbildung ist die Erlangung des Befähigungsnachweises zum Antritt eines Gewerbes. Sie erfolgt zum Teil in der Meisterlehre, zum Teil in der Lehrwerkstätte in Wien und in einzelnen Heeresbetrieben.

Gelehrt werden die Gewerbe der Bau- und Möbeltischler, Bau- und Kunstschlosser, Maschinen- und Werkzeugschlosser, Anstreicher, Zimmermaler, Wagner, Taschner, Tapezierer, Lithographen, Buchbinder, Fein- und Elektromechaniker und der Automechaniker. Für die Unterweisung in diesen Gewerben stehen ausschließlich geprüfte Meister in Verwendung.

Auch die landwirtschaftliche Ausbildung wird im Bundesheer gepflegt. Aufgabe der landwirtschaftlichen Ausbildung ist es, die im Bundesheer dienenden Landwirte mit den Fortschritten der neuzeitigen Landwirtschaft vertraut zu machen und dieserart die Nahrungsmittelerzeugung des Inlandes mittelbar zu fördern. Als Lehrwirtschaft dient den Soldaten, die sich der landwirtschaftlichen Berufsausbildung widmen, die Heeresökonomie in Königshof; eine Zweigstelle befindet sich in Schloßhof, in der Gärtnerei unterrichtet wird. Weiters wird den aus bäuerlichen Kreisen stammenden Soldaten auch der Besuch der landwirtschaftlichen Winterschulen ermöglicht.

Die Vorbereitung der Soldaten für ihr bürgerliches Leben beschränkt sich aber nicht allein auf Handwerk und Landwirtschaft. Die Heeresverwaltung läßt auch jenen Soldaten ihre Förderung angedeihen, welche die Befähigung für einen Beruf durch den Besuch von Schulen zu erlangen suchen. So wurde in die Vorbereitung für das spätere bürgerliche Leben auch der Besuch aller Arten öffentlicher Schulen einbezogen, insbesondere auch der Hochschulen.

Die Vorbereitung der Soldaten für ihr späteres bürgerliches Leben fällt zumeist in die letzten zwei Präsenzdienstjahre. Daneben wird den Soldaten, die bereits in einem bürgerlichen Beruf ausgebildet sind, durch Freigabe der drei letzten Monate ihrer Präsenzdienstzeit Gelegenheit geboten, sich in ihrem früheren Beruf wieder einzuarbeiten.

Die Erfahrungen, die mit der Vorbereitung der Soldaten für ihr späteres bürgerliches Leben gemacht worden sind, können als außerordentlich günstig bezeichnet werden. Die „Soldatenlehrlinge" haben fast durchwegs — sowohl in der Meisterlehre als auch in den militärischen Werkstätten und in den Schulen — sehr gut entsprochen.

Dennoch kann in der Vorbereitung für das spätere bürgerliche Leben eine vollwertige Versorgung nicht erblickt werden, weil die Ausbildung allein eine dauernde Existenz nicht zu bieten vermag.

Die vollkommenste Versorgung ausgedienter Soldaten ist ihre Anstellung in öffentlichen Diensten. Einerseits wird nur auf diese Art den zeitverpflichteten Soldaten eine Lebensstellung mit Anspruch auf Ruhe- und Versorgungsgenüsse geboten. Anderseits ist es eine schon aus der Vorkriegszeit übernommene Erfahrung, daß der Militärdienst durch die Disziplinierung sowie körperliche und geistige Ausbildung des einzelnen Heeresangehörigen eine nicht zu unterschätzende Vorbereitung für eine ganze Reihe von Posten des öffentlichen Dienstes bildet.

Dem Interesse der Heeresverwaltung an einer entsprechenden Versorgung tüchtiger Soldaten sowie dem Verlangen der Zivilverwaltung nach einem gut vorgebildeten Beamtennachwuchs wird jedoch nur dann Rechnung getragen, wenn lediglich Soldaten zur Anstellung zugelassen werden, die eine gute militärische Beschreibung aufweisen und überdies ihre Eignung für den angestrebten Zivilposten durch die erfolgreiche Ableistung eines Probedienstes dargetan haben. Diese Leitgedanken wiesen der Gestaltung des Anstellungswesens die Richtung.

Vorerst wurde die Lösung im Weg eines Gesetzes versucht. Schon im Juli 1926 hat Bundesminister Vaugoin im Nationalrat eine Regierungsvorlage eingebracht, welche die Soldatenversorgung in umfassender Weise regeln sollte. Da die Gesetzwerdung dieser Vorlage an parlamentarischen Widerständen scheiterte, wurde die Regelung auf administrativem Wege gesucht. Am 13. Juli 1927 hat der Ministerrat „Richtlinien für die Anstellung ausgedienter Soldaten" beschlossen, die sich im wesentlichen dem Inhalt der Regierungsvorlage angeschlossen haben, soweit dies im Verwaltungsweg verfassungsrechtlich möglich war.

Dank dem Entgegenkommen der zivilen Ressorts ist es ohne gesetzliche Zwangsbestimmung gelungen, schon im ersten Jahre der Aktion, in der Zeit vom 1. Juli 1927 bis 30. Juni 1928, in den mittleren und niederen Verwendungsgruppen 1400 Dienstposten den ausgedienten Soldaten vorzubehalten. Die Verteilung dieser Dienstposten auf die einzelnen Verwaltungszweige ist der nachfolgenden Tabelle zu entnehmen.

Ausweis über die vom 1. Juli 1927 bis 30. Juni 1928 für ausgediente Soldaten zur Verfügung gestellten Dienstposten.

Dienstposten				Zahl
Posten im Bundesdienst, die unter das II. Hauptstück des Gehaltsgesetzes fallen (allgemeine Verwaltung), und zwar im Bereich des	Bundeskanzleramtes		16	552
	Bundesministeriums für Justiz		73	
	Bundesministeriums für Unterricht		16	
	Bundesministeriums für soziale Verwaltung		3	
	Bundesministeriums für Finanzen		46	
	Bundesministeriums für Handel und Verkehr (einschließlich Post- und Telegraphenverwaltung)		387	
	Bundesministeriums für Heereswesen		11	
Posten im Bundesdienst, die unter das V. Hauptstück des Gehaltsgesetzes fallen (Wachdienstposten), und zwar im Bereich des	Bundeskanzleramtes	Gendarmerie	106	698
		Sicherheitswache	425	
	Bundesministeriums für Justiz		35	
	Bundesministeriums für Finanzen		132	
Posten im Bundesdienst, die unter das VII. Hauptstück des Gehaltsgesetzes fallen, und zwar im Bereich der	Tabakregie		6	6
Nach den »Richtlinien« zur Verfügung gestellte Posten im Dienst von Ländern	Burgenland		7	46
	Oberösterreich		4	
	Steiermark		34	
	Tirol		1	
Nach den »Richtlinien« zur Verfügung gestellte Posten im Dienst von Gemeinden	Ansfelden		1	4
	Ebelsberg		1	
	Stadt Waidhofen a. d. Ybbs		2	
Sonstige zur Verfügung gestellte Posten im Dienst von Gemeinden	Stadt Amstetten		2	6
	Stadt Leoben		4	
Posten des Bundes, der Länder und Gemeinden, die durch Vermittlung des Bundesministeriums für Heereswesen ohne Ausschreibung an Soldaten verliehen worden sind, und zwar im Bereich des (der)	Bundeskanzleramtes	Gendarmerie	5	46
		Sicherheitswache	5	
	Bundesministeriums für Justiz		10	
	Bundesministeriums für Unterricht		11	
	Kanzlei d. Präsidenten d. Nationalrates		3	
	Landes Kärnten		3	
	Landes Tirol		1	
	Stadt Innsbruck		8	

Gesamtzahl 1358*)

*) In dieser Zahl sind nicht inbegriffen:

a) Posten im Vertrags- oder Arbeitsverhältnis (Vertragsangestellte und Arbeiter);

b) Posten im Bundesdienst, die im Wege des Angestelltenausgleiches mit Berufsunteroffizieren besetzt worden sind.

Das Ergebnis dürfte sich in Hinkunft noch günstiger gestalten, wenn erst die Auswirkungen des Angestelltenabbaues, der Anstellungssperre und der im Gehaltsgesetz niedergelegten Verlängerung der Dienstzeit nicht mehr fortdauern. So kann die Heeresverwaltung mit Recht erwarten, daß die Anstellung in öffentlichen Diensten mit der Zeit zur Hauptversorgungsart der ausgedienten Soldaten werden wird — eine Erwartung, die um so begründeter ist, als die Zivilstellen voll des Lobes über die in ihre Dienste übernommenen Soldaten sind.

Im Deutschen Reich werden ausgediente Soldaten noch dadurch versorgt, daß sie in die Lage versetzt werden, Grund und Boden zu erwerben. Damit ist in gleicher Weise der Versorgung der Soldaten wie dem Schutz der Grenzgebiete gedient, die hiedurch eine wehrfähige Bevölkerung erhalten. Dermalen ist die Siedlungsbewegung in Oesterreich allerdings noch nicht so weit vorgeschritten, daß sie für die Versorgung der ausgedienten Soldaten in Betracht kommt, doch ist zu hoffen, daß in nicht allzu ferner Zeit auch diese Versorgungsart den österreichischen Soldaten zuteil wird.

Abschließend ist noch zu bemerken, daß die dauerndverpflichteten Soldaten — Offiziere und pragmatisch angestellte Unteroffiziere (Berufsunteroffiziere) — pensionsfähig sind und auf sie die gleichen Pensionsnormen wie für die übrigen Bundesangestellten Anwendung finden.

Lippizaner, Vater Taxis, Mutter Neapolitano-Capriola

Pferde.

Mit den von der Front zurückkehrenden Truppen gelangten viele Dienstpferde nach Oesterreich. Die damals herrschende Knappheit der staatlichen Futterbestände, der Mangel an Pferden in der Landwirtschaft wie auch der Umstand, daß infolge Auflösung der alten Armee kein Wartepersonal vorhanden war, zwangen zu einem raschen Abstoßen der Pferde. Sie wurden zum Teil beim Eintritt auf österreichisches Staatsgebiet, zum Teil in den Abrüstungsstationen an die Bevölkerung leihweise ausgegeben.

Mit Vollzugsanweisung des damaligen Staatsamtes für Kriegs- und Uebergangswirtschaft vom 16. Dezember 1918 (St. G. Bl. Nr. 116) wurden später Pferdebergungsstellen mit der Aufgabe errichtet, die an die Bevölkerung leihweise aus-

Engl. Halbblut, Vater Csakberény, Mutter Gidran XXXIII

gegebenen Heerespferde in Evidenz zu nehmen und nach ihrer Gattung und Eignung zu klassifizieren. Die ungeeigneten Pferde wurden verkauft, die tauglichen Pferde von militärischen Vertretern in Evidenz genommen und dem damaligen Staatsamt für Heereswesen nachgewiesen. Im Jahre 1920 wurden Landes- und Bezirkspferdereferenten geschaffen und durch diese die Heerespferde allmählich zum Heeresdienst eingezogen. Auf diese Weise wurden rund 3200 Pferde in das Bundesheer eingestellt.

Wenn die eingezogenen Pferde auch seinerzeit als dienstfähig klassifiziert wurden, so waren sie doch vielfach kriegsbeschädigt, zumeist überaltert und bildeten keinen geeigneten Grundstock für die erforderlichen Pferdebestände im Heer. Die damals herrschende Wirtschaftsnot ließ jedoch eine Neuanschaffung von Pferden noch nicht zu. Erst die Landnahme des Burgenlandes im Jahre 1921 zwang zum Pferdekauf. Der Ankauf mußte in aller Eile durchgeführt werden und führte noch nicht zu einer entscheidenden Verbesserung der Pferdebestände. Ab 1923 wurden zunächst jene Pferde, die für den militärischen Dienst nicht brauchbar waren, ausgeschieden. Ein Teil von ihnen wurde im volkswirtschaftlichen Interesse an Landwirte zu leihweiser Benützung ausgegeben. Der Ersatz für die ausgeschiedenen Pferde konnte aus staatsfinanziellen Rücksichten erst nach und nach bewirkt werden.

Anfangs wurde die Pferdeergänzung des Bundesheeres durch fallweise aufgestellte Ankaufskommissionen — also nebenamtlich — durchgeführt. Die Erfahrung hat gelehrt, daß bei dieser Art der Pferdeaufbringung die Pferdeankaufskommissionen vor oft schwierige Aufgaben gestellt waren, weil es ihnen an Routine, Zeit und Verbindungen fehlte, die Beschaffungsquellen für im Inland gezogene, brauchbare Pferde ausfindig zu machen. Durch den Wegfall der pferdereichen Gebiete (Ungarn, Galizien, Bosnien und der Herzegowina) haben sich die Schwierigkeiten in der Pferdeaufbringung ganz bedeutend vermehrt, weil in Oesterreich Reitpferde nur wenig, Tragtiere fast gar nicht gezüchtet werden ($^{7}/_{8}$ Teile des Bundesgebietes Kaltblut, $^{1}/_{8}$ Warmblut).

Um die Pferdeergänzung planvoll durchzuführen und um die Warmblutzucht zu fördern, hat das Bundesministerium für Heereswesen nunmehr einen eigenen Apparat für die Pferdeaufbringung geschaffen. Dieser besteht aus dem Heeresremontierungsinspektor mit dem Sitz im Bundesministerium für Heereswesen für die einheitliche Leitung und einer Pferdeankaufskommission für die Durchführung des Ankaufes.
Da die Verwaltung der früheren Armee den Pferdebedarf fast ausschließlich aus Ungarn, Galizien und Bosnien deckte, ging in den zum heutigen Oesterreich gehörenden Ländern die Zucht eines kräftigen Warmblutpferdes zurück; ein Uebriges tat dann der Krieg. Um die zurückgebliebene Zucht auch auf die dem volkswirtschaftlichen Bedarf entsprechende Höhe zu bringen, hat das Bundesministerium für Heereswesen angeordnet, daß Pferde für das Bundesheer in erster Linie nur bei heimischen Züchtern zu kaufen sind. Durch die bisherigen Käufe und durch die Aussicht, künftig im Bundesheer einen ständigen Abnehmer zu haben, ist den bäuerlichen

Englisches Halbblut, Vater Furioso XVI-9, Mutter Midas

Züchtern ein Absatz gesichert, wodurch es in einigen Jahren gelingen wird, nicht nur den volkswirtschaftlichen und militärischen Bedarf an warmblütigen Pferden in der Heimat zu decken, sondern auch die Zucht eines Tragtieres (Haflinger) in die Wege zu leiten.

Da der Pferdebedarf des Bundesheeres durch Ankauf von Pferden beim heimischen Züchter bisher nicht vollends aufgebracht werden konnte, wurden Heeresstuten durch bundeseigene Hengste gedeckt, die davon stammenden Fohlen in der Heeresökonomie in Bruckneudorf aufgezogen und als Remonten zur Truppe eingeteilt. Durch diese Art der Pferdeergänzung wird die Einfuhr ausländischer Pferde vermieden und der Bestand an Warmblutpferden in Oesterreich vermehrt.

Waffen und sonstiges Zeugsgerät, Zeugsbetriebe- und -Anstalten.

Die Infanteriebewaffnung wurde bei der Aufstellung des Bundesheeres von der Volkswehr übernommen. Bei den Truppen standen damals die verschiedensten Arten von Gewehren, Stutzen, Karabinern, Pistolen und Revolvern in Verwendung. Bajonette fehlten zum Teil. Die vorhandenen gehörten oft zu anderen Gewehren oder waren Ersatzfabrikate minderer Güte. Eine Evidenz war nicht vorhanden. Gleichartig an all diesen Waffen war nur der verwahrloste Zustand. Verrostete Läufe, zahlreiche Laufausbauchungen, zum Teil gebrochene Verschlußbestandteile, geborstene Schäfte, notdürftig mit Blechplättchen und Hufnägeln zusammengeheftete, gesprungene Kolben haben bei der ersten Durchsicht ergeben, daß zwei Drittel der gesamten Waffenbestände unbrauchbar waren.

Die Infanteriewaffen mußten daher einer gründlichen Reparatur unterzogen werden. Unbrauchbare Bestandteile wurden ausgetauscht, beschädigte Teile wieder hergestellt und die gesamte Waffenausrüstung vereinheitlicht und geordnet. Heute sind Gewehre, Maschinengewehre und Pistolen vollkommen instandgesetzt und feldbrauchbar. Zielfernrohrgewehre wurden zusammengestellt und eingeschossen, die Truppen mit Leuchtpistolen und Sprengwolken-Markiergewehren, die zu Ausbildungszwecken dienen, beteilt. Die Waffenevidenzen sind neu angelegt.

Die leichten Maschinengewehre erhielten verbesserte Schießgestelle und brauchbare Tragkraxen zur leichten Fortbringung.

Haflinger, Vater Paris, Mutter Leda

Der zielbewußten Arbeit aller beteiligten Organe ist es gelungen, die Truppen und Anstalten zu entsprechend sorgfältiger Behandlung der Waffen zu erziehen. Die Infanteriebewaffnung ist jetzt in mustergültiger Ordnung. Durch Heranziehung einer hinreichenden Zahl von Waffenmeistern ist die Truppe in der Lage, die Waffen in diesem Zustand zu erhalten.

Auch das Artilleriegerät war zur Zeit der Aufstellung des Bundesheeres nicht verwendungsfähig.

Im Laufe der letzten sieben Jahre wurden Geschütze und Minenwerfer einer Generalreparatur unterzogen und in ihrer Ausrüstung auf die vorgeschriebenen Stände ergänzt. An den Geschützen wurde überdies auf Grund der Kriegserfahrungen eine Reihe von Verbesserungen und Neuerungen durchgeführt. Das Artilleriegerät ist heute vollkommen feldbrauchbar; um es so zu erhalten, wurden Artilleriemeister herangebildet. Ein Teil des Geschützmaterials, so insbesondere die 10.4 cm Kanone, wurde für den motorischen Zug eingerichtet.

Richt- und Beobachtungsmittel, wie Geschützfernrohre, Richtkreise, Winkel-, Doppel- und Scherenfernrohre, Richtbussolen, Distanzmesser und Feldstecher wurden in vollkommen unbrauchbarem Zustand von der Volkswehr übernommen. Die Reparatur und Ergänzung dieses Materials ist nunmehr unter beträchtlichem Arbeits- und Kostenaufwand durchgeführt. Auch die Artilleriemeßzüge, welche bei Aufstellung des Bundesheeres überhaupt nicht ausgerüstet werden konnten, wurden nunmehr mit einheitlichem Gerät ausgestattet.

Das überaus empfindliche und kostbare Beobachtungs- und Meßgerät ist feldbrauchbar und erfährt bei der Truppe die notwendige sorgfältige Behandlung.

Das Pioniergerät — seiner Natur nach für Zwecke der Privatwirtschaft besonders geeignet und gesucht — fand nach dem Kriege viele Abnehmer, welche es unter dem Schlagworte der Wirtschaftsförderung für sich beanspruchten, vielfach für wenig lebensfähige Gründungen, zum Teil aber auch nur zur Befriedigung der Interessen des Inflationszwischenhandels erwarben.

Die bescheidenen Vorräte der Truppenausrüstung, über welche die Ersatzkörper der Pioniertruppe am Ende des Krieges verfügten, waren nach Kriegsende fast schutzlos dem Zugriff Unberufener ausgesetzt.

So war die technische Ausrüstung bei Aufstellung des Bundesheeres folgendermaßen beschaffen:

An Werkzeugen fanden sich bei der Truppe bloß unzulängliche Bestände vor. Das Brückengerät war nur in unzureichendem und teilweise wenig brauchbarem Zustand vorhanden. Erst nach viel Zeit beanspruchender Sortierung und nach namhaften Ergänzungen konnten feldbrauchbare Kriegsbrückenequipagen gebildet werden. Besondere Schwierigkeiten bestanden bezüglich der Pontonsbeschaffung. Die Pontons der Brückenkolonnen waren größtenteils nicht schwimmfähig; es war nicht ein einziger neuer Ponton vorhanden; hingegen standen viele solche Fahrzeuge entlang der österreichischen Donau in privater Benützung (Badeanlagen, Schwimmschulen, Fischer usw.).

„Cletrac" mit angehängter 10.4 cm Feldkanone

Für die erste Ausbildung im Wasserfahren fehlte es an Zillen und landesüblichen Fahrzeugen. Angehörige der Nationalstaaten an der Donau hatten diese Fahrzeuge beim Umsturz zur Heimfahrt nach Ungarn, in die Tschechoslowakische Republik, nach Jugoslawien und Rumänien benützt. Für die in Graz, Linz, Salzburg und in Kärnten neu aufgestellten technischen Formationen war überhaupt keinerlei Ausrüstung da. Motorboote waren in geringer Zahl vorhanden, doch waren sie nicht betriebsfähig. Bei allen Maschinen fehlten wesentliche Bestandteile, wie Magnete, Vergaser usw. Vom Scheinwerfer-, Gesteinsbohr- und Elektromaterial war keine einzige Einheit brauchbar, das Feldeisenbahnmaterial war in allen Bundesländern zerstreut, zum Teil befand es sich in Privatbenützung. Schul- und Modellsammlungen waren verstreut und teilweise vernichtet. An Gasschutzmitteln fehlte es vollständig. Die Werkstätten der Truppen waren größtenteils geplündert worden.

Lagen die Verhältnisse bei der Pioniertruppe schon im argen, so mangelte es den anderen Waffengattungen für ihre Truppenpioniere an jedweder Ausrüstung.

In jahrelanger, mühsamer, durch finanzielle Drosselung gehemmter Arbeit gelang es, diese Mängel zu beheben und wesentliche Neuerungen und Fortschritte auf dem Gebiete der Pionierausrüstung praktisch anzubahnen.

Gegenwärtig ist die Werkzeugausrüstung aller Truppen an Zahl und Gattung entsprechend. Die Instrumente und Behelfe sind zum überwiegenden Teile instandgesetzt und geprüft. Vieles Fehlende wurde nachgeschafft. Im Jahre 1925 konnte bereits bei Klosterneuburg eine geschlossene Kriegsbrücke über die Donau geschlagen werden. Im Jahre 1927 wurde eine größtenteils eiserne Straßenbrücke bei Krems gebaut. Die Pionierbataillone verfügen über betriebsfähige Motorboote. Zillen, landesübliche Fahrzeuge und für das Bundesheer ganz neu angeschaffte Sportboote stehen in ausreichender Zahl in Benützung. Das Scheinwerfermaterial und die Gesteinsbohrgeräte sind fast zur Gänze wiederhergestellt und in ihren technischen Leistungen verbessert.

An Eisenbahn-, Rollbahn- und Seilbahnmaterial sind genügende Vorräte für Ausbildungszwecke vorhanden.

Nach der Schaffung, beziehungsweise Einrichtung der Truppenwerkstätten begann auch die Erzeugung, Sammlung und Wiederherstellung von Modellen und Schulbehelfen, über die jeder Truppenkörper nunmehr in genügendem Maße verfügt. Für die Pionierfachschule wurde eine eigene wertvolle Sammlung moderner Modelle angelegt. Photographische Apparate stehen jedem Pionierbataillon und jedem technischen Heeresbetrieb zur Verfügung.

An Telegraphengerät waren bei der Aufstellung des Bundesheeres zunächst nur jene Telegraphenmaterialsorten vorhanden, die aus dem Stande der Sachdemobilisierung stammten.

Das übernommene Material — zum Teil rückgelangt von den Kriegsschauplätzen, zum Teil Kriegserzeugnisse aus den Hinterlandsdepots — war für die Ausrüstung der Truppen vielfach nicht geeignet. Eine beträchtliche Menge der Feldkabel war Kriegserzeugnis und daher mechanisch und elektrisch minderwertig. Bei den einzelnen Telegraphen-, Telephon- und optischen Apparaten fehlten unerläßliche Bestandteile. Ebenso waren die zurückgebliebenen Radiostationen betriebsunfähig.

Erst im Jahre 1921 war es möglich, den Grund zu einer Ausstattung zu legen, welche die Telegraphenformationen zum Ausbau von Draht- und Kabelleitungen, sowie zur Errichtung

Pioniermuseum

von Telegraphen- und Telephonstationen samt den zugehörigen Zentralen befähigte. Mit optischem Gerät und den Erfordernissen zur Durchführung von Brieftaubenverbindungen konnte die Telegraphentruppe nur in gänzlich unzulänglichem Ausmaße, mit modernem Radiogerät überhaupt nicht ausgerüstet werden. Für eine neuzeitliche Verwendungsweise der Telegraphenformationen genügte eine derartige Ausrüstung nicht.

Erst im Laufe der Jahre gelang es aber, das Telegraphen-, Telephon-, Blink- und Funkgerät derart instandzusetzen, umzugestalten und zu ergänzen, daß nunmehr die normierte Ausrüstung den wichtigsten Anforderungen entspricht. Besonderes Gewicht wurde hiebei auf das Gebiet der drahtlosen Nachrichtenübermittlung gelegt.

Die Schaffung eines Heimatfunknetzes mit modernem Funkgerät ist im Zuge; hiebei wird die Verbindung zwischen den Landeshauptstädten durch Langwellengerät und zwischen diesen und den übrigen Garnisonen mit Kurzwellen hergestellt. Dieses Verkehrsnetz wird den Betrieb bald aufnehmen, wodurch eine gewisse Unabhängigkeit vom Drahtverkehr in besonderen Lagen sichergestellt sein wird.

Durch allmählichen Ausbau von Garnisonsbrieftaubenschlägen sind ferner die meisten Garnisonsorte durch ein Brieftaubennetz verbunden.

Die aus den Beständen der Sachdemobilisierung stammenden Kraftwagen waren quantitativ und qualitativ unzureichend.

Die Fahrzeuge waren veraltet, verwahrlost, abgenützt und zum größten Teil unfahrbar. Ausrüstungen, Reservebestandteile und Bereifungen fehlten überhaupt; die für den mechanischen Zug eingerichteten Artillerieformationen waren nicht verwendungsfähig.

Der gesamte Kraftwagenpark mußte daher vorerst durch die im Jahre 1920 in Wien errichtete Kraft- und Radfahrzeugsanstalt instandgesetzt werden.

Heute sind die Kraftfahrzeuge der Kraftfahrkompagnien, denen auch fahrbare Kraftwagenwerkstätten beigegeben wurden, feldbrauchbar. Durch die Zuweisung von Autos an die Pioniertruppe ist deren rasches Eingreifen bei technischen Hilfeleistungen gewährleistet.

Der Kraftwagenpark der Kraftfahrbatterien ist wieder in Ordnung gebracht.

In letzter Zeit wurden eine größere Anzahl neuer leichter Schnellastkraftwagen und einzelne neuzeitig gebaute 5-Tonnen-Lastkraftwagenzüge in die Heeresausrüstung eingestellt. Ein Großteil der Lastkraftwagen wurde mit hochelastischer (Luftkammer-) Bereifung versehen.

Die Ausrüstung mit Krafträdern, die ursprünglich in der Heeresausrüstung überhaupt nicht vorgesehen waren, schreitet fort.

Von den Radfahrformationen der ehemaligen Armee wurde nur eine geringe Anzahl zumeist unbrauchbarer Fahrräder verschiedenster Fabrikate und Typen für die Ausrüstung der Feldjägerbataillone zu Rad des Bundesheeres übernommen.

Allmählich wurden die alten Fahrräder instandgesetzt und neue eingestellt. Bei der Bauart des Militärfahrrades wurde auf die militärischen Verwendungszwecke, so unter anderem auf die Notwendigkeit, Maschinengewehre, Munition, sowie Pionier- und sonstige technische Geräte fortzubringen, Rücksicht genommen.

Kraftradabteilung

Das Reit- und Fahrgerät bestand größtenteils aus während des Krieges aus Ersatzstoffen erzeugten Sorten (graue Pferdedecken, Leitseile, Zügel und Halftern aus Gurten, Packtornister und Hufeisentaschen aus Zwilch usw.).

Die Evidenzen dieser Sorten waren sehr mangelhaft oder fehlten überhaupt.

Seither wurden die verschiedenen Arten der Beschirrungen vereinheitlicht, jene aus Ersatzstoffen ausgeschieden und neue verbesserte Sorten eingeführt. Die Sollstände wurden ergänzt und die fehlenden Fuhrwerke nachgeschafft. Die Truppen erhielten die zur laufenden Instandhaltung notwendigen Werkzeuge zugewiesen. Das gesamte Reit- und Fahrgerät wurde in einen verwendungsfähigen und feldbrauchbaren Zustand versetzt. Durch Kurse und Behelfe werden den Truppen die notwendigen Materialkenntnisse vermittelt.

Auch in personeller Hinsicht wurde alles Erforderliche veranlaßt. Die notwendigen Truppenhandwerker (Schmiede und Sattler) werden ständig herangebildet, so daß bei der Truppe für die laufende Instandhaltung und Instandsetzung des Materials gesorgt ist.

Die dem Bundesheer bei seiner Aufstellung zugestandenen M u n i t i o n s b e s t ä n d e entsprachen nach keiner Richtung.

Die Munition, im Kriege infolge Rohstoffmangel vielfach aus Ersatzstoffen erzeugt, war für eine längere Lagerung ungeeignet. Die Verwendung von Ersatzstoffen begünstigte und beschleunigte die chemische Zersetzung der Pulver- und Sprengmittel derart, daß Explosionskatastrophen mit Sicherheit zu erwarten gewesen wären, wenn man nicht rechtzeitig Vorbeugungsmaßnahmen getroffen hätte.

Die erste und wichtigste Tätigkeit war daher die gründlichste Untersuchung und Sichtung der Vorräte. Hiebei sei erwähnt, daß diese Arbeiten trotz der damit verbundenen großen Gefahr von den damit betrauten Personen in aufopfernder und mustergültiger Weise bewältigt wurden. Alle bei diesen Untersuchungen als unverläßlich erkannten Munitionssorten wurden gesprengt, in Zersetzung begriffene Pulver und Sprengstoffe verbrannt.

Hierauf wurde die Reinigung und Konservierung der brauchbar befundenen Vorräte vorgenommen, um sie vor weiterem Verderben zu bewahren. Da aber nur verhältnismäßig wenig Arbeitskräfte zur Verfügung standen, schritt die Wiederherstellung nur langsam vorwärts.

Gleichzeitig mußte Munition — vor allem Infanterie-, Scheibenschuß-, Kapsel- und Exerziermunition — wenigstens in jenen Mengen, die für die Ausbildung des Bundesheeres unbedingt notwendig waren, neu erzeugt werden.

Für Leucht- und Signalpatronen wurde ein modernes Muster geschaffen.

Die mit Aufschlagzündern versehenen Handgranaten wurden mit Rücksicht auf ihre Gefährlichkeit ausgeschieden und vernichtet. Die Zeitzünder-Handgranaten mußten umgearbeitet und zum großen Teil neu erzeugt werden, da sie durch die lange Lagerung gelitten hatten.

Besonders schwierig gestaltete sich die Wiederherstellung der Artilleriemunition. Die Geschoßzünder und die Sprengladungen, ebenfalls aus Ersatzstoffen erzeugt, waren unverläßlich geworden. Um Blindgänger und Rohrexplosionen zu vermeiden, mußten die Geschosse einer genauen Durchsicht unterzogen werden. Sie wurden mit hochwertigen, chemisch vollkommen stabilen Sprengstoffen laboriert und mit instandgesetzten oder neu erzeugten Zündern versehen.

Der Raupenschlepper (leichte Type) „Cletrac" (12 PS), Abladen vom Lastkraftwagen mit eigener Kraft (Artilleriefachschule, Kaisersteinbruch)

Die Hülsenkartuschen wurden überprüft, schadhafte und ausgeschossene der Rekonstruktion zugeführt.

Für die Minenwerfer war überhaupt keine Munition vorhanden. Sie wurde unter Verwendung vorrätiger Bestandteile neu erzeugt.

An Exerziermunition für die Geschütze mangelte es vollkommen. Da die meisten Geschützmodelle erst im Kriege eingeführt wurden, war für die Exerziermunition kein Modell vorhanden und mußte daher ein solches erst neu geschaffen werden.

Nach der Sichtung der Pulver- und Sprengstoffe und Vernichtung der unverläßlichen und unbrauchbaren Vorräte verblieb ein Pulverrestbestand, der einer Unmenge von Erzeugungsserien entstammte, deren ballistische Eigenschaften verschieden waren. Dieses Pulver war daher nicht ohneweiters verwendbar. Erst nach umfangreichen Misch- und Schießversuchen wurde das vorhandene Pulver für die Füllung der Kartuschen verwendet. Ueberdies wurden die auf die Ausrüstung fehlenden Pulver- und Sprengstoffsorten neu beschafft und in die Kartuschhülsen einlaboriert.

Aber auch die in verwahrlostem Zustande befindlichen Verpackungsgefäße der Munition mußten in Ordnung gebracht werden, um eine einwandfreie Munitionslagerung sicherzustellen. Alle Verschläge, Büchsen und Pulvertonnen wurden wieder instandgesetzt und ihre Verschlüsse, soweit es notwendig war, durch neue ersetzt.

Truppenwerkstätten.

Die bei der Aufstellung des Bundesheeres im Jahre 1920 bestandenen Vorsorgen für die laufende Instandhaltung des bei der Truppe im Gebrauch stehenden Geräts waren unzulänglich. Es fehlte an den notwendigen Arbeitskräften, Werkzeugen und sonstigen Einrichtungen. Erst allmählich stellte sich die nötige Obsorge für das Kriegsmaterial ein. Die Truppen wurden mit neuen, auf Grund der Kriegserfahrung zusammengestellten Werkzeugen beteilt, die sie befähigen, kleinere Instandsetzungsarbeiten selbst durchzuführen. Bei jedem Truppenkörper wurden Waffenmeisterwerkstätten eingerichtet, um an den Waffen alle bei den Truppen erlaubten Instandsetzungsarbeiten durchzuführen. Die Artillerietruppenkörper erhielten maschinell eingerichtete Werkstätten, in welchen sie größere Reparaturen (auch am Artilleriegerät) selbst bewirken.

Das zur Instandhaltung des Gerätes bei der Truppe erforderliche Personal wird in Kursen für Truppenhandwerker herangebildet.

Die Truppe hält jetzt wieder ihr Gerät in vollkommen feldbrauchbarem Zustand und widmet ihm jene Obsorge und fachgemäße Behandlung, die zur vollen Erhaltung der Schlagfertigkeit nötig ist.

Staatsfabrik.

Nach dem Krieg wurden alle innerhalb der neuen Grenzen gelegenen staatlichen Erzeugungsstätten für Heeresbedarf im Wege der Sachdemobilisierung der zivilen industriellen Verwertung zugeführt. So ging der große Komplex des Arsenals in Wien, der für die Gewehr- und Geschützerzeugung in modernster Art eingerichtet war, verloren. Die Wöllersdorfer Werke und die Pulverfabrik Blumau, welche im Kriege alle Arten von Munition, dann Pulver und Sprengstoffe lieferten, wurden der Einflußnahme der Heeresverwaltung entzogen.

Aber auch die Privatindustrie, soweit sie im Kriege die Armee versorgt hatte, mußte, Beschäftigung und Absatzgebiete suchend, sich möglichst rasch auf die Erzeugung von Kommerzwaren umstellen.

Die Heeresverwaltung besaß im Jahre 1920 keine eigenen Erzeugungsstätten, die in der Lage gewesen wären, ihren Bedarf an Waffen und Munition zu decken. Nicht einmal größere Reparaturen an den Waffen und Geräten konnten durchgeführt werden. Die durch den Staatsvertrag von St. Germain aufgezwungene Staatsfabrik bestand zunächst nur auf dem Papier. Mit ihrer Einrichtung wurde im Jahre 1923 begonnen.

Sie gliedert sich dermalen in:

die Leitung mit der Prüfungsabteilung,
die Geschütz- und Gewehrsektion,
die Kleingewehrmunitionssektion,
die Artilleriemunitionssektion und
die Pulver- und Sprengstoffsektion.

Leitung und Prüfungsabteilung.

Der Leitung der Staatsfabrik, welche den einzelnen Sektionen übergeordnet ist, obliegt die Regelung des Dienstbetriebes aller Teile der Staatsfabrik.

Ihr ist die Prüfungsabteilung angegliedert, welche die Aufgabe hat, alle in der Staatsfabrik erzeugten Waffen, Geräte und Munition entsprechend den Uebernahmsvorschriften lehrenmäßig und mustergerecht zu übernehmen. Erst mühsam mußten die für ihren Dienstbetrieb notwendigen Behelfe ermittelt und zum Teil neu beschafft werden; sie besitzt derzeit alle erforderlichen Uebernahmsvorschriften, Konstruktionszeichnungen, Muster und Lehren, sowie die für die Materialuntersuchung notwendigen Prüfmaschinen und Instrumente. Die Uebernahmen werden durch ein aus erfahrenen und geschulten Spezialisten bestehendes Personal durchgeführt.

D i e G e s c h ü t z - u n d G e w e h r s e k t i o n der Staatsfabrik befindet sich in Wien-Simmeringerheide. Sie wurde auf dem Territorium der im Kriege erbauten Artillerieautoschule zum größten Teile neu geschaffen. Im Jahre 1920 bestand dort eine äußerst bescheiden eingerichtete, gänzlich unzulängliche Waffenmeisterwerkstätte, die nur ganz geringfügige Reparaturen an den Waffen notdürftig durchführen konnte.

Im Jahre 1926 begann der eigentliche Ausbau dieser Staatsfabrikssektion.

Die alten, aus dem Kriege stammenden, verfallenen Baracken wurden abgetragen und durch in jeder Hinsicht hochmoderne Fabriksbauten ersetzt. Auch die für einen rationellen Fabriksbetrieb erforderlichen Nebenbauten mußten neu aufgeführt werden.

Umfangreiche Anschaffungen an Maschinen waren notwendig. Ihre Auswahl erforderte besondere Sorgfalt, da sie mit den zur Verfügung stehenden knappen Geldmitteln und den Aufgaben der Fabrik in Einklang gebracht werden mußte.

Zur Ausgestaltung der Geschützsektion wurde eine eigene Rohrbauhalle errichtet und mit allen für die Appretur der eingeführten Rohre notwendigen Spezialmaschinen ausgestattet.

Diese Werkstätte ist nunmehr imstande, vom Stahlrohling ausgehend alle im Bundesheer eingeführten Geschützrohre zu erzeugen.

Für die Bearbeitung der größeren Geschützbestandteile und der Lafettenteile wurde eine Großschmiede erbaut, in welche eine große Rahmenpresse, die erforderlichen schweren Preßlufthämmer, die notwendigen Friktions- und Doppelexzenterpressen, dann Schmiede- und Glühöfen, sowie Vergütungs- und Oelkühlanlagen eingebaut wurden. Die Anlage ist befähigt, größte Preß- und Schmiedestücke zu erzeugen, vom handelsgängigen Stahlblech ausgehend die Lafettenwände zu pressen und Stahlgußblöcke für die Rohrerzeugung zu vergüten.

Die bisherige, äußerst bescheiden eingerichtete Reparaturwerkstätte, jetzt Lafettenhalle, wurde zum Zwecke der Herstellung aller Geschützbestandteile, Werkzeuge und Leeren, sowie zur Montage der Geschütze umgestaltet. Diese mächtige

Geschütz- und Gewehrsektion der Staatsfabrik – Lafettierungshalle
(Artillerie-Meisterkurs)

Halle enthält jetzt eine Dreherei, Fräserei und Hoblerei, eine Werkzeugschleiferei, Schweißerei, eine pneumatische Nieterei, die Montage und eine Erzeugungsstätte für Werkzeug.

Die Geschützsektion ist imstande, alle eingeführten Geschützgattungen und Minenwerfer herzustellen.

Als Nebenbetriebe sind dieser Geschützsektion eine Sattlerei und eine modern eingerichtete Anstreicherei, dann ein Sandstrahlgebläse zum Reinigen und Entrosten stählerner Ausrüstungssorten angegliedert.

Die Gewehrsektion wurde in entsprechend umgebauten Fuhrwerksremisen untergebracht. Eine modernst ausgestattete Gesenkschmiede enthält mehrere Hämmer für die Herstellung der Bestandteile, mehrere Pressen, eine Anzahl von Rohölschmiedeöfen, eine technisch auf höchster Stufe stehende Härterei und endlich die Scheuerei.

Für die Ausfertigung der Läufe sowie der Gewehr- und Maschinengewehrbestandteile schließen an die Gesenkschmiede drei Betriebe für Bestandteilerzeugung, die Lauferzeugung, die Schleiferei und Brünierung, dann der große Montageraum an. Automaten und Werkzeugmaschinen wurden zum größten Teile von liquidierenden Kriegsbetrieben beschafft und in Eigenregie gründlichst repariert, so daß sie heute neuen Maschinen gleichwertig sind. Sie befähigen die Gewehrsektion, die Erzeugung von Handfeuerwaffen und Maschinengewehren vollkommen einwandfrei zu bewirken.

Zur Gewehrerzeugung gehört schließlich noch die neu erbaute Schäfterei, die mit modernsten Spezial- und Holzbearbeitungsmaschinen ausgestattet wurde. Sie erhielt eine Absaugeanlage für Holzspäne und besitzt einen eigenen Trockenraum zur künstlichen Trocknung der für die Schäfterei notwendigen Rohhölzer.

Die optische Werkstätte wurde durch einen Anbau wesentlich erweitert und ihre Einrichtung soweit vervollständigt, daß sie nunmehr in der Lage ist, alle Reparaturen an den überaus wertvollen optischen Instrumenten in billigster Weise durchzuführen.

Vollständig neu wurde auch die für den Großbetrieb unentbehrliche Kraftzentrale geschaffen, die für eine zweckmäßige Abnahme und Verteilung des elektrischen Stromes für den Antrieb der Maschinengruppen und die Beleuchtung sorgt. Beigegeben sind ihr eine Elektrikerwerkstätte und eine Galvanisierungsanlage.

An Nebenanlagen sind noch die neuerbaute Garage für die Kraftwagen der Fabrik, ein Materialmagazin, die Geschützremise und das die Schullokale und den Arbeiterspeiseraum enthaltende Schul- und Kantinegebäude zu erwähnen.

Für den Beschuß der in der Gewehrfabrik neuerzeugten Waffen wurde eine unterirdisch angelegte Schießstätte erbaut.

Alle Arbeitsräume der Staatsfabrik wurden mit einer Zentralheizung versehen.

Mit dem fortschreitenden Ausbau der Geschütz- und Gewehrsektion mußte auch eine Vermehrung des Personals, vor allem an hochqualifizierten Facharbeitern für die vielfach ganz außergewöhnliche Kenntnisse und Fertigkeiten erfordernden Arbeiten eintreten.

Durch die beschriebene Ausstattung wurde die Geschütz- und Gewehrsektion der Staatsfabrik in den Stand versetzt, das Bundesheer mit neuen Waffen und Geschützen in dem durch den Staatsvertrag von St. Germain festgesetzten Umfang zu versorgen und auch die schwierigsten Reparaturen durchzuführen. Die Heeresverwaltung besitzt in dieser Sektion einen Betrieb, der mit verhältnismäßig geringen Geldmitteln zu einer modernen, mustergültig und rationell arbeitenden, leistungsfähigen, mit geschultem Personal versehenen Anlage ausgestaltet wurde.

Was die Entwicklung der Kleingewehrmunitionssektion anlangt, so verfügte die Heeresverwaltung im Jahre 1920 über keinen staatlichen Betrieb, der den Bedarf des Bundesheeres an Gewehr-, Maschinengewehr- und Pistolenmunition hätte decken können.

Zum Aufbau einer eigenen Infanteriemunitionsfabrik waren keine Geldmittel verfügbar. Es wurde daher mit der Firma G. Roth A.G. ein Munitionslieferungsvertrag abgeschlossen, der die Firma verpflichtete, einen Teil ihrer Lichtenwörther Anlage abzugrenzen und in der von der Heeresverwaltung vorgeschriebenen Art zur Kleingewehr-Munitionssektion der Staatsfabrik auszubauen. Die Maschinen wurden von der Heeresverwaltung beigestellt und bleiben ihr Eigentum; sie stammen aus den Beständen der ehemaligen Munitionsfabrik in Wöllersdorf und wurden von der interalliierten Kontrollkommission für die Heeresverwaltung freigegeben.

Der Ausbau dieser Sektion der Staatsfabrik wurde noch von der G. Roth A.G. mustergültig besorgt. In der Folge hat die G. Roth A.G. den für die Kleingewehrmunitionserzeugung gewidmeten Teil ihrer Anlagen in Lichtenwörth als Ergänzung (Apport) in eine neue Aktiengesellschaft eingebracht, die unter Führung der österreichischen Credit-Anstalt für Handel und Gewerbe gegründet wurde. Diese neue Aktiengesellschaft, die „Patronenfabrik Aktiengesellschaft Lichtenwörth“ hat die Erzeugung und Lieferung der Kleingewehrmunition für das Bundesheer unter ähnlichen Bedingungen übernommen, wie sie in dem mit der Firma G. Roth A.G. abgeschlossenen Munitionslieferungsvertrag vorgesehen waren.

Die Kleingewehrmunitionssektion vermag alle Arten von Gewehr-, Maschinengewehr- und Pistolenmunition in dem vom Staatsvertrag von St. Germain festgesetzten Ausmaße für das Bundesheer herzustellen und auch die Rekonstruktion und Umarbeitung solcher Munitionssorten durchzuführen.

Der Werdegang der Artilleriemunitionssektion nahm einen ähnlichen Verlauf. Im Jahre 1920 bestand keine staatliche Artilleriemunitionsfabrik und die einschlägige Privatindustrie war in Umstellung auf Erzeugung von Kommerzwaren begriffen.

Die Neuerrichtung einer heereseigenen Fabrik konnte in Anbetracht der hohen Kosten nicht in Frage kommen. Zur Deckung des Bedarfes an Artilleriemunition wurde deshalb mit der Enzesfelder Metallwerke A. G. ein Munitionslieferungsvertrag abgeschlossen. Die für die Einrichtung notwendigen Munitionsmaschinen wurden zum Teile von der Heeresverwaltung beigestellt und bleiben ihr Eigentum.

Die Fabrik ist mit ihren modernen Einrichtungen und ihrem geschulten Personal heute befähigt, die für das Bundesheer erforderlichen Artilleriemunitionssorten zu erzeugen und alle Umlaborierungs- und Wiederherstellungsarbeiten durchzuführen.

Die Pulver- und Sprengstoffsektion ist an die Stelle der ehemaligen k. u. k. Pulverfabrik in Blumau getreten. Diese umfaßte ein Territorium von zirka 600 Hektar mit etwa 1130 Gebäuden, hatte eine Höchstleistungsfähigkeit für eine tägliche Erzeugung von zirka 22.000 kg verschiedener Pulver und war mit allen zur Erzeugung von Pulvern und Sprengstoffen notwendigen Hilfsanlagen reich ausgestattet. Diese Pulverfabrik kam nach den Ereignissen des Jahres 1918 zuerst unter die Leitung des damaligen Staatsamtes für Kriegs- und Uebergangswirtschaft und anfangs 1919 unter die Verwaltung der vom Staatsamte für Handel, Gewerbe, Industrie und Bauten aufgestellten Verwaltungskommission Blumau. Dem damaligen Bestreben Rechnung tragend, alle Kriegsindustrien auf die Erzeugung von Kommerzwaren umzustellen, wurde ab Jänner 1921 auch in Blumau bei vertragsmäßiger Heranziehung privater Industrien mit der Industrialisierung der Anlagen begonnen.

Im Zuge dieser Maßnahmen mußte sich der Einfluß der Heeresverwaltung vor allem dahin erstrecken, die Erzeugung der für die österreichische Wehrmacht notwendigen Pulver und Sprengstoffe zu sichern.

Da zu jener Zeit bereits auf Grund des Friedensvertrages die Forderungen der Entente auf weitgehende Reduzierung aller Erzeugungsanlagen für die Pulver- und Sprengstofferzeugung erhoben wurden, mußte dem Abverkaufe aller über das von der Entente bewilligte Ausmaß hinausgehenden Anlagen usw. zugestimmt werden.

Infolge dieser Verfügung und der ungünstigen wirtschaftlichen Lage, dann infolge der Erschwerung des Exportes sowie der Umstellung der Betriebe auf andere Erzeugungen konnte das Bundesministerium für Heereswesen nicht verhindern, daß allmählich die wichtigsten Hilfsbetriebe, wie die Säureerzeugung usw., eingestellt wurden.

Als nun im Mai 1922 eine große Explosion auch einen wesentlichen Teil der Sprengstofferzeugungsanlage zerstörte und die Pulveranlage schwer beschädigt hatte, war jede weitere Erzeugung von Pulver und Sprengstoffen unmöglich geworden.

In langwierigen Verhandlungen gelang es später, die Interessen der Heeresverwaltung wieder zur Geltung zu bringen und beim Wiederaufbau der Sprengstoffanlage auch die Instandsetzung der Pulverfabrik durchzusetzen.

Dieser 1922 in Angriff genommene und durch eine private Industriegruppe durchgeführte Wiederaufbau hatte Erfolg. Es wurde eine in technischer und sicherheitlicher Beziehung vollkommen moderne Dynamon- und Dynamitfabrik — für Bergwerkssprengstoffe — neu errichtet. Aber auch die Schaffung einer den Bedürfnissen der Heeresverwaltung gerecht werdenden Anlage für die Erzeugung moderner Pulver und militärischer Sprengstoffe konnte anfangs 1928 sichergestellt werden. Der Ausbau dieser Anlagen wird mit Ende 1928 abgeschlossen sein, so daß die Versorgung des Bundesheeres auch hinsichtlich der Explosivstoffe gesichert sein wird.

Waffen- und Zeugshauptdepot.

Das Waffen- und Zeugshauptdepot ist aus dem Waffenhauptdepot der alten Armee hervorgegangen. Auch hier mußte erst das gesamte Gerät geordnet und inventarisiert werden.

In den Magazinen herrscht jetzt musterhafte Ordnung. Das Gerät ist instandgesetzt, vollkommen feldbrauchbar und wird von geschultem Personal in diesem Zustand erhalten.

In Linz, Graz, Innsbruck, Salzburg und Klagenfurt befinden sich Filialen des Waffen- und Zeugshauptdepots, bei welchen jener Teil der Vorräte des Waffen- und Zeugshauptdepots hinterlegt ist, der in dem betreffenden Brigadebereich benötigt wird.

Technische Zeugsanstalt Klosterneuburg.

Infolge der durch den Krieg bedingten übergroßen Auswertung der ohnehin schon zum größten Teil veralteten Einrichtung befanden sich die Werkstätten in schlechtem Zustand. Hiezu kam, daß nach Kriegsende viele Maschinenbestandteile, Werkzeuge, Vorrichtungen, Schablonen, Lehren, Pläne, Akten u. v. a. m. durch Unberufene enttragen, verschleppt, manche Einrichtungen wohl auch boshafterweise beschädigt wurden.

Die Betriebseinrichtung war auf diese Art zusammengebrochen, fast keine Maschine in Ordnung, Schutzvorrichtungen fehlten, die Wasserversorgung war mangelhaft. Ein geregelter Betrieb konnte nicht aufgenommen werden, weil auch die einzige kalorische Kraftzentrale gerade umgebaut wurde. Es war daher zunächst nur Handbetrieb möglich. Vom Jahre 1920 an wurde eine steigende Zahl von Arbeitern in den Werkstätten beschäftigt; es blieb jedoch beim Handbetrieb, da im Jahre 1921 das Kesselhaus umgebaut wurde und der Maschinenbetrieb mit einer 120 PS-Dampfmaschine erst im Dezember desselben Jahres aufgenommen werden konnte. An Geld und Material mangelte es unausgesetzt. Einem kurzen Maschinenbetrieb von 8 bis 14 Tagen mußte monatelanger Handbetrieb folgen.

Im Jahre 1926 wurde mit der Umgestaltung des Betriebes begonnen. In den Werkstätten stehen heute zahlreiche Motoren in Verwendung. Durch Unterteilung in Haupt- und Untergruppen bis herab zum Einzelbetrieb ist die Anpassungsfähigkeit an die Betriebsnotwendigkeiten und Arbeitsökonomie gewährleistet.

Elektrische Handbohrmaschinen mit automatischem Bohrschutz ersetzen die früher zeitraubende Handarbeit.

Eine neue Kraftleitung auf Betonmasten ermöglicht die Stromzuführung aus dem Elektrizitätswerk Klosterneuburg.

Maschinen, Transmissionen und Vorgelege sind instandgesetzt, alle Schutzvorrichtungen den bezüglichen Vorschriften angepaßt. Moderne Maschinen, Apparate und Vorrichtungen sind eingestellt; sie sichern die den heutigen Anforderungen entsprechende Leistungsfähigkeit. Der Sägebetrieb ist aufgenommen, Holzplatz, Gleiseanlagen sind in Ordnung gesetzt, zwei Trockenschuppen für Schnittmaterial errichtet. Die Wasserversorgung und Feuerschutzmaßnahmen sind verbessert, die Werkstätten-Dampfheizung ist instandgesetzt.

Zahlreiche Kontrollmaßnahmen und strenge Betriebsvorschriften sichern Ordnung und Arbeitsdisziplin. Eine Autogarage und ein Pontonprüfteich wurden neu eingerichtet.

Von dem Niveau eines Reparaturs-, beziehungsweise Vervollständigungs-Werkstättenbetriebes wurde die Anstalt zu einer Erzeugungsstätte gehoben, die den auf Genauigkeit und Güte Anspruch erhebenden Erfordernissen des Pioniermaterials voll zu entsprechen vermag und auch in der Lage ist, sich auf Neuerungen auf pioniertechnischem Gebiet einzustellen. Die technische Zeugsanstalt Klosterneuburg ist heute ein mustergültiger, leistungsfähiger, rationell arbeitender Betrieb.

Im Herbste 1927 wurde in den Räumen der technischen Zeugsanstalt Klosterneuburg das Pioniermuseum durch den Bundesminister für Heereswesen feierlich eröffnet.

Technische Zeugsanstalt Krems.

Im Krieg als Motorboots-Reparaturwerkstätte entstanden und im Hochwasserbereich gelegen, wies diese Anstalt beim Umsturze nur eine sehr geringe Leistungsfähigkeit auf. Die Kraftzentrale bestand aus einem alten reparaturbedürftigen Motor, der nur zeitweise einen maschinellen Betrieb gestattete. Die Materialdepots befanden sich in unbrauchbarem Zustand, die Dächer waren undicht, die Vorräte der Witterung ausgesetzt. Es bestand keinerlei Vorsorge für Licht, Feuerschutz und Wasserversorgung.

Heute verfügt die hochwasserfrei gebaute Kraftzentrale über einen neuen modernen Dieselmotor und eine Reservemaschine. Die Arbeitsmaschinen wurden instandgesetzt, zum Teil vollständig neu eingestellt, Einrichtungen für pneumatisches Nieten und Meißeln, sowie eine Lichtanlage geschaffen. Nebst den Instandsetzungsarbeiten erfolgt in der Anstalt auch der Neubau von Motorbooten und eisernen Schiffen.

Technische Zeugsanstalt Korneuburg.

Diese Anstalt befand sich nach dem Umsturz in noch trostloserem Zustand als jene in Klosterneuburg. Der ursprüngliche Standort der Anstalt im Weichbilde der Stadt Korneuburg war aufgegeben und der Betrieb in das ehemalige Lokomotivfeldbahn - Depot — etwa 3 km außerhalb Korneuburg — verlegt worden. Die Werkstätten in diesem Depot waren ausgeplündert, die Objekte verwahrlost, vielfach beschädigt, die Gleise zum größten Teil nicht instandgesetzt. Wenige Tage vor der Uebernahme dieser Räume waren die Dampflokomobile und Dampfheizung der Werkstätten veräußert worden.

Aus den leeren Depots ist seither eine für ihre Aufgaben ausreichende, gut eingerichtete Werkstätte geworden.

Telegraphenzeugsanstalt.

Bei der Aufstellung des Bundesheeres wurde von der Heeresverwaltung die Telegraphenzeugsanstalt in St. Pölten zu dem Zweck errichtet, das gesamte Telegraphengerät der Heeresverwaltung zu erfassen, instandzusetzen, zu verwalten und zu verwahren. Hiezu mußten vorerst jene Materialsorten aus der Liquidierungsmasse abgesondert werden, die der Anstalt für Sachdemobilisierung zu übergeben waren. Das sonach der Heeresverwaltung verbliebene, fast ausschließlich den Kriegsvorräten entstammende Material war zum erheblichen Teile kriegsunbrauchbar und in minderwertigem Zustand. Es mußten zunächst umfangreiche, zeitraubende Instandsetzungsarbeiten durchgeführt werden, um das Material in einen für die Ausgabe an die Truppen geeigneten Zustand zu versetzen.

Außer diesen Arbeiten wurde auf dem Truppenübungsplatz in Bruckneudorf-Kaisersteinbruch ein militärisches Telephonnetz geschaffen und jenes der Garnison Wien ergänzt.

In St. Pölten war die Anstalt in unzureichenden, schlecht gebauten, teilweise baufälligen Baracken untergebracht. Die von der Heeresverwaltung schon lange angestrebte Verlegung nach Wien konnte erst Ende 1927 durchgeführt werden. Die Werkstätten und Lagerräume der Anstalt befinden sich nunmehr in zweckentsprechenden Objekten und sind in ihrer Einrichtung auf eine moderne Stufe gehoben. Die Anstalt stellt heute schon einen Musterbetrieb dar.

Kraft- und Radfahrzeugsanstalt.

Die Anstalt wurde im Jahre 1920 aufgestellt.

Sie besteht heute aus zwei Montageabteilungen, einer Abteilung für Dreherei und Metallappreturarbeiten (Schleifen, Fräsen, Hobeln usw.), der Schmiede, Spenglerei und Schweißerei, der Abteilung für Karosseriereparaturen mit Tischlerei, Beschlagschlosserei, Sattler-, Tapezierer-, Anstreicher- und Lackiererwerkstätte, endlich einer Gruppe für Gummireparaturen und der Abteilung für Fahr- und Kraftfahrräder.

Schieß- und Sprengmittelmonopol.

Das österreichische Pulvermonopol umfaßte ursprünglich nur Schwarzpulver, später auch rauchloses Pulver und Sicherheitssprengstoffe.

Erzeugung und Verkauf aller anderen Sprengstoffe bildeten den Gegenstand konzessionierter Gewerbe.

Erst durch das Gesetz vom 13. Dezember 1919, St. G. Bl. Nr. 580, wurden alle Schieß- und Sprengmittel in den Monopolbereich einbezogen. Eine Aufzählung der danach unter das Schieß- und Sprengmittelmonopol fallenden Gegenstände enthält die Vollzugsanweisung des Staatsamtes für Heereswesen vom 24. Dezember 1919, St. G. Bl. Nr. 10 von 1920.

In erster Linie mußte getrachtet werden, die nach dem Umsturz in jeder Hinsicht sehr wenig befriedigenden Verhältnisse auf dem Gebiet des Schieß- und Sprengmittelwesens wieder in geordnete Bahnen zu lenken.

Dies geschah einerseits durch möglichste Einflußnahme auf die Gebahrung der Bevölkerung mit den aus dem Kriege stammenden, wahllos erworbenen Schieß- und Sprengmitteln, andererseits durch Wiederherstellung und möglichste Festigung des gesetzmäßigen Zustandes in Bezug auf die Erzeugung und den Handel mit Schieß- und Sprengmitteln.

Dann wurde mit der Erzeugung von Sprengstoffen außer der A. G. Dynamit Nobel auch die unter Patronanz des Bundes ins Leben gerufene „Sprengstoffwerke Blumau A. G.“ betraut und der Verkauf der Schieß- und Sprengmittel durch Schaffung des nach kaufmännischen Grundsätzen organisierten, dem Bundesministerium für Heereswesen direkt unterstellten „Verkaufsbureaus des österreichischen Schieß- und Sprengmittelmonopols“ zentralisiert.

Die Monopolseinnahmen, die dem Bundesschatz zugute kommen, steigen langsam aber stetig an. Die Verbesserung der vom Monopol vertriebenen Artikel wird möglichst gefördert. Neue Jagd- und Scheibenpulver, die den Auslandserzeugnissen in keiner Hinsicht nachstehen, wurden geschaffen und die Sprengstoffindustrie auf eine Höhe gebracht, die den Anforderungen, die der inländische Bergbau zu stellen berechtigt ist, voll zu entsprechen vermag.

Da die rechtlichen Verhältnisse auf dem Gebiete des Schieß- und Sprengmittelwesens noch manches zu wünschen übrig lassen und insbesondere die diese Materie regelnden Normen zum Teil veraltet, zum Teil lückenhaft und überdies in den verschiedensten Gesetzen und Verordnungen zerstreut sind, ist eine zusammenfassende Regelung dieses Rechtsgebietes im Zuge.

Heereswirtschaft.

Der Militär-Wirtschaftsdienst umfaßt die Angelegenheiten des Geldverkehrs, der Verpflegung, Bekleidung und Ausrüstung, dann die Führung des Grundbuches. Er wird durch die Militärintendantur (Beamte des höheren Militär-Wirtschaftsdienstes — ehemalige Militär-Intendanturbeamte), an deren Spitze der Heeresintendanzchef steht, geleitet und durch Wirtschaftsoffiziere, Beamte des mittleren Wirtschaftsdienstes (ehemalige Truppenrechnungsführer, Verpflegsbeamte und Beamte der Monturverwaltungsbranche), dann Beamte des Militär-Wirtschaftsmeisterdienstes (ehemalige Gagisten ohne Rangsklasse, Rechnungshilfsarbeiter, Verpflegsunteroffiziere) ausgeübt.

Die Militärwirtschaft ist den Brigadekommandos übertragen. Bei jedem Brigadekommando besteht eine Wirtschaftsabteilung, an deren Spitze der Intendanzchef steht; er leitet den Militärwirtschaftsdienst innerhalb des Brigadebereiches (behördlicher Wirkungskreis) und ist gleichzeitig Referent des Brigadekommandanten in allen wirtschaftlichen Angelegenheiten (Referentenwirkungskreis). Der Wirkungskreis der Wirtschaftsabteilungen entspricht im allgemeinen jenem der ehemaligen Korps-(Territorial-)Intendanzen in der bewaffneten Macht der österreichisch-ungarischen Monarchie, mit Ausnahme der Rechnungskontrolle, die für das gesamte Bundesheer und die Heeresverwaltung gemeinsam durch die Buchhaltung des Bundesministeriums für Heereswesen besorgt wird.

Bei den Truppen wird die Militärwirtschaft abteilungsweise geführt; hiezu besteht bei jeder Abteilung eine Rechnungs- und eine Wirtschaftsstelle. Deren Vorstände sind gleichzeitig Referenten des militärischen Kommandanten in allen wirtschaftlichen Angelegenheiten.

Bei jeder Unterabteilung ist dem Kommandanten zur Durchführung der wirtschaftlichen Arbeiten ein Wirtschaftsunteroffizier als Hilfsorgan beigegeben.

Die individuelle Gebührenbehandlung aller Heeresangehörigen und die zum Teil zerstreute Unterbringung des Bundesheeres erforderten den Uebergang von der truppenkörperweisen Wirtschaft auf die Abteilungswirtschaft, die sich sehr gut bewährt.

Budget.

Die finanzielle Gebarung des Heereswesens bewegte sich in den ersten Jahren in Unsicherheit. Erst nach und nach

A. Übersicht

über die Gesamtausgaben der Republik Oesterreich, einschließlich Monopole, Betriebe und Eisenbahnen.

Jahr	Voranschlag				Rechnungsabschluß			
	Heereswesen	Uebrige Bundesverwaltungszweige [1]	Zusammen	%	Heereswesen	Uebrige Bundesverwaltungszweige [1]	Zusammen	%
	Millionen Schilling				Millionen Schilling			
1918/19	—	—	—	—	0.023	0.34	0.36	5·6
1919/20	0.11	1.57	1.68	6·5	0.10	1.67	1.77	5·7
1920/21	0.20	6.86	7.06	2·9	0.26	13.12	13.38	2·0
1921/II	0.15	4.79	4.94	3·0	0.75	21.36	22.11	3·4
1922 [2]	0.47	34.28	34.75	1·4	29.13	660.01	689.14	4·2
1923	66.12	798.84	864.96	7·6	62.28	952.56	1.014.84	6·2
1924	55.00	879.59	934.59	5·9	64.23	1.112.73	1.176.96	5·5
1925	69.45	845.01	914.46	7·6	69.15	931.36	1.000.51	6·9
1926	67.48	1.397.11	1.464.59	4·6	72.08	1.105.78	1.177.86	6·1
1927	79.74	1.623.48	1.703.22	4·7	84.89	1.750.47	1.835.36	4·6
1928	93.09	1.721.40	1.814.49	5·1	—	—	—	—
1929	97.23	1.863.82	1.961.05	4·9	—	—	—	—

[1] Einschließlich des Schieß- und Sprengmittelmonopols.
[2] Jahr der großen Währungsentwertung.

wirkten sich die zahlreichen neuen staatsfinanziellen Gesetze und Verordnungen aus und leiteten die Entwicklung des Bundesheeres und der Heeresverwaltung in geordnete Bahnen. In den Voranschlägen jedes einzelnen Verwaltungszweiges und noch mehr in den Rechnungsabschlüssen spiegelt sich die finanzielle Lage des ganzen Staates wieder; aus ihren Angaben kann man die Schwierigkeiten ermessen, die das Bundesheer im Anfang seiner Entwicklung zu überwinden hatte.

In den Jahren unmittelbar nach dem Umsturz bis etwa 1923 mußte den durch die Geldentwertung eingetretenen Verhältnissen und den besonderen Sparmaßnahmen Rechnung getragen werden.

B. Übersicht

über die Gesamteinnahmen der Republik Oesterreich, einschließlich Monopole, Betriebe und Eisenbahnen.

Jahr	Voranschlag				Rechnungsabschluß			
	Heereswesen	Übrige Bundesverwaltungszweige[1])	Zusammen	%	Heereswesen	Übrige Bundesverwaltungszweige[1])	Zusammen	%
	Millionen Schilling				Millionen Schilling			
1918/19	—	—	—	—	0.0001	0.3067	0.3068	0·3
1919/20	0.0006	0.62	0.62	1·0	0.007	1.35	1.35	5·1
1920/21	0.01	2.93	2.94	3·4	0.03	9.64	9.67	3·1
1921/II	0.06	2.34	2.40	2·5	0.07	8.11	8.18	8·6
1922[2])	0.03	20.94	20.97	1·4	1.94	333.85	335.79	5·8
1923	0.74	596.92	597.66	1·2	2.55	854.01	856.56	3·0
1924	0.76	866.42	867.18	0·9	1.41	1,162.51	1,163.92	1·2
1925	0.68	856.17	856.85	0·8	1.60	1,075.36	1,076.96	1·5
1926	0.53	1,342.25	1,342.78	0·4	0.93	1,144.51	1,145.44	0·8
1927	1.97	1,565.81	1,567.78	1·3	2.01	1,748.39	1,750.40	1·0
1928	2.04	1,656.86	1,658.90	1·2	—	—	—	—
1929	2.94	1,774.68	1,777.62	1·6	—	—	—	—

[1]) Einschließlich des Schieß- und Sprengmittelmonopols.
[2]) Jahr der großen Währungsentwertung.

Erst vom Jahre 1925 an trat im Zusammenhang mit der Festigung der wirtschaftlichen Grundlagen unseres Bundesstaates eine merkliche Besserung ein.

Klarer und eindringlicher als Worte sprechen die Angaben der auf den Seiten 176 bis 183 dargestellten Übersichten A bis I.

Die Übersicht A zeigt, daß die Ausgaben für das Bundesheer recht bescheiden sind; sie machen auf Grund des Rechnungsabschlusses für 1927 nur 4.6%, auf Grund des Voranschlages für 1928 nur 5.1% und auf Grund des vom Bundesministerium für Finanzen im Nationalrat eingebrachten Entwurfes für den Voranschlag 1929 nur 4.9% der Gesamtausgaben des Bundes aus.

Es ist selbstverständlich, daß die reine Aufwandwirtschaft, die jedem Heer eigen ist, nur geringe Einnahmen (Übersicht B) aufweisen kann. Sie bestehen in der Hauptsache aus den Erlösen, die bei der Veräußerung der für Heereszwecke unbrauchbaren oder der veralteten Sachgüter und Pferde erzielt werden.

C. Übersicht

über den Aufwand für die Angestellten des Dienststandes der Hoheitsverwaltung (ohne Monopole, Betriebe und Eisenbahnen).

Jahr	Voranschlag				Rechnungsabschluß			
	Heereswesen	Übrige Bundesverwaltungszweige	Zusammen	%	Heereswesen	Übrige Bundesverwaltungszweige	Zusammen	%
	Millionen Schilling				Millionen Schilling			
1923	42.84	107.54	150.38	28·5	45.6	—	—	—
1924	37.56	144.76	182.32	20·6	50.3	—	—	—
1925	48.58	197.88	246.46	19·7	52.19	199.52	251.71	20·7
1926	49.75	185.34 [1]	235.09 [1]	21·1	54.40	193.73 [1]	248.13 [1]	21·9
1927	55.48	204.77	260.25	21·3	59.15	206.57	265.72	22·1
1928	61.98	232.18	294.16	21·1	—	—	—	—
1929	63.98	243.63	307.61	20·8	—	—	—	—

[1]) Verminderung infolge Übertragung von Agenden der politischen Verwaltung an die Länder.

D. Übersicht

über den Aufwand für die sachlichen Erfordernisse der Hoheitsverwaltung (ohne Monopole, Betriebe und Eisenbahnen).

Jahr	Voranschlag				Rechnungsabschluß			
	Heereswesen	Übrige Bundesverwaltungszweige	Zusammen	%	Heereswesen	Übrige Bundesverwaltungszweige	Zusammen	%
	Millionen Schilling				Millionen Schilling			
1923	23.28	399.55	422.83	5·5	16.6	—	—	—
1924	17.44	441.84	459.28	3·8	13.9	—	—	—
1925	20.87	401.91	422.78	4·9	16.96	468.18	485.14	3·5
1926	17.73	473.77	491.50	3·6	17.68	562.53	580.21	3·0
1927	24.26	638.51	662.77	3·6	25.74	696.94	722.68	3·5
1928	31.11	844.64	875.75	3·5	—	—	—	—
1929	33.25	921.89	955.14	3·6	—	—	—	—

E. Gegenüberstellung

von Angestelltenaufwand und Aufwand für sachliche Erfordernisse beim Heereswesen.

Jahr	Voranschlag					Rechnungsabschluß				
	Insgesamt	Personal-		Sachaufwand		Insgesamt	Personal-		Sachaufwand	
	Millionen S		%	Mill. S	%	Millionen S		%	Mill. S	%
1923	66.12	42.84	64·8	23.28	35·2	62.28	45.6	73·2	16.6	26·8
1924	55.00	37.56	68·3	17.44	31·7	64.23	50.3	78·3	13.9	21·7
1925	69.45	48.58	69·8	20.87	30·2	69.15	52.19	75·4	16.96	24·6
1926	67.48	49.75	73·7	17.73	26·3	72.08	54.40	75·4	17.68	24·6
1927	79.74	55.48	69·5	24.26	30·5	84.89	59.15	69·6	25.74	30·4
1928	93.09	61.98	66·5	31.11	33·5	—	—	—	—	—
1929	97.23	63.98	65·8	33.25	34·2	—	—	—	—	—

Außerdem bringen einzelne Betriebe der Heeresverwaltung, die Ausbildungszwecken dienen (zum Beispiel Schwimmschulen, Lehrwerkstätte), dann die Ausnützung der für die Truppenausbildung im Lager bei Bruckneudorf nicht ständig verwendeten Ländereien immerhin gewisse Einnahmen.

Die Gesamtzahl aller Bundesangestellten des Dienststandes beträgt annähernd 114.000; hievon entfallen auf das Bundesheer und die Bundesheeresverwaltung rund ein Fünftel. Demgemäß muß auch im Heeresvoranschlag der Personalaufwand eine entsprechende Höhe erreichen. Insbesondere wird das Verhältnis des Personalaufwandes zum Sachaufwande zu Ungunsten des letzteren dadurch beeinflußt, daß der auf Grund freiwilliger Meldung angeworbene Wehrmann heute anders besoldet werden muß als vormals der Soldat, dessen Dienstleistung im Heer auf der staatsbürgerlichen Wehrpflicht beruhte.

Die Übersichten C und E zeigen die geldliche Auswirkung dieser Umstände. Zu den Übersichten C und D ist zu bemerken, daß die vom Rechnungshof alljährlich verlautbarten Rechnungsabschlüsse erst vom Jahre 1925 an eine

F. Gegenüberstellung

von Gelderfordernis und Angestelltenzahl beim Heereswesen.

Es entfallen			in den Jahren						
			1923	1924	1925	1926	1927	1928	1929
Angestellte[3]			[1] 26.089	[1] 22.135	[1] 22.290	[2] 22.124	[2] 22.095	[2] 22.303	[2] 22.481
auf den Kopf an	Personal-aufwand	Schilling	1.640	1.698	2.180	2.250	2.512	2.779	2.846
	Sach-aufwand		471	786	973	800	1.095	1.394	1.479
	Zusammen		2.111	2.484	3.153	3.050	3.607	4.173	4.325

[1] Jahresdurchschnittsstand.

[2] Budgetstand, das ist der vom Nationalrat im Voranschlag bewilligte Stand.

[3] Der angegebene Stand setzt sich zusammen aus Offizieren, Unteroffizieren, Wehrmännern, Beamten der Heeresverwaltung, Zivilbundesbeamten und den Beamtendienst versehenden Vertragsangestellten. Hingegen wurden die Arbeiter, die eigentlich ein sachliches Erfordernis darstellen, hier in den Personenstand nicht eingerechnet.

G. Aufteilung

des Aufwandes für sachliche Erfordernisse.

Oesterreichisches Bundesheer.

Jahr	Sonstige Erfordernisse	Bekleidung, Verpflegung, Unterkunft	Bewaffnung usw.	V.	A.
1923	2.95**)	16.38	2.75*)	0.54	0.66
1924	3.71**)	10.38	2.38*)	0.36	0.61
1925	4.48**)	10.75	4.68*)	0.42	0.55
1926	5.50**)	8.85	2.78*)	0.10	0.50
1927	6.50**)	12.66	3.57*)	0.29	1.23
1928	9.46**)	14.59	5.35*)	0.28	1.44
1929	8.05**)	17.42	5.61*)	0.24	1.93

Millionen Schilling

*) »Bewaffnung usw.« enthält die Auslagen für die Bewaffnung (Handwaffen, Geschütze und blanke Waffen), die Munition, die technische Ausrüstung, das Kraftfahrwesen und die technischen Versuche.

**) »Sonstige Erfordernisse« umfassen die Auslagen für das Sanitätswesen, für die Pferdenachschaffung, für die Abfertigung der ausscheidenden Wehrmänner, die Auslagen für die Kanzleierfordernisse, für Reisen usw. Im Jahre 1929 entfallen hier die Abfertigungen für ausscheidende Wehrmänner, weil sie beim Personalaufwand veranschlagt sind.

A. bedeutet die militärische Ausbildung einschließlich der Auslagen für die Truppenübungen.

V. bedeutet die Vorbereitung der Wehrmänner für ihr späteres bürgerliches Leben.

Trennung des Aufwandes nach persönlichen und sachlichen Erfordernissen enhalten.

Die Übersicht D zeigt ein Ansteigen der für sachliche Erfordernisse aufgewendeten Mittel, wobei aber noch immer der Notwendigkeit äußerster Sparsamkeit Rechnung getragen ist.

Bei Beurteilung der Angaben der Übersichten C, D und E ist zu beachten, daß im Entwurfe zum Voranschlag 1929 die Abfertigungen für ausscheidende Wehrmänner, welcher Aufwand bis einschließlich 1928 bei den sachlichen Erfor-

H. Vergleich

der auf die Leitung und auf das Bundesheer und die Heeresverwaltung entfallenden Ausgaben.

Und zwar				im Jahre				1913 ehem. k. k. Landwehr in Millionen Kronen
				1923	1927	1928	1929	
Es entfallen laut Voranschlag auf die	Leitung (BM. f. Hw., bezw. Landesverteidigungsministerium)	Pers.-Aufw.	Millionen Schilling	1.16	1.56	1.67	1.70	2.16
		Sachaufw.		0.27	0.23	0.30	0.33	0.17
		Zusammen		1.43	1.79	1.97	2.03	2.33
			%	2·16	2·25	2·12	2·08	2·98
	Kommanden, Behörden, Truppen, Anstalten	Pers.-Aufw.	Millionen Schilling	41.65	53.87	60.26	62.23	21.69
		Sachaufw.		23.01	24.02	30.79	32.90	53.81
		Zusammen		64.66	77.89	91.05	95.13	75.50
			%	97·78	97·67	97·81	97·85	97·02
	Ständige Parlamentskommission für Heeresangelegenheiten	Pers.-Aufw.	Millionen Schilling	0.039	0.052	0.05	0.06	—
		Sachaufw.		0.002	0.007	0.008	0.009	
		Zusammen		0.041	0.059	0.058	0.069	
			%	0·06	0·08	0·07	0·07	

dernissen aufgenommen war, nunmehr beim persönlichen Aufwand veranschlagt ist. Ebenso sind die Mittel für Gehaltsvorschüsse, die bis 1928 im Voranschlag nicht eingestellt waren, da sie unwirksam (kontokorrent) verrechnet wurden, ab 1929 im Bereich der ganzen Hoheitsverwaltung im Voranschlag aufgenommen.

Aus der Zusammenstellung G ist ersichtlich, daß die sachlichen Erfordernisse für das Bundesheer sich langsam bessern.

Die Übersicht H zeigt die Aufteilung der gesamten Ausgaben für das Heereswesen auf Leitung, Kommandos, Truppen, Anstalten und ständige Parlamentskommission für Heeresangelegenheiten. Der Übersicht ist zu entnehmen, daß die Ausgaben für die Leitung nur einen geringen Hundertsatz aller Ausgaben darstellen. Festzustellen ist, daß die Kosten des ehemaligen Landesverteidigungsministeriums sich im Hundertsatz höher stellen (fast um 1 %) als jene des heutigen Bundesministeriums für Heereswesen.

I. Zurückfließen der im Jahre 1928 für sachliche Erfordernisse bewilligten Kredite in die Volkswirtschaft.

Erwerbszweig	Betrag in Millionen Schilling
Metallverarbeitende Industrien und Gewerbe, Elektrofach, Chemische Industrie	5.7
Baufach, Holzverarbeitende Gewerbe (einschließlich Zillenbauer)	4.2
Lederindustrie, Lederverarbeitende Industrie und Gewerbe, Textilfach, Posamentierwaren, Schneidergewerbe usw.	3.3
Landwirtschaft, Forstwirtschaft, Viehzucht (Pferde)	6.5

Der Rest der sachlichen Ausgaben verteilt sich auf verschiedene, in diesen Hauptgruppen nicht einzureihende Erwerbszweige; es sei zum Beispiel nur auf den Kohlenbedarf für Heiz- und technische Zwecke, auf die Beleuchtungsauslagen und andere mehr verwiesen.

Die Zusammenstellung I beweist, daß alle Mittel, die dem Bundesheere zur Verfügung gestellt werden, im Kreislauf des Geldes der Volkswirtschaft wieder zufließen, seien es nun die Bezüge der Heeresangehörigen und Heeresbeamten, seien es die Aufwendungen für die mannigfachen Beschaffungen, welche die Heeresverwaltung vornehmen muß, ganz abgesehen davon, daß eine große Zahl von Personen Verdienst und Lebensmöglichkeit durch die Erfordernisse des Heereswesens findet.

Gebühren.

Im Zusammenhang mit dem Wehrgesetz vom Jahre 1920 wurde das Gesetz über die Gebühren der österreichischen Wehrmacht vom 20. Mai 1920, St. G. Bl. Nr. 235 (Heeresgebührengesetz) erlassen, das im I. Hauptstück die Gebühren der Wehrmänner, im II. Hauptstück die Gebühren der Offiziere, der Zivilangestellten der Heeresverwaltung und der Berufsunteroffiziere behandelte. Einige Bestimmungen dieses Gesetzes stehen auch heute noch in Kraft.

Das Gesetz vom 13. Juli 1920, St. G. Bl. Nr. 311, betreffend die Krankenversicherung der Staatsbediensteten, bezog die Offiziere, Beamten der Heeresverwaltung und die Berufsunteroffiziere in den Kreis der Versicherten ein.

I. Gebühren der Wehrmänner.

a) Zeitraum von der Aufstellung des Bundesheeres bis zum Besoldungsgesetz.

1. Die regelmäßigen Gebühren bestanden aus der Löhnung (Monatslöhnung), dem Kostgeld, der Unterkunftsgebühr, der Bekleidungs- und Ausrüstungsgebühr, der Teuerungszulage, der gleitenden Zulage und der Abfertigung.

2. An besonderen Gebühren waren vorgesehen: Die unentgeltliche Behandlung in Erkrankungsfällen und Beistellung der vom Arzt vorgeschriebenen Arzneien und Verbandmaterialien. Für Familienmitglieder verheirateter Wehrmänner war in Krankheitsfällen in ähnlicher Weise vorgesorgt wie für die Angehörigen von Zivilstaatsbediensteten.

Verheiratete Wehrmänner erhielten die gleichen Familienzulagen wie die verheirateten Zivilstaatsangestellten.

3. Für Wehrmänner, deren Erwerbsfähigkeit durch eine im Dienste erlittene Gesundheitsschädigung eine Verminderung erfahren hat, und deren Hinterbliebenen galten die Bestimmungen des Invalidenentschädigungsgesetzes.

Vorstehende gesetzliche Bestimmungen erfuhren im Laufe des Aufbaues des Bundesheeres insoweit eine Verbesserung, als mit dem 1. Nachtrag zum Heeresgebührengesetz ab 1. Oktober 1920 von den regelmäßigen Gebühren der Wehrmänner die Löhnung, das Kostgeld, die Teuerungszulage entsprechend den Teuerungsverhältnissen erhöht und die Berechnung der Abfertigung auf eine günstigere Grundlage gestellt wurde.

b) Zeitraum vom Inkrafttreten des Besoldungsgesetzes bis zum Erscheinen des Gehaltsgesetzes.

Durch § 67 des Bundesgesetzes vom 13. Juli 1921, B. G. Bl. Nr. 376 (Besoldungsgesetz) wurden vom Heeresgebührengesetz die Bestimmungen über die Löhnung, das Kostgeld, die Unterkunftsgebühr und die Teuerungszulage mit 1. Jänner 1920 außer Kraft gesetzt.

Soweit nicht besondere dienstrechtliche Vorschriften bestanden, fanden die Bestimmungen des II. Hauptstückes des Besoldungsgesetzes (Allgemeine Bestimmungen über die Besoldung der Bundesbeamten) Anwendung.

Die oben unter a, Punkt 2 und 3 angeführten Bestimmungen des Heeresgebührengesetzes blieben weiter in Kraft.

In gebührenrechtlicher Beziehung wurden die Wehrmänner in die Besoldungsgruppe 4, gehobene Posten in die Besoldungsgruppe 5 gereiht, ihr Diensteinkommen setzte sich von nun ab — gleich dem Diensteinkommen eines in dieselbe Besoldungsgruppe gereihten Bundesangestellten — aus dem Gehalt, dem Ortszuschlag und den Teuerungszulagen zusammen.

In diesen Zeitraum fallen noch nachstehende Verbesserungen der Wehrmannsgebühren:

Durch die mit Bundesgesetz vom 14. April 1923, B. G. Bl. Nr. 218, verlautbarte Fassung des § 13 des Heeresgebührengesetzes (Versorgungsgebühren) wurde dem bisherigen Übelstande abgeholfen, daß die Novellen zum Invalidenentschädigungsgesetz auf die im Dienste des Heeres in ihrer Erwerbsfähigkeit geschädigten Wehrmänner und ihre Hinterbliebenen keine Anwendung fanden.

Durch die 2. Heeresgebührengesetznovelle vom Jahre 1923 wurden die Abfertigungsbestimmungen in Anlehnung an § 62 der Dienstpragmatik entsprechend ausgebaut und damit den Betroffenen im Wege der Zurechnung von 5 bis 10 Dienstjahren zur anrechenbaren Dienstzeit der Anspruch auf eine die regelmäßige Abfertigung wesentlich übersteigende „besondere Abfertigung" gesichert.

Durch das Bundesgesetz vom 30. Juni 1924, B. G. Bl. Nr. 216 wurden die bis dahin durchgeführten außerordentlichen Unterstützungsaktionen für die aus dem Heeresverbande entlassenen, der Arbeitslosigkeit anheimgefallenen Wehrmänner aufgehoben und die Wehrmänner in die Arbeitslosenversicherung dadurch einbezogen, daß der Präsenzdienst der Wehrmänner einem versicherungspflichtigen Arbeits- oder Dienstverhältnis im Sinne des Arbeitslosenversicherungsgesetzes gleichgestellt wurde.

c) Seit dem Inkrafttreten des Gehaltsgesetzes.

Das Bundesgesetz vom 18. Juli 1924, B. G. Bl. Nr. 245 (Gehaltsgesetz) hat das dienstrechtliche Verhältnis der Wehrmänner nicht berührt. In gebührenrechtlicher Beziehung gehören die Wehrmänner in die Verwendungsgruppen 1, bezw. 2 des VI. Hauptstückes (Vorschriften für die Angehörigen des Bundesheeres). Im allgemeinen kann von einer Gleichstellung der Wehrmänner und Wehrmännerchargen mit den Verwendungsgruppen 2 und 3, der Unteroffiziere mit der Verwendungsgruppe 5 der Beamten der allgemeinen Verwaltung gesprochen werden.

Die in den bisher erschienenen zwei Gehaltsgesetznovellen vorgesehenen Erhöhungen des Diensteinkommens aller Bundesangestellten wurden den Wehrmännern in entsprechendem Ausmaß zuteil. Hiebei kann wieder die Anlehnung an die entsprechenden Verwendungsgruppen des II. Hauptstückes festgestellt werden.

Das derzeitige Diensteinkommen eines Wehrmannes beträgt:

im 1. und 2. Dienstjahr monatlich . . . S 162.50,
im 3. und 4. Dienstjahr monatlich . . . S 166.27,
im 5. und 6. Dienstjahr monatlich . . . S 170.—,
im 7. und 8. Dienstjahr monatlich . . . S 175.37,
im 9. und 10. Dienstjahr monatlich . . . S 180.74.

Hinsichtlich der unentgeltlichen Heilbehandlung, der Familienzulagen und Versorgungsansprüche nach dem Invalidenentschädigungsgesetz ist keine Veränderung eingetreten.

II. Gebühren der Offiziere, der Beamten der Heeresverwaltung und der Berufsunteroffiziere.

Die ab 1. November 1919 durch Beschluß des Kabinettsrates vollzogene Angleichung der Gebühren der Offiziere, der Zivilangestellten der Heeresverwaltung und der Berufsunteroffiziere an die Gebühren der Zivilstaatsbediensteten fand ihre gesetzliche Festlegung im Gesetz vom 20. Dezember 1919, St. G. Bl. Nr. 603 (Mil. Besoldungsübergangsgesetz); demgemäß bestimmt auch das Heeresgebührengesetz, daß für die regelmäßigen Gebühren der Offiziere, der Berufsunteroffiziere des Heeres und der Zivilangestellten der Heeresverwaltung die jeweilig für die gleiche Kategorie, bezw. Rangklasse der Zivilstaatsbediensteten festgesetzten gesetzlichen Bestimmungen zu gelten haben.

In weiterer Verfolgung dieses Gedankens schließt auch das Bundesgesetz vom 13. Juli 1921, B. G. Bl. Nr. 376 (Besoldungsgesetz) im § 1 die Berufsmilitärpersonen und pragmatischen Beamten der Heeresverwaltung in seinen Anwendungsbereich ein, so daß mit diesem Zeitpunkt eine völlige Angleichung der Offiziere, Berufsunteroffiziere und Beamten der Heeresverwaltung an die Zivilstaatsbediensteten vollzogen ist.

Während im Gehaltsgesetz vom Jahre 1924 die Beamten der Heeresverwaltung den Beamten der allgemeinen Verwaltung vollkommen angeglichen sind, fallen die Offiziere und Berufsunteroffiziere in das VI. Hauptstück des Gehaltsgesetzes, das durch einen etwas anders gearteten Aufbau der Gehaltsansätze den Bedürfnissen dieser Kategorie besser Rechnung trägt, als bei der Einschachtelung in das allgemeine System. Die dienstrechtliche Stellung wurde hiedurch in keiner Weise berührt.

Verpflegswesen.

Mannesverpflegung.

Nach dem Krieg war die schärfste Rationierung der Lebensmittel für alle Einwohner Oesterreichs ein Gebot der Not. Die Berufsmilitärpersonen waren auf den Bezug der zivilen Lebensmittelkarten und auf Benützung der Gemeinschaftsküchen angewiesen.

Den Volkswehrmännern wurde die Verköstigung in den Kasernen geboten. Bei Festsetzung der Tagesration wurden sie, verglichen mit der zivilen Ration, begünstigt.

Nach ernährungswissenschaftlichen Grundsätzen soll der Soldat im Garnisonsdienst eine Tageskost von etwa 3000 Wärmekalorien Nährwert erhalten. Seit Aufstellung des Bundesheeres war daher die Heeresverwaltung bestrebt, für die Soldaten günstigere Ernährungsverhältnisse zu schaffen. Der Ministerrat beschloß im Jahre 1921, den nicht pragmatischen Heeresangehörigen — Wehrmänner, Wehrmannschargen und zeitverpflichtete Unteroffiziere — ab 1. Juli 1921 die dienstliche Naturalverköstigung im Tagesnährwerte von 2700 Wärmekalorien auf Grund der folgenden, für die Gestehungskostenberechnung maßgebenden Normalportion zu gewähren: 560 g Brot, 2 g gebrannter Kaffee, 160 g Rindfleisch, 65 g Reis, 40 g Hülsenfrüchte, 90 g Kartoffel, 40 g Sauer- oder Frischgemüse, 71 g Kochmehl, 10 g Obstmus, 40 g Fett, 33 g Zucker, 20 g Blanksalz, 15 g frische Zwiebel, 1 g gedörrtes Suppengrün, 0.5 g Gewürz, 0.5 cl Speiseessig.

Der Geldwert einer solchen Normalportion wird für je einen Monat im vorhinein nach den örtlichen und Marktpreisen als Tageskostgeld festgesetzt, das zu zwei Dritteln aus den Dienstbezügen des Soldaten zu leisten ist und zu einem Drittel vom Bundesschatze beigesteuert wird.

Wien, Zentralverpflegsanstalt, Backraum

Die Naturalverköstigung der zeitverpflichteten Soldaten erfolgt aus dienstlich eingerichteten Truppenküchen (Bataillonsküchensystem). Als Köche werden Soldaten verwendet. Die Truppenküchen erhalten das notwendige Küchengerät und die Brennstoffe für die Küchenfeuerung zu Lasten des Bundes.

In besonderen Fällen, zum Beispiel während der Jungmännerausbildung, bei Uebungen der Pioniere, bei Gefechtsübungen in und nächst der Garnison erhalten die Soldaten Verpflegszubußen.

Die Heeresverwaltung ist bestrebt, die Truppenküchen auf jede Weise zu fördern: so wird in größeren Garnisonsorten die Brotbäckerei in billiger Eigenverwaltung geführt; dort, wo es sich lohnt, werden Garnisons- und Truppenschlächtereien betrieben; auch werden billige und leistungsfähige Bezugsquellen für den Lebensmittelbedarf der Truppenküchen im Wege von Vereinbarungen sichergestellt.

Für die Berufssoldaten und Beamten der Heeresverwaltung bestehen vielfach privat geführte Messen.

Werden Teile des Bundesheeres außerhalb der ständigen Garnison verwendet, so wird zumeist die Verpflegung aus Feldküchen und Kochkisten für alle Heeresangehörigen beigestellt. Um reichlichere Kost verabreichen zu können, werden besondere Verpflegszubußen gewährt. Die Berufssoldaten und Beamten der Heeresverwaltung haben in solchen Fällen für die Mitverköstigung einen entsprechenden Beitrag zu leisten.

Pferdeverpflegung.

Nach Kriegsende waren die Heerespferde auf Hungerrationen gesetzt. Das an Stelle des Hartfutters verabreichte Mischfutter war wenig nährkräftig, Heu und Stroh konnten nur mit Mühe beschafft werden. Nach Besserung der wirtschaftlichen Lage ging die Heeresverwaltung zur Haferfütterung über. Die Dienstpferde erhielten wieder die den Vorkriegsverhältnissen entsprechende Futterportion. Die gegenwärtig vorhandenen Pferde sind dank der regelmäßigen Fütterung mit hochwertigen Futterstoffen und der getreulichen Wartung trotz großer körperlicher Leistungen in sehr gutem Ernährungszustand.

Militärverpflegsanstalten.

Auf dem Boden Oesterreichs befand sich nach dem Krieg eine große Zahl von Militärverpflegsmagazinen, Filialverpflegsmagazinen, Garnisonsmenageverwaltungen, stabilen Verköstigungsanstalten u. dgl. Die Anstalten versahen zunächst ihren Dienst für die Volkswehr und die liquidierenden Militärdienststellen des österreichisch-ungarischen Heeres weiter. Bald mußte jedoch an einen Personal-Abbau und die Auflösung nicht benötigter Anstalten geschritten werden. Im Herbst 1920 wurde an die Neuordnung der Anstalten geschritten. Da die Wirtschaftstätigkeit der Truppen damals noch nicht gefestigt war, wurde in jeder Garnison ein Garnisonswirtschaftsamt errichtet, das die Vorräte an Lebensmitteln, Naturalien (Pferdefutter und Bettenstroh, Brenn- und Beleuchtungsstoffe), Bekleidung und Ausrüstung, Bettensorten und Verpflegsgeräten zu verwalten und auszugeben hatte. Auch die Reparatur der Bekleidung und Ausrüstung der Truppen ist aus Ersparungsrücksichten den Garnisonswirtschaftsämtern übertragen worden.

Als sich im Jahre 1924 die Wirtschaftsführung bei der Truppe eingelebt hatte, wurden die Garnisonswirtschaftsämter aufgelöst. An Militärverpflegsanstalten verblieben die Zentralverpflegsanstalt in Wien, die Brigadeverpflegsanstalten 4 in Linz und 5 in Graz, die Brigadeverpflegsanstalt 6 mit je einem Teil in Innsbruck, Klagenfurt und Salzburg.

Diesen Anstalten obliegt die Gebarung mit den Naturalien, den Bettensorten und die Verwahrung, Verwaltung und Instandhaltung von Heeresverpflegsgerät. Besonders umfangreich ist die Verwaltungstätigkeit der Zentralverpflegsanstalt in Wien. Bei dieser und bei der Brigadeverpflegsanstalt 4 in Linz wird je eine Garnisonsbäckerei und Garnisonsschlächterei, bei der Brigadeverpflegsanstalt 5 in Graz eine Garnisonsbäckerei geführt.

Die Eigenverwaltung der Militärverpflegsanstalten in den verschiedensten Belangen, wie Bäckerei, Schlächterei, von Pferdefutter und Brennstoffen (maschinelle Holzzerkleinerung), Werkstätten für Instandsetzung von Betten und Verpflegsgeräten, Güterverfrachtung mit eigenem Fuhrwerk, entsprechen nachweisbar den Grundsätzen sparsamsten Haushaltes mit den öffentlichen Mitteln. Sie bieten aber auch der Heeresverwaltung die Möglichkeit, einen Stamm von Heereswirtschaftsorganen in lebenswichtigen Dienstzweigen des Bundesheeres auszubilden und geschult zu erhalten.

Bekleidung und Ausrüstung.

Beim Zusammenbruch der öst.-ung. Monarchie blieben an Bekleidungs- und Ausrüstungssorten der Republik Oesterreich die im Inland gelegenen Lagerbestände der Monturdepots Kaiserebersdorf, Gösting, Brunn am Geb., des Landwehrmonturdepots Wien, der Augmentationsmagazine der ergänzungszuständigen Truppen und die zumeist instandsetzungsbedürftigen Vorräte der Bergestellen.

Die zur Verfügung gestandenen Bekleidungssorten waren zumeist aus Ersatzrohstoffen erzeugt, in Farbe und Zuschnitt vielfach verschieden. Die vorhandenen Rüstungssorten entsprachen wohl der Zahl, nicht aber ihrem Zustande nach.

Zunächst galt es, die noch vorhandenen Vorräte zu sichten und in das Bestandsverzeichnis einzutragen. Da dem Bundesheere von den oben angeführten Anstalten und Depots nur mehr das Depot in Brunn am Geb. erhalten blieb, mußten vielfache Überführungen angeordnet werden, Arbeiten, die in den ersten Jahren sehr durch fortwährenden Personalwechsel erschwert waren.

In der Volkswehr wurde die dienstmäßige Kleidung der ehemaligen öst.-ung. Armee mit dem Unterschiede beibehalten, daß das Waffentragen außer Dienst verboten war und die Kennzeichnung der Offiziere und Unteroffiziere statt der Rangzeichen auf dem Kragen durch blaue Tuchstreifen an den Aermeln erfolgte.

Im Jahre 1920 wurden mit Aufstellung des Bundesheeres neue Anordnungen für die Bekleidung, Ausrüstung und Kennzeichnung getroffen. Mit diesen wurden Tellerkappen und Kragenlitzen eingeführt, die Waffengattungen durch Waffenfarben gekennzeichnet und Gradabzeichen zuerst in Form von Armstreifen, später von Achselstücken, festgesetzt.

Seit dem Jahre 1923 ist die Seitenwaffe auch außer Dienst zu tragen. Offiziere, Unteroffiziere und alle Berittenen erhielten den Säbel. Portepees wurden wieder eingeführt.

Im Jahre 1925 wurde den Heeresangehörigen das Tragen eines Waffenrockes als Gesellschaftskleid gestattet. Später wurden dunkelgrünes Aufschlagtuch auf Rock, Bluse, Mantel und für die Umlaufstreifen auf der Kappe, dann eisengraue Beinkleider eingeführt.

Wesentliche Unterschiede des Dienstranges, in der Verwendung oder im Grad der Ausbildung wurden durch Ergänzungen an der Bekleidung hervorgehoben. So erhielten die Generale das goldgestickte Eichenlaub auf dem Kragen und rote Besatzstreifen auf den Beinkleidern; die Stabschefs und Adjutanten eine mattsilberne Adjutantenschnur; Verwendungsabzeichen lassen Unteroffiziere und Wehrmänner nach ihren besonderen Verwendungen unterscheiden (Zeugsdienst, Sanitätsdienst, Motorbootlenker, Beschlagschmiede und so weiter); durch die Einführung der Ausbildungsauszeichnungen wurde ein Mittel zur Anerkennung besonderer militärischer Geschicklichkeit geschaffen; schließlich erleichtern Kordeln auf den Kappen die Unterscheidung der einzelnen Standesgruppen der Heeresangehörigen.

Der innere Wert einer Truppe wird von der Oeffentlichkeit mit Recht auch nach der Haltung und dem Aussehen des

Soldaten außerhalb der Kaserne beurteilt. Mit Befriedigung kann festgestellt werden, daß heute unsere Heeresangehörigen — mögen sie einzeln oder in geschlossenen Abteilungen auftreten — einen erfreulichen, schmucken Anblick bieten.

Der Heeresangehörige hat sich wieder als Soldat fühlen gelernt und trägt außer Dienst — auch dann, wenn ihm das Tragen des Zivilkleides gestattet ist — mit Stolz das Ehrenkleid des Soldaten.

Heeresökonomie Königshof.

Die Heeresökonomie Königshof (vormals Land- und Forstwirtschaft in Königshof) hat die Bestimmung, den Truppenübungsplatz Bruckneudorf-Kaisersteinbruch — insoweit es die Truppenübungen zulassen — rationell zu bewirtschaften und das Heer mit Naturalprodukten und Remonten zu beliefern.

Das Territorium umfaßt rund 6260 Joch. Hievon sind 3160 Joch Wald und 3100 Joch landwirtschaftlich nutzbare Fläche.

Der schon im Jahre 1913 errichtete und noch während des Krieges geführte Wirtschaftsbetrieb war während der Umsturzzeit stillgelegt und konnte erst nach dem Anschluß des Burgenlandes wieder aufgenommen werden. Doch bot der Truppenübungsplatz nach der Uebernahme des Burgenlandes — wie schon in vorgehenden Abschnitten dargestellt — ein trostloses Bild.

Es waren weder Vieh, noch Geräte, Bespannungen, Fuhrwerke und Vorräte welcher Art immer vorhanden und auch kein fachkundiges Personal zur Stelle.

Mit Ausnahme der Wiesen waren alle landwirtschaftlich nutzbaren Flächen — bis auf 35 Joch Acker — verpachtet, und als mit der Heuernte in eigener Regie begonnen werden sollte, nahmen die Bewohner der angrenzenden Gemeinden das Recht der Heugewinnung für sich in Anspruch.

Die vielen Pächter hatten keinerlei Meliorationen vorgenommen und sogar die Düngung der Grundstücke unterlassen. Ihr einmütiges Streben ging nur dahin, Grund und Boden an sich zu ziehen. Die Folgen davon waren Verschilfung und Verschlammung aller Wassergräben, Versumpfung und Überschwemmung des angrenzenden Geländes und allgemeine Bodenarmut, so daß Körnerernten von 6 q pro Joch schon als gut galten. Aehnlich waren die Wiesen vernachlässigt und mit Sauergräsern bestanden. Im weiten Gebiete des neuen und alten Lagers wucherte das Unkraut zwischen den vielen Mauerresten und Fundamenten.

Im Spätherbst 1922 wurde die Frage der Ueberlassung von Pachtgründen an die angrenzenden Gemeinden geregelt; die planmäßige Einrichtung des Wirtschaftsbetriebes konnte beginnen. Es gelang noch rasch, die Herbstackerung und den Herbstanbau mit Militärpferden zu bewerkstelligen.

Die Übernahme der Ackerflächen zur Selbstbewirtschaftung vollzog sich angesichts der erwähnten Gegenströmung nur allmählich. Der Kampf um die Grundstücke dauerte Jahre und ist noch heute nicht ganz ausgetragen.

Die Ackergründe des Wirtschaftsbetriebes umfaßten anfangs nur 35 Joch; sie stiegen im Jahre 1923 auf 645 Joch, im Jahre 1924 auf 831 Joch an und erlangten erst im Jahre 1925 durch eine endgültige Regelung der Pachtverhältnisse über 1000 Joch.

Mit dem Anwachsen der Eigenregie wurde der Landwirtschaftsbetrieb in zwei Wirtschaftsbezirke (Königshof und Bruckneudorf) geteilt. Der Intensivierung des Betriebes stand jedoch vorerst noch ein allgemeiner Mangel an Hilfsmitteln aller Art entgegen. Es fehlte in den ersten Jahren an Vieh, dann an Dünger, Bespannungen, Geräten und Maschinen. Die Folge war fast ausschließlicher Halmfruchtbau; immerhin gelang es nach und nach, schon in den Jahren 1924 und 1925 Fuhrwerke, Geräte und die wichtigsten Maschinen zur Betriebseinrichtung aufzubringen.

Seit 1925 erfuhr die Heeresökonomie Königshof einen gewaltigen Aufschwung. Die Leitung des Betriebes wurde einem fachlich und verwaltungstechnisch vorgebildeten Direktor übertragen, für den Forstbetrieb ein staatlich geprüfter Forstwirt angestellt, sonst notwendiges Wirtschafts- und Verwaltungspersonal entsprechend eingeteilt und der Budgetrahmen erweitert.

Der Betrieb wurde auf eine geordnete Fruchtwechselwirtschaft eingestellt, der Viehstand wesentlich vermehrt. Es gelang im Jahre 1926, gute Oberinntaler Kühe samt Stier und im Jahre 1927 erstklassige Unterinntaler Kühe mit einem wertvollen Jungstier zu erwerben und so die Milchwirtschaft und Aufzucht bedeutend zu heben.

Das Anwachsen des Viehstandes zeigt nachfolgende Tabelle:

Mit 1. Jänner des Jahres	Pferde Wirtschaftspferde, Gestütstuten, Beschälhengste und Dienstpferde	Fohlen	Zugochsen	Stiere	Kühe	Jungvieh	Saugkälber	Eber	Zuchtsäue	Mastschweine	Frischlinge	Saugferkel	Böcke	Schafe	Schöpse	Lämmer
	Stück															
1923	16	—	18	—	10	9	—	—	—	—	—	48	2	195	—	101
1924	26	—	31	2	11	130	—	1	18	28	—	—	9	346	106	167
1925	29	45	36	2	25	104	20	1	17	45	176	16	10	300	—	200
1926	40	70	62	2	47	81	7	2	50	50	250	213	22	319	203	272
1927	75	120	56	3	79	79	12	2	60	70	100	120	—	—	—	—
1928	84	200	60	4	101	79	30	2	60	50	100	100	—	—	—	—

Die Schafzucht wurde 1926 zugunsten der Fohlenhaltung aufgelassen.

Nach Adaptierung von Stallungen konnte auch der Fohlenstand zur Aufzucht von Heeresremonten dem Bedarf entsprechend vervielfacht werden.

Durch Vermehrung des Zugviehstandes, der landwirtschaftlichen Geräte und Maschinen wurde eine rationelle Bo-

Im Jahre	Kunstwiesen	Kunstweiden	Kleeschläge	Futterschläge	Weizen	Roggen	Gerste	Hafer	Zuckerrübe	Futterrübe	Kartoffel und Topinambur	Körnermais	Summe
	Joch												
1922	—	—	—	—	—	—	12	13	—	5	—	5	35
1923	—	—	—	7	116	100	147	222	—	15	—	38	645
1924	—	—	—	12	76	234	165	166	—	25	—	153	831
1925	—	—	120	42	62	222	148	257	5	28	16	210	1110
1926	—	—	178	68	67	184	215	183	13	31	20	151	1110
1927	15	—	191	86	169	99	79	263	78	—	31	109	1120
1928	73	53	279	84	97	231	237	105	125	—	45	12	1341

denbearbeitung ermöglicht. Der vermehrte animalische Dünger und ausreichender Kunstdünger führten dem Boden die notwendige Kraft zu, was sich in steigenden Ernteerträgnissen auswirkte, wie die folgende Zusammenstellung zeigt.

Kulturgattung	Jahr	Bebaute Fläche (Joch)	Gesamternte (Meterzentner)	Joch-Ertrag (Meterzentner)	Anmerkung
Weizen (Körner)	1925	58 1/4	508	8.72	
	1926	66 1/4	641	9.67	Ueberschwemmungsschäden
	1927	168 1/2	1964	11.65	
	1928	97	1110	11.44	
Roggen (Körner)	1925	221 3/4	2202	9.93	
	1926	170 1/4	1848	10.85	Ueberschwemmungsschäden
	1927	99	917	9.26	Saaten erfroren
	1928	231	2214	9.58	Saaten stellenweise erfroren
Gerste (Körner)	1925	142	1618	11.39	
	1926	205 1/2	2210	10.75	Gr. Ueberschwemmungsschäd.
	1927	147 1/2	2014	13.65	
	1928	237 1/4	3334	14.05	
Hafer (Körner)	1925	274 1/2	1941	7.07	Arbeiterstreik
	1926	164 1/4	1482	9.02	Ueberschwemmungsschäden
	1927	168 3/4	2052	12.16	
	1928	109	1116	10.19	Weg. groß. Dürre gedr. Ertrag
Mais (Kolben)	1925	188	2885	15.34	Weg. Arb.-Streik versp. geernt.
	1926	118 1/2	1551	13.09	Weg. Nässe u. Kälte mißraten
	1927	103 1/2	2563	24.76	Davon 44 Joch ohne Stallmist
	1928	12	160	15	Entw. d. kalt. Frühj. gehemmt
Zuckerrübe (Wurzeln)	1926	20	2403	120.15	Ueberschwemmungsschäden
	1927	78	15780	202.31	Dav. 20 Joch noch nicht drain.
	1928	125 1/4	13500	150	
Kartoffel (Knollen)	1925	17 3/4	1144	64.45	
	1926	16	340	21.25	Ernte d. Ueberschw. vernicht.
	1927	8 1/8	950	116.92	
	1928	27 3/4	2000	70	Einschließlich Kipfler
Topinambur (Knollen)	1926	4 3/4	320	67.36	
	1927	19 1/2	2192	112.41	
	1928				Zahlen noch nicht bekannt
Möhren (Wurzeln)	1926	2 1/2	200	80	
	1927	3 1/2	545	155.71	
	1928	4	600	150	

Der Wirtschaftsintensivierung und der Erhaltung des vermehrten Viehstandes Rechnung tragend, wurde der Bau von Zuckerrüben und der Kunstfutterbau eingeführt und jährlich bedeutend erhöht.

Die Übersicht hiezu auf Seite 195 unten.

Die Intensivierung und Ertragssteigerung war nur durch weitreichende Meliorationen, Bach- und Grabenregulierungen, planmäßig fortlaufende Drainagierungen, Abräumungsarbeiten und Planierungen, Straßen-, Feldbahn- und Stallbauten, sowie durch wesentliche Vermehrung des Maschineninventars zu erreichen. Die Heeresökonomie Königshof verfügt heute über ausreichende landwirtschaftliche Maschinen, insbesondere auch über Brückenwaagen, 2 Dampf-Dreschgarnituren, Gras- und Getreide-Mähmaschinen mit Garbenbinder, Lastautos und Traktoren.

Nebst vielfachen Instandsetzungen an alten Gebäuden und Einrichtung von Schmiede- und Wagnerwerkstätten wurden in den letzten Jahren ein Kuhstall modern adaptiert, ein großer Kuhstall mit mechanischer Futterbereitungsanlage, dann ein Bediensteten-Wohnhaus erbaut und moderne Düngerstätten errichtet. Im Jahre 1926 wurde eine mehr als 5 km lange Feldbahn gebaut.

Im Jahre 1928 wurde ein Vorhof für Fohlen und Rinder, dann ein neues Bediensteten-Wohnhaus und Schweineställe (für zusammen 500 Schweine) fertiggestellt.

Besonderes Augenmerk wird der Aufzucht von Tragtieren zugewendet, da die Zuchtgebiete für diese Tiere im Auslande gelegen sind. Es werden die besten Haflinger-, Huzulen- und bosnischen Stuten zurückgehalten und durch heereseigene Original-Haflinger, beziehungsweise Huzulenhengste belegt. Auf diese Art wird getrachtet, einen Stamm von Tragtierstuten zur Heranzucht von Tragtieren für das Heer zu erhalten.

Den Hauptanteil an der Zucht hat die Truppe, bei der sämtliche zur Zucht geeigneten Stuten des Reitpferd-, beziehungsweise des Tragtierschlages belegt werden. Auf diese Weise vermag die Truppe jährlich zirka 50 Fohlen an die Fohlenaufzucht der Heeresökonomie Königshof einzuliefern. Die Fohlen werden im Alter von 6 Monaten in den Fohlenhof überstellt und bleiben hier bis zum vierten Lebensjahr; dann werden sie als Remonten wieder zu jenen Truppenkörpern eingeteilt, von denen sie stammen.

Während der Aufzuchtzeit wird angestrebt, daß sich die Fohlen größte Widerstandsfähigkeit gegen Witterungseinflüsse, Ausdauer und Zähigkeit für physische Anstrengungen und Übung in den einzelnen Gangarten aneignen.

Die Entwicklung der Fohlen, speziell des Tragtierschlages ist als sehr gut zu bezeichnen. Dieser Umstand läßt darauf schließen, daß zur Aufzucht geeignete Verhältnisse vorhanden sind.

Auch in der Bewirtschaftung der Forste auf dem Truppenübungsplatz hat sich seit 1926 ein Umschwung vollzogen. Während bis zum Jahre 1925 der weitaus größte Teil des Waldbesitzes im Niederwaldbetrieb mit 40jährigem Umtrieb bewirtschaftet wurde, geht die Tendenz der Wirtschaft nunmehr dahin, an dessen Stelle Hochwälder mit zirka 80jährigem Umtrieb zu setzen.

Das österreichische Kriegsarchiv.

Das Kriegsarchiv, diese aus der Vorkriegszeit rühmlichst bekannte Stätte historischer Forschung internationaler Kriegswissenschaft, war während des Krieges durch anderweitige Verwendung seines Personales in seiner wissenschaftlichen Forschungsarbeit zu einem gewissen Teile lahmgelegt.

Der Umsturz brachte es in die Gefahr, in Teile aufgelöst und seines Bestandes beraubt zu werden. Die Nachfolgestaaten erhoben Eigentumsansprüche an die Schriftenbestände. Es bedurfte zwei Jahre zähen Ringens in internationalen Verhandlungen, um die völlige Zerreißung des Bestandes zu verhindern und die Austrifizierung des Kriegsarchives bei Erhaltung des Großteiles seines Schriftenmateriales sicherzustellen. Da jedoch den Nachfolgestaaten auch fürderhin gewisse Rechte auf Akteneinsicht und Forschungstätigkeit in den verschiedenen Archivverträgen zugebilligt werden mußten, war es naturgemäß notwendig, dieses Institut aus dem Rahmen der Heeresverwaltung herauszunehmen, und dem Bundeskanzleramt zu unterstellen.

Auch nach erfolgter Sicherung der Erhaltung dieser Forschungsstätte konnte noch geraume Zeit nicht an eine systematische, kriegswissenschaftliche Geschichtsschreibung geschritten werden, da das Personal mit anderen, unaufschiebbaren Arbeiten vollauf beschäftigt war. Zunächst galt es die geradezu unübersehbare Menge von Aktenbeständen, welche von aufgelösten öst.-ung. Militärstellen dem Kriegsarchiv zuflossen, einigermaßen zu sichten und für eine spätere Verwertung zu ordnen. Weiters waren die Ansprüche der Nachfolgestaaten an Aktenbeständen zu befriedigen. Schließlich brachte die Liquidierung dem Archivpersonale eine Unmenge von Arbeit, da die Abwicklung aller sich noch aus der Zeit des Bestandes der ehemaligen k. u. k. Wehrmacht herleitenden Rechtsfragen, die Abrechnungsarbeiten mit den Nachfolgestaaten und die ungezählten Personalangelegenheiten der ehemaligen Wehrmachtsangehörigen eine umfangreiche Mitwirkung des Archives an der Liquidierung bedingten.

Dessenungeachtet hat jedoch das Kriegsarchiv seine Neuorganisation als Grundlage für die spätere Forschungsarbeit durchgeführt. Es gliedert sich heute in die Gruppen der Personalakten, der Feldakten und der Militärverwaltung, ferner in das kostbare Karten- und Planarchiv und in die weltberühmte Bibliothek. Neugeschaffen ist das „Kriegsgeschichtliche Hauptreferat", welchem die Auswertung der Aktenbestände, die eigentliche Forschungsarbeit, obliegt.

Sind bis jetzt schon vielfach Einzelarbeiten kleineren Umfanges über die Ereignisse des Weltkrieges verfaßt und in verschiedenen in- und ausländischen Zeitschriften veröffentlicht worden, so steht nunmehr die Ausgabe des ersten Teiles des offiziellen österreichischen Werkes über den Weltkrieg durch das Kriegsarchiv unmittelbar bevor, durch die dieses Institut, an seine alte, weltbekannte Tradition anknüpfend, wieder seine frühere Stellung im Rahmen der internationalen historischen Kriegswissenschaft einnehmen wird.

Die Erfüllung der wehrgesetzlichen Aufgaben des Bundesheeres.

Das junge Heer war bereits vielfach zur Erfüllung aller im Wehrgesetz vorgeschriebenen Aufgaben berufen. Es ist diesen Aufgaben voll gerecht geworden und hat hiedurch der Republik und ihren Bürgern wertvollste Dienste geleistet.

Grenzschutz.

Die gespannte Lage an der Ostgrenze, die der Angliederung des Burgenlandes voranging, machte es notwendig, Teile des Heeres zum Schutz der niederösterreichischen und der steirischen Ostgrenze heranzuziehen. Die um ihr Hab und Gut besorgte Bevölkerung empfand dies als große Beruhigung, da sich auf dem Gebiet des Nachbarstaates zahlreiche irreguläre Formationen gebildet hatten, die mit dem Einfall auf österreichisches Gebiet drohten. Ein im August 1920 bei Prellenkirchen unternommener Versuch von Freischärlern, die Grenze zu überschreiten, wurde zurückgewiesen.

Als ein Jahr später der nach den Plänen der Ententevertreter durchgeführte Versuch, das Burgenland ohne Mitwirkung des Bundesheeres zu besetzen, scheiterte, wurde es jenseits der Ostgrenze wieder lebendiger. Ende August und Anfang September 1921 überschritten Freischärler bei Hohenbruck, Sinnersdorf, Kirchschlag und Bruck a. d. Leitha die österreichische Grenze, wurden jedoch alsbald zurückgeworfen. Sie büßten 21 Tote auf österreichischem Boden ein. Aber auch die Truppen des Bundesheeres hatten Verluste an Toten und Verwundeten zu beklagen.

Uferverbauung nach einer Hochwasserkatastrophe in Ternberg bei Steyr

Im November 1921 schritt das Bundesheer zur Besitznahme des Burgenlandes. Durch fast ein Vierteljahr mußten die Truppen zur Beruhigung der Bevölkerung an den neuen Grenzen belassen werden.

Hilfeleistung bei Elementarereignissen.

Bei Hochwasser, Lawinenstürzen, Brand- und Sturmkatastrophen und bei Erdbeben waren Truppen des Heeres immer sogleich zur Stelle, um die Schäden einzudämmen und die erforderlichen Wiederherstellungsarbeiten durchzuführen. Ob es sich darum handelte, Ortschaften vor herankommenden Wassermassen zu schützen, Brände zu bekämpfen, verschneite oder vermurte Verkehrswege freizumachen, gefährliche Sprengungen durchzuführen, Brücken zu bauen oder Wege herzustellen — stets haben die Soldaten des Bundesheeres beispielgebend ihre Pflicht getan und sich den Dank der oft hart getroffenen Mitbürger erworben.

Arbeiten des Vorarlberger Alpenjägerbataillons 4 am durchbrochenen Bahndamm bei Schaan (Liechtenstein)

Fast alle Bundesländer wurden seit Bestehen des Heeres von Elementarkatastrophen heimgesucht. Im Jahr 1920 hatten Teile des Heeres bei verheerenden Hochwasserkatastrophen in Oberösterreich einzugreifen, im Jahr 1921 in Oberösterreich und Kärnten; im selben Jahre waren auch große Waldbrände in Tirol zu bekämpfen. Während das Jahr 1922 an die Hilfeleistung des Heeres geringere Anforderungen stellte, waren die Ansprüche des Jahres 1923 besonders groß. Im schneereichen Winter dieses Jahres wurden verschneite Eisenbahnstrecken im Burgenland freigemacht, im Frühjahr waren mehrere Orte an der Donau und deren Nebenflüssen von schweren Hochwässern heimgesucht; hier und bei Lawinenstürzen in Tirol wie auch bei Vermurungen und Hochwässern in Oberösterreich und Kärnten mußte geholfen werden. Im ganzen wurden im Jahr 1923 in 52 Fällen Assistenzen beigestellt. Das Jahr 1924 verlief ruhiger. Von den 20 Assistenzbeistellungen ist die Hilfeleistung anläßlich des großen

Lawinensturzes nächst Hieflau zu erwähnen, dessen Schäden durch Infanterie und Pioniere in achttägiger harter Arbeit behoben wurden.

Im Jahr 1925 wurde die Hilfeleistung des Heeres in 38 Fällen beansprucht. Die durch Schneestürme verursachte Zerstörung der Telegraphen- und Fernsprechleitungen in Linz, Windbrüche in Vorarlberg, Waldbrände in Tirol, Hochwässer in Kärnten und Niederösterreich erforderten Leistungen von über 100.000 Arbeitsstunden.

Besonders große Anforderungen stellten die zwei folgenden Jahre. Bergstürze und Straßenverschüttungen, Hochwässer und Brände machten im Jahr 1926 eine Arbeitsleistung von 232.529, im Jahr 1927 von 122.000 Arbeitsstunden notwendig. In diesem letzteren Jahr erstreckte sich die Hilfeleistung des Heeres sogar auf das Ausland, als durch einen Dammbruch des Rheins zahlreiche Gebiete des Fürstentums Liechtenstein stark gefährdet waren und österreichische Infanteriepioniere in aufopfernder Arbeit die schwer bedrohten Bewohner bargen.

Im Jahr 1928 wurden, wie sich heute bereits überblicken läßt, ähnliche Arbeitsleistungen vollbracht wie im Vorjahre. Hervorzuheben ist die Freimachung der durch eine katastrophale Erdverwehung verlegten Wasserläufe im Norden Niederösterreichs, wobei 25.000 Kubikmeter Erde aus den verschütteten Wasserläufen ausgehoben wurden.

Die rasche und erfolgreiche Hilfeleistung der Truppen wurde von der heimgesuchten Bevölkerung stets voll anerkannt; die Truppen wurden überall als Retter in der Not dankbar begrüßt. Der Bürger lernte den Soldaten kennen und schätzen; bei den Soldaten wurde der soziale Sinn durch die zahlreichen Hilfeleistungen stark gefördert, die Berufsauffassung gehoben. In jeder Hinsicht wurde das Band zwischen Bürger und Soldaten fester geknüpft.

Ordnung und Sicherheit im Innern.

Die Abwehr des äußeren Feindes, der Staat und Volk bedroht, empfindet der Soldat als seinen eigensten Beruf. Hiefür auch sein Leben einzusetzen, ist ihm selbstverständliche Pflicht. Als traurige, aber deshalb nicht geringere Aufgabe erachtet er es, verblendeten Mitbürgern, die gewaltsam den inneren Frieden stören, wenn es nottut, auch mit Gewalt entgegentreten zu müssen. Mehrfach sah sich die gesetzmäßige bürgerliche Gewalt gezwungen, Teile des Heeres zur Aufrechterhaltung bedrohter oder zur Wiederherstellung gewaltsam gestörter Ordnung heranzuziehen. Auf die Elemente, welche die Ruhe störten oder sich der gesetzmäßigen Ordnung nicht fügen wollten, wirkte das bloße Erscheinen der Truppen des Heeres ernüchternd und brachte sie zur Besinnung. Stets gelang es auch den Assistenztruppen, ohne Waffengebrauch den gesetzlichen Zustand zu sichern oder wiederherzustellen. Hier soll besonders hervorgehoben werden, daß die kritische Lage, die durch die Unruhen im Juli 1927 entstand, nicht zuletzt dadurch überwunden wurde, daß sich das Heer als verläßliches Instrument in der Hand der Staatsgewalt erwies. Der Bundesminister für Heereswesen konnte auch damals einen anerkennenden Beschluß des Ministerrates in folgenden Worten verlautbaren:

„Die Truppen der Garnison Wien haben durch ihr entschlossenes und zielbewußtes Auftreten während der Ereignisse der letzten Tage wesentlich zur Beruhigung der Bevölkerung beigetragen.

Die Bundesregierung spricht ihnen hiefür Dank und Anerkennung aus.

Sie dankt aber auch allen übrigen Teilen des Bundesheeres und der Bundesheeresverwaltung für das an den Tag gelegte mustergültige Verhalten.

Das Bundesheer hat durch sein Verhalten das ihm entgegengebrachte Vertrauen voll und ganz gerechtfertigt."

Ich freue mich, diese hohe Anerkennung des Ministerrates dem Bundesheer und der Bundesheeresverwaltung zur Kenntnis bringen zu können und bin fest überzeugt, daß das Bundesheer die eingeschlagenen Bahnen weitergehen wird, damit das Ansehen, das es sich bisher beim eigenen Volk und im Ausland erworben hat, immer mehr vertieft und befestigt werde, zum Wohl des Bundesheeres und unseres Volkes.

VAUGOIN.

Wien, am 23. Juli 1927.

Eine ernste Gefahr schienen die Massenkundgebungen zu bedeuten, die für den 7. Oktober 1928 in Wr. Neustadt angesetzt waren. Die Gefahr wurde dadurch gebannt, daß die Regierung, vor allem gestützt auf das Heer, über die erforderlichen Machtmittel verfügte, um den großen Kundgebungen jene Bahnen zu weisen, welche die Gewähr für die Vermeidung gefährlicher Konflikte boten. Hievon gibt auch die belobende Anerkennung des Bundesministers für Heereswesen vom 9. Oktober 1928 Zeugnis, die nachstehend wiedergegeben ist:

„Die Regierung eines Rechtsstaates muß allen Bürgern den gleichen Schutz und die gleichen Freiheitsrechte gewährleisten. Sie wird dieser hohen Aufgabe nur dann gerecht werden, wenn sie sich auf ein unter allen Umständen verläßliches überparteiliches Machtinstrument stützen kann. Als solches hat sich in den letzten kritischen Tagen das Bundesheer im Verein mit den anderen Organen der Bundesexekutive auf das glänzendste bewährt.

Regierung und Bevölkerung haben — als Unterpfand für künftige Aufwärtsentwicklung — die unerschütterliche Ueberzeugung gewonnen, daß die staatliche Autorität und damit der innere Friede unseres Landes beim Bundesheer und bei den öffentlichen Wachekörpern des Bundes in sicherer Hut sind.

Ich spreche allen Offizieren, Unteroffizieren und Wehrmännern, die am 6. und 7. Oktober d. J. zur Aufrechthaltung der Ordnung und Sicherheit aufgerufen worden sind, und allen beteiligten Beamten der Heeresverwaltung für ihr mustergültiges Verhalten meinen besonderen Dank aus.

Aber auch jener Heeresangehörigen und Beamten sei heute dankbar gedacht, die in jahrelanger, mühevoller und oft verkannter Arbeit diesen schönen Erfolg vorbereitet haben."

Wien, am 9. Oktober 1928. VAUGOIN.

So hat das Heer bei Bekämpfung äußerer und innerer Friedensstörer, sowie verderblicher Naturgewalten allen Aufgaben entsprochen, die das Gesetz ihm vorzeichnet.